Wolfgang Bretschneider
— persönlich —

MEILENSTEINE DER
MOTORRADTECHNIK

FASZINATION BMW GS

R 80 G/S & CO: ZWEIVENTILER SEIT 1980
R 1100 / 1150 GS: VIERVENTIL-POWER
F 650 GS, F 650: DIE EINZYLINDER-TYPEN
GS-HISTORIE, GELÄNDE-, RALLYESPORT

HANS J. SCHNEIDER
CO-AUTOREN: AXEL KOENIGSBECK,
RÜDIGER GUTSCHE, STEFAN KNITTEL

SCHNEIDER TEXT EDITIONS LTD.

Impressum

"Meilensteine der Motorradtechnik" ist der urheberrechtlich geschützte Titel einer Buchreihe von SCHNEIDER TEXT EDITIONS LTD.

Bildnachweis

BMW/Historisches Archiv (18), BMW/Historisches Archiv/Knittel (29), BMW/Presseabteilung Kröschel, Mösch, Sautter (166 inkl. Titel), Büchel (2), Fallert (1), Gutsche (4), Hahne (1), Heel (1), HPN (2), König (10), Koenigsbeck (13), MO (1), Photo Agency Luxembourg (3), Ratering (2), Schalber (1), Scheibe (5), Schneider (32), Schröder (1), Witec (1), Worm (6), WÜDO (1)

Besonderer Dank gilt

Stefanie Löwenstein, Hans Sautter, Annette Schultz (BMW Presseabteilung und Historisches Archiv) sowie allen, die uns mit Informationen geholfen haben.

Herstellung

Herausgeber, Redaktion, Layout Neubearbeitung der 3. Auflage, Produktion: Hans J. Schneider
Layout 1. und 2. Auflage:
Andreas Schirmer, Daniel P. Hövelborn
Computer-Service: Valentin Schneider
Schlußredaktion: Gabriele Schneider
Lithographie 1. u. 2. Auflage: Karl Findl & Partners
Lithographie Neubearbeitung 3. Auflage:
Litho Factory Bonn
Druck und Verarbeitung:
Westermann Druck Zwickau GmbH

Vertrieb

Delius Klasing Verlag GmbH, Siekerwall 21, D-33602 Bielefeld; Tel. 0521/5590, Fax: 0521/559113; e-mail: info@delius-klasing.de

ISBN 2-911870-07-7

Inhalt

BMW GS: 20 Jahre Enduro-Faszination

Zwei GS-Welten, aber die gleiche Philosophie: Der norwegische Fotograf und Weltreisende Helge Pedersen legte mit seiner "Olga" in zehn Jahren 350.000 km zurück. Die alte G/S steht jetzt im BMW-Museum, mit der R 1100 GS geht die Reise weiter.

Als BMW am 1. September 1980 mit der R 80 G/S die erste Serien-Enduro präsentierte, war der Erfolg keineswegs sicher. Heute wissen wir: Es war die beste Idee der Bayern seit Einführung der Kardanwelle 1923. Mit ihrem oft kopierten, aber bislang von keinem anderen Fahrzeug erreichten Mix aus robuster Technik, elementarer Kraft, Ausdauer und Flair eroberten die Enduros von BMW die Herzen des Publikums im Sturm.

Löste schon die Ur-G/S in den Jahren bis 1987 einen unerwarteten Nachfrageschub aus (über 25.000 Verkäufe einschließlich R 65 GS), legten die bis 1996 produzierten Paralever-Modelle noch einmal kräftig zu und fanden - inklusive der Roadster-Versionen - weltweit über 66.000 Käufer. Alle Erwartungen übertrafen schließlich die vollkommen neu konstruierten Vierventilmodelle mit Telelever-Fahrwerk: In nur fünf Jahren konnte BMW von der R 1100 GS und - ab 1998 - von der nahezu identischen R 850 GS fast 46.000 Einheiten absetzen. Die R 1100 GS avancierte als Einzelmodell

mit 43.628 Exemplaren zum beliebtesten Boxer der Geschichte und zum zweitbestverkauften BMW-Motorrad nach der R 25/3, die es in den goldenen 50ern auf 47.700 Einheiten brachte. Und der Trend reißt nicht ab: Die erst 1999 vorgestellte R 1150 GS ist in Deutschland inzwischen das meistverkaufte Motorradmodell - weit vor allen Straßen-, Sport- und Choppermodellen aus Japan und dem Rest der Welt.

Die seit 1993 produzierten, kettengetriebenen Einzylinder-Typen fanden international zwar ebenfalls reichlich Käufer, doch in puncto Image standen die "Funduros" lange Zeit im Schatten der legendären GS. Das hat sich radikal geändert: Mit der seit 2000 lieferbaren, sportlich und geländetauglich ausgelegten F 650 GS ist BMW auch im Einzylinder-Segment der Durchbruch gelungen: Das neue Modell avancierte in wenigen Monten zum meistverkauften Single und damit auch zur beliebtesten Einzylinder-Enduro.

Der Aufstieg der F 650 vom Mauerblümchen zur echten GS wurde gefördert vom Sport: Nach einem Fehlstart 1998

gewann BMW mit der Wettbewerbsversion F 650 RR und dem französischen Top-Piloten Richard Sainct zweimal hintereinander die berühmt-berüchtigte Rallye Paris/Granada-Dakar/Kairo. Damit konnten die Bayern nicht nur an die vier unvergessenen Boxer-Siege bei der "Dakar" zwischen 1981 und 1985 anknüpfen, es gelang ihnen auch, den Einzylinder in GS-Fahrer-Kreisen gesellschaftsfähig zu machen. Daß auch der Boxer, jetzt als Vierventiler, wieder bei Rallyes vorne mitfährt, macht die Sache besonders rund.

Wir sind froh darüber, in der dritten Auflage dieses Buches endlich auch die zu veritablen GS-Motorrädern gereiften Einzylindermodelle präsentieren zu können. Ein Rückblick auf die Geschichte der Singles aus München 1925 bis 1966 darf da natürlich nicht fehlen. Allen GS-Freunden, den alten und den neu hinzugekommen, wünsche ich viel Spaß beim Lesen.

Hans-Jürgen Schneider, August 2000

Von Anfang an im Gelände auf Medaillenkurs:
Die Boxer von BMW

Erprobungs- und Wettbewerbsfahrten im Gelände gehörten für BMW- Motorräder von Anfang an dazu. In den Tagen der R 32, der ersten Motorradkonstruktion der Bayerischen Motoren Werke 1923, glichen zwar die meisten Straßen ohnehin den heute als Geheimtips gehandelten Schotterpisten für Endurofahrer, aber auch vor echten Querfeldein-Etappen schreckte man beim Geländesport nicht zurück. Eine Clubausfahrt mit gemischtem Programm stellte die berühmte »Fahrt durch Bayerns Berge« dar, zu der BMW-Chefkonstrukteur Max Friz am 5. Mai 1923 erstmals den Prototyp seiner R 32 an den Start brachte.

Geländetauglichkeit in gewissem Umfang wurde bei einem Motorrad damals einfach vorausgesetzt, an eine spezielle Ausrüstung dachte niemand. Die Reifen wiesen sowieso ein grobes Universalprofil auf, und die Motorräder waren insgesamt nicht so schwergewichtig und kopflastig. Die Leistungskurve der damaligen Motoren verlief eher sanft, und der gute Drehmomentverlauf gestattete auch untertourige Fahrmanöver im Schrittempo.

Die umfangreichsten Aktivitäten auf dem Motorsportsektor spielten sich in jener Zeit in England ab; dort gab es bereits spezielle Geländewettbewerbe mit schwierigen Sonderprüfungen. Zur internationalen Sechstagefahrt reisten 1926 mit Rudolf Schleicher und Fritz Roth erstmals zwei BMW-Fahrer aus Deutschland ins nordenglische Buxton. Auf der schnellen Straßensportmaschi-

Schon bei den berühmten Geländefahrten der 30er Jahre hatten BMW-Motorräder die Nase vorn. Links: das Team Mauermayer/Kraus auf einem R 16-Gespann bei der Drei-Tage-Harz-Fahrt 1930. Rechts: Ernst Henne auf einer einzylindrigen R 4 drei Jahre später beim gleichen Wettbewerb.

ne R 37 konnten BMW-Entwicklungschef Schleicher und sein Freund Roth gut mithalten: Sie errangen schließlich wohlverdient eine Gold- und eine Silbermedaille.

BMW-Triumph bei den Six-Days 1933

Die Motorräder mit dem quergestellten Boxermotor und dem zukunftsweisenden Kardanantrieb hatten in England für Aufsehen gesorgt, doch weitere internationale Auftritte sollten erst wieder Jahre später folgen. In der Zwischenzeit fristete der Geländesport hinter den Straßenrennen in Deutschland eher ein Schattendasein. In der Hauptsache wurden Zuverlässigkeitsfahrten abgehalten.

So lächelte man damals in die Kamera: BMW-Mannschaft auf serienmäßigen R 63 ohv und R 11 sv vor dem Start zum Piemont-Rennen 1930.

7

zylindern in Wales an, quasi also auf der Hausstrecke der Gastgeber. Die BMW-Fahrer siegten zur allgemeinen Verwunderung der Fachwelt in der Gesamtwertung und holten damit die begehrte Six-Days-Trophy erstmals nach Deutschland. In der Rolle des Ausrichterlandes konnte man 1934 den Erfolg in Garmisch-Partenkirchen mit der gleichen Mannschaft und den gleichen Motorrädern wiederholen.

Erneut fand die Sechstagefahrt 1935 in Deutschland statt, aber BMW wartete diesmal mit ganz besonderen Motorrädern auf. Die Engländer hatten im Hinblick auf eine bis zum Schlußrennen offene Entscheidung um den Gesamtsieg vermehrt auf leistungsstarke Modelle gesetzt. Ernst Henne, Sepp Stelzer und Wiggerl Kraus mit Sepp Müller im Seitenwagen bekamen brandneue Werksmaschinen mit Rohrrahmen, Teleskopgabeln und Kompressor-Motoren anvertraut.

Kaum jemand glaubte beim Anblick dieser aufwendigen Spezialkonstruktionen, daß sie auch nur einen einzigen der sechs Tage mit jeweils 400 bis 500 Kilometer langen Etappen überstehen würden. Aber man unterschätzte die Zuverlässigkeit und Ausdauer der Männer und ihrer Maschinen: Sie gewannen die Trophy abermals und siegten damit zum dritten Mal hintereinander. Erst im Jah-

Die größeren davon fanden zunehmend mit Beteiligung von Werksmannschaften der einheimischen Motorradhersteller statt. Vor Publikum und Konkurrenten sollten die Teams die Qualität der Fahrzeuge unter Beweis stellen. Für BMW traten bei solchen Einsätzen neben der bewährten Gespann-Crew Sepp Mauermayer/Wiggerl Kraus — beide tätig in der Einfahrabteilung des Werks — später auch die Straßenrennfahrer Ernst Henne und Sepp Stelzer auf.

Diese Mannschaft stellte 1933 zugleich das Nationalteam für die Internationale Sechstagefahrt dar. Ein Gespann und zwei Solomaschinen des Typs R 16 mit dem 33 PS starken 750-cm³-Motor im schweren Preßstahl-Fahrwerk traten zum Wettstreit mit den englischen Ein

re 1936 mußten sie sich dann doch geschlagen geben.

In den dreißiger Jahren nahm die Zahl der Geländefahrten in Deutschland gewaltig zu, gefördert von den Nationalsozialisten und der Wehrmacht. Die intensive »Kradfahrer«-Ausbildung in- und außerhalb des Militärs schloß natürlich auch hartes Querfeldein-Training ein. Anschließend sollten die jungen Fahrer im sportlichen Vergleich zeigen, was sie gelernt hatten. Auf diese Weise dominierten bald vornehmlich Soldaten die großen Geländewettbewerbe wie die Winterfahrten, die Dreitage-Harz-Fahrt oder die Ostpreußen-Fahrt.

Seriennahe Maschinen im Geländesport

Besonders talentierte Fahrer bekamen »Werksmaterial« anvertraut, dies meist in der Hoffnung auf eventuelle Behördenaufträge im Falle eines guten Abschneidens. Eine gute Ausgangsposition hatte BMW, stellte man doch mit dem Einzylindermodell R 4 das beliebteste Ausbildungsmotorrad.

Im Verkaufskatalog wurde die R 4 sogar als Geländesportmaschine angepriesen, doch fehlte dem schwerfällig wirkenden Motorrad mit Preßstahlrahmen und Blattfeder-Vordergabel jegliche Sonderausstattung, die es von einem normalen Straßenmotorrad unter-

schieden hätte. Der Zusatz »Gelände« war vielmehr zurückzuführen auf die zahlreichen großen Erfolge, die drei bayerische Polizeifahrer mit dieser Maschine erringen konnten: Fritz Linhardt, Josef Forster und Georg Meier.

Das Trio siegte überall, wo es auftrat. Die Mannschaftssiege auch unter härtesten Witterungsbedingungen brachten den BMW-Kämpen den ehrenvollen Beinamen »Die drei Gußeisernen« ein. Die traumwandlerische Sicherheit auf dem Motorrad, gepaart mit Draufgängertum und Zähigkeit, verhalf dem Urbayern Georg »Schorsch« Meier ab 1938 dann auch zu seinen beeindruckenden Erfolgen auf der Straßenrennmaschine.

Technischer Fortschritt bei den Geländemotorrädern beschränkte sich auf die Weiterentwicklung der Serienmodelle, eigene Wege wurden nicht beschritten. Trotzdem blieb die Geländeerprobung auch weiterhin ein wichtiger Bestandteil der normalen Versuchsarbeit. So verwunderte es kaum, daß der Verbesserungsvorschlag des jungen Konstrukteurs Alex von Falkenhausen, an die neuen Rohrrahmen-Modelle eine Geradweg-Hinterradfederung anzubauen, zuerst bei einem Geländewettbewerb ausprobiert wurde. Als Versuchsfahrer fungierte von Falkenhausen gleich selbst, gehörte er doch zu den be-

Bei den Six Days 1938 in Wales traten Josef Forster, Rudi Seltsam und Schorsch Meier auf R 51 an (oben). Darunter: Ernst Henne bei der Sechstagefahrt 1936 mit der BMW 500 Kompressor. Unten rechts: Wiggerl Kraus/ Bernhard Huser bei den Six Days 1952.

sten deutschen Geländefahrern. Schließlich bestritt er mit einer entsprechend umgebauten BMW R 5 die Internationale Sechstagefahrt 1936.

Minimales Zubehör wie große Knebel an den Steckachsen, eine Preßluftflasche für zeitsparende Reifenreparaturen sowie eine Schutzplatte an der Ölwanne unterschieden die Werks-Gelände-BMW R 51 bei der Sechstagefahrt 1938 vom serienmäßigen Straßenmodell.

Straßen-Boxer mit Spezial-Auspuff

Die Geländefahrten der Wehrmachts-Motorrad-Abteilungen hatten das Militär auf den Gedanken gebracht, Solo-Motorräder und Gespanne künftig nicht mehr nur als reine Verbindungsfahrzeuge zu nutzen, sondern sie auch für den »Kampfeinsatz« zu mißbrauchen. Zu diesem Zweck sollten nun spezielle Fahrzeuge konstruiert werden. Entsprechende Ausschreibungen gingen unverzüglich an die Industrie. Vor allem BMW und Zündapp waren an entsprechenden Aufträgen interessiert.

Keineswegs dachte man vor Kriegsbeginn an ein leichtes, wendiges Motorrad, das seinen Fahrer in unwegsamem Terrain voranbringt. Verlangt war vielmehr ein Gespann für drei Soldaten mit kompletter Ausrüstung und möglichst noch aufmontiertem Maschinengewehr. Da auch BMW in jener Zeit nichts anderes übrigblieb, als Rüstungsgüter zu produzieren, entstand die BMW R 75, ein Fahrzeug, das heute noch betagten Russen, Griechen und Libyern in böser Erinnerung ist. Denn R 75-Gespanne bildeten als reine Militärfahrzeuge sehr oft die Vorhut der Wehrmacht und kündigten daher für die Überfallenen die Schrecken des Krieges an.

Rein technisch betrachtet handelte es sich um eine aufwendige Konstruktion mit angetriebenem Seitenwagenrad, Differentialsperre, Geländeuntersetzung, Rückwärtsgang und hydraulisch betätigten Trommelbremsen (Hinterrad und Seitenwagen). Die Technik der modernen Enduros von BMW ist gottlob unabhängig von militärischen Überlegungen entwickelt worden; sie sind ja nur für den

sportlichen Freizeitspaß bestimmt.

Nach Kriegsende zogen wiederum zuerst die Straßenrennen das Pulikumsinteresse auf sich. Aber auch die kleineren Motorradhersteller wollten sich wieder in den bekannten Zuverlässigkeitsfahrten und Langstreckenprüfungen mit Gelände-Etappen miteinander messen. BMW nahm nur die größeren Ereignisse wie die ADAC-Winterfahrt oder die 1000 km-Deutschlandfahrt 1950 wahr.

Dabei gingen die bekannten Werksfahrer Schorsch Meier, Wiggerl Kraus und Max Klankermeier auf Serienmaschinen an den Start, Klankermeier versuchte sein Glück sogar mit einer einzylindrigen R 25. Zur Internationalen Sechstagefahrt waren die Deutschen erst 1951 wieder zugelassen. Der Wettbewerb fand im italienischen Varese statt. Sowohl hier als auch 1952 im österreichischen Bad Aussee traten wieder BMW-Werksfahrer mit Zweizylinder-Boxermodellen an: Schorsch Meier und

sein Bruder Hans, Walter Zeller, Hans Roth sowie die Seitenwagen-Teams Wiggerl Kraus/Bernhard Huser und Max Klankermeier/Hermann Wolz. An die früheren Gesamtsiege konnten die BMW-Fahrer zwar nicht mehr anknüpfen, aber für Goldmedaillen in den Einzelwertungen reichte es stets.

Die eingesetzten Motorräder unterschieden sich allerdings erstmals in verschiedenen Details recht deutlich von den Serienmodellen: von 19 auf 21 Zoll Durchmesser vergrößerte Vorderräder und hochgelegte Auspuffanlagen mit einem einzelnen Schalldämpfer auf der rechten Seite, Gummifaltenbälge an der Telegabel, ein als Werkzeugtasche dienendes Sitzkissen auf dem Hinterradschutzblech, eine Ölwannenschutzplatte sowie hier und da Sturzbügel vor den ausladenden Zylindern. Zuerst wurden in der Soloklasse die 500 cm^3 große R 51/3 und in der Seitenwagen-Kategorie das R 67-Gespann mit dem 600-cm^3-

gangenheit. Doch gerade deshalb zollten Publikum und Konkurrenz den BMW-Fahrern besonderen Respekt.

Maico, Hercules und Zündapp boten in den frühen 60er Jahren spezielle Wettbewerbsmaschinen in kleinen Serien für Privatkunden an. Diese Motorräder entwickelten sich in den Folgejahren zügig weiter, während sich bei BMW kein Unterschied zu den Maschinen von 1955 zeigte. Die Straßenmodelle standen weitgehend unverändert im Programm, dem Gelände-Werksteam schienen die vorhandenen Motorräder zu genügen. Trotzdem: Von Stillstand konnte in der BMW-Entwicklungsabteilung ganz und gar nicht die Rede sein: Am 7. April 1963 wartete Sebastian Nachtmann zur Geländefahrt in Biberach erstmals mit einer modernisierten Geländemaschine auf. Von der R 25/3 stammte die Teleskop-Vordergabel, leichtere Schutzbleche und ein kleiner Spezialtank verhalfen der R 69 S zu einem völlig

Geländesport der 50er Jahre: Links Schorsch Meier auf R 68 bei der Int. Österr. Alpenfahrt 1952. Oben das Silbervasen Team der Six Days 1956 in Garmisch: Hans Meier R 50, Alfred Hartner und Sebastian Nachtmann R 26, Konrad Welnhofer R 50. Darunter eine R 67/2 für die Sechstagefahrt 1953. Rechts unten: Nachtmann auf der R 69 S von 1960/61.

Motor eingesetzt. 1952 ersetzte die 35 PS starke Straßensportmaschine R 68 (600 cm³) die 500er.

Die schweren Maschinen mit Vollschwingrahmen, wie sie ab 1955 in Serie gingen, lösten auch im Geländeeinsatz die Vorgängermodelle ab. Vereinzelt kamen zwar 250er-Einzylinder des Typs R 26 zum Einsatz, doch in der 500er Soloklasse dominierte BMW mit der R 50. In der Seitenwagenklasse zeigte die R 69 ihre Stärke.

Etwa zur gleichen Zeit wie bei den Motorrädern vollzog sich auch bei den BMW-Werksfahrern ein Generationswechsel: Die neuen Spitzenleute in der Deutschen Geländemeisterschaft und auch bei der Sechstagefahrt hießen Sebastian Nachtmann, Manfred Sensburg und Karl Ibscher (Gespann).

Mit dem Niedergang des Motorradgeschäfts in Deutschland ab Mitte der 50er Jahre entwickelte sich die Geländefahrerei mehr und mehr zur Angelegenheit für Privatfahrer auf speziell vorbereiteten Motorrädern. Gegen die immer leichter werdenden Zweitaktmodelle nahmen sich die schweren BMW-Werksmaschinen aus wie Saurier aus ferner Ver-

ungewohnten Erscheinungsbild. Aber das sollte erst der Anfang sein: Im Herbst des selben Jahres wurde ein komplett neues Fahrwerk fertiggestellt.

Ein kompakter Doppelrohrrahmen mit leichtem, angeschraubtem Heckausleger für die Befestigung der Federbeine und eine neuentwickelte Telegabel mit langen Federwegen und vorgesetzten Achsklemmfäusten führten zu verkürztem Radstand und größerer Bodenfreiheit. Bis auf den unverändert gebliebenen, feinbearbeiteten R 69 S-Motor mit seinen 44 PS glich diese BMW nun schon eher den modernen Geländemaschinen, wie sie in den großen Hubraumklassen damals beispielsweise die englischen Triumph-Werke bei internationalen Wettbewerben an den Start brachten. Außerdem war es gelungen, das Gewicht der fahrfertigen Maschine um stolze 21,5 kg zu reduzieren; der Werks-Prototyp wog nun nur noch 193,5 kg.

Sebastian Nachtmann erfüllte die mit

Erfolgreiche 60er, oben: Ibscher/Rettschlag auf dem R 69 S-Gespann. Darunter: Herbert Schek auf der Werks-600er bei den Six Days 1966. Mitte: Kurt Tweesmann auf der 600er 1964/65. Außen: Design-Studie R 75/5 GS 1970.

12

dem neuen Motorrad verbundenen Erwartungen: Er siegte 1964 und 1965 in der Deutschen Geländemeisterschaft (Klasse über 500 cm³ Hubraum). Für die Saison 1966 verstärkten Herbert Schek und Kurt Tweesmann das BMW-Werksteam; Tweesmann gewann auf Anhieb die Meisterschaft.

Nachdem sich in der Motorradszene der Eindruck verbreitet hatte, daß die Gelände-BMW bereits Hinweise auf eine bevorstehende Generation neuer Straßenmodelle lieferte, wurde der Einsatz eines neuen Motors erwartet. Diese Hoffnung blieb jedoch zunächst unerfüllt, denn BMW beendete die Gelände-Aktivitäten mit Ablauf der Saison 1966.

1969, also drei Jahre später, stellte BMW dann doch eine neue Modellpalette vor, natürlich mit neuen Motoren. Die Boxer-Triebwerke der Typen R 50/5, R 60/5 und R 75/5 waren vollständige Neukonstruktionen mit Gleitlagern für Kurbelwelle und Pleuel, durch-

gehenden Zugankerschrauben für die Befestigung der Leichtmetallzylinder und Zylinderköpfe sowie unter die Kurbelwelle verlegter Nockenwelle. Rahmen und Telegabel stammten dagegen eindeutig von der Werks-Geländemaschine ab.

Neue Geländesport-Versionen auf Basis der erfolgreichen BMW R 75/5

Der Kreis schloß sich dann im Frühjahr 1970 mit einem erneuten Werkseinsatz bei der Deutschen Geländemeisterschaft. Die vier Maschinen für Herbert Schek, Kurt Tweesmann, Sebastian Nachtmann und Kurt Distler (er hatte im Vorjahr den alten 1963er-Prototyp privat eingesetzt) sahen auf den ersten Blick zwar wie die früheren Werksmotorräder aus, basierten jedoch nunmehr auf der R 75/5.

Der 750 cm³-Motor wurde nur geringfügig modifiziert (Kurbelgehäu-

seentlüftung, Stirndeckel aus Elektronguß) und behielt sowohl die Bing-Gleichdruckvergaser als auch den elektrischen Anlasser. Die serienmäßige Leistungsausbeute von 50 PS dürfte in Anbetracht der umfangreichen Maßnahmen zur Gewichtseinsparung durchaus genügt haben. Mit leerem Kunststofftank (früher: Aluminiumblech) brachte die neue Werks-Geländemaschine lediglich 175 kg auf die Waage. Zusätzlich zu den vier in der BMW-Versuchsabteilung aufgebauten Motorrädern sollte BMW-Vertragshändler und Werksfahrer Sebastian Nachtmann die Montage weiterer Exemplare für Privatfahrer übernehmen. Dieses Vorhaben wurde jedoch nicht realisiert.

Herbert Schek aus Wangen im Allgäu holte mit der BMW 1970 und 1971 den Titel des Deutschen Geländemeisters in der Klasse über 500 cm³. Seinen Erfolg konnte er auch 1972 wiederholen, allerdings nicht mehr auf der Werksmaschi-

Links oben: Ähnlichkeit mit der späteren Serien-GS hat bereits die Six Days-Werksmaschine von 1973 (745 Kubik, 57 PS); darunter: Werks-GS von 1979 mit 55 PS für den Einsatz in der 750er-Klasse. Rechts: Der legendäre GS 750-Eigenbau von Herbert Schek 1978.

ne. BMW hatte (wieder einmal) das Interesse verloren. Folge: Herbert Schek baute sich eine eigene Maschine auf, mit Maico-Telegabel und verringertem Gewicht. Zum vierten Titel reichte es 1973 damit nicht mehr; er mußte sich aber denkbar knapp einem Konkurrenten mit einer Zweitakt-Maico 501 geschlagen geben.

Nicht so knapp ging es bei der Sechstagefahrt her, die 1973 erstmals in den USA stattfand, und zwar in Florida. BMW hatte sich aus Publicity-Gründen zu einem Werkseinsatz entschieden. Die Vorbereitungen übernahm mit der BMW-Motorsport GmbH eine bisher nur im Automobilsport aktive Abteilung. Erneut auf der R 75/5 basierend, warteten die Geländemaschinen jedoch nur noch mit einem Kickstarter auf. Die Gleichdruck-Serienvergaser waren durch Kolbenschieber-Vergaser ersetzt worden. Herbert Schek gewann zwar eine Goldmedaille auf diesem Motorrad, doch prägte viel Ärger mit schlechtem Startverhalten, gerissenen Tanks und sogar Rahmenbrüchen das Bild des Werkseinsatzes in den USA.

Das tiefe Brummen der Viertaktboxer fehlte in den darauffolgenden Jahren in der deutschen Geländeszene fast vollständig. Nur hin und wieder tauchte eine Schek-BMW in den Händen eines Privatfahrers auf. Die Vereinnahmung der großen Klasse durch die Maico-Zweitakt-Einzylinder mit 501 cm³ behagte jedoch weder dem Publikum noch den Veranstaltern. Abhilfe sollte die Einrichtung einer zusätzlichen Klasse für Motorräder über 750 cm³ Hubraum bringen, wie sie dann schließlich auch für 1978 ins Programm der Deutschen Meisterschaft aufgenommen wurde.

Leichte 800er zum Saison-Auftakt 1978

Parallel zu Herbert Scheks privaten Entwicklungen begann sich im Hinblick auf die Reglementserweiterung auch Laszlo Peres in der BMW-Versuchsabteilung Gedanken über eine neue Geländemaschine mit Boxermotor zu machen. Was er im Frühjahr 1978 zum Auftakt der Meisterschaftsläufe an den Start schob, konnte auf Anhieb überzeugen: In einem leichten Rohrrahmen aus Chrom-Molybdänstahl mit Zentralfederbein-Schwinge saß ein aus verschiedenen BMW-Teilen montierter 800-cm³-Motor. Er wies den verkürzten Hub (61,5 gegenüber 70,6 mm) der R 45/65-Baureihe auf, die Zylinderboh-

rung betrug 90,8 mm. Damit sparte der Boxer deutlich an Baubreite ein.

Außerdem beachtlich: Die neue Geländemaschine hatte vorn 250, hinten 200 mm Federweg sowie ein Trockengewicht von lediglich 142 kg. Zukunftsweisend der Name des Prototyps: GS 800. Dieses Motorrad sollte eine neue Entwicklung bei BMW einleiten. In der Endwertung der Deutschen Meisterschaft mußte sich Laszlo Peres allerdings Rolf Witthöft auf dessen Kawasaki 800-Eigenbau geschlagen geben.

Die Fachzeitschriften sahen in der Peres-Maschine nicht nur den Vorläufer künftiger Werks-Geländemaschinen, sondern auch die Basis für die Entwicklung einer Serien-Enduro von BMW. Als zusätzlicher, konkreter Hinweis wurde die Zusammenarbeit mit dem italienischen Motorradhersteller Laverda gewertet. Die Kooperation bezog sich jedoch lediglich auf den Bau einer Reihe von Fahrgestellen für das Werksteam und verschiedene Erprobungen, die aus Kapazitätsgründen außer Haus gegeben werden mußten.

Nicht weniger als sechs Werksfahrer präsentierte BMW für die Saison 1979. Sie sollten die Deutsche Geländemeisterschaft, die Europameisterschaft und die Internationale Sechstagefahrt bestreiten: Laszlo Peres, Herbert Schek, Rolf Witthöft, Kurt Tweesmann, Richard Schalber, Fritz Witzel und Kurt Fischer. Als Teamchef fungierte der BMW-Ingenieur Dietmar Beinhauer.

Das Werksmotorrad GS 80 war weiter verbessert worden und wies nun einen Hubraum von 798 cm³ sowie eine

BMW-Geländeteam 1979; von links: Rolf Witthöft, Lazlo Peres, Teamchef Dietmar Beinhauer, Kurt Fischer, Herbert Schek, Richard Schalber. Unten: die Werks-GS 80 von 1979.

Spitzenleistung von 55 PS auf. Das maximale Drehmoment betrug 60 Nm, zwei Gleichdruckvergaser mit 32-mm-Durchlaß sorgten für die Gemischaufbereitung. Die Zwei-in-Zwei-Auspuffanlage war hinter dem Motor hochgezogen. Zukunftsweisend war das Zentralfederbein an der Hinterhand. Bereifung: 3.00 x 21 vorn, 4.50 x 18 oder 5.00 x 17 hinten. Der schmale Tank faßte zehn Liter Treibstoff. Zwei Trommelbremsen verzögerten die trocken nur 138 kg schwere Maschine.

Gewinn der Deutschen Meisterschaft 1979 und 1980 mit der GS 80

Die Six-Days-Maschinen boten vorn 270 und hinten 230 Millimeter Federweg. Mit verschiedenen Federbein-Anlenkungen an der Hinterradschwinge und unterschiedlichen Auspuffanlagen veränderte sich das Erscheinungsbild der Maschinen weiter auch während der laufenden Saison.

Wie nicht anders zu erwarten, galten die Boxer aus München bei allen Auftritten als Pulikumsattraktion Nummer eins. In eindrucksvoller Manier jagten die Fahrer die großen und gegenüber der Konkurrenz deutlich schwergewichtigeren BMW-Maschinen über die Strekken. Insbesondere auf den Cross-Sonderprüfungen flößten die hohen Sprünge mit den grollenden Viertaktern den Zuschauern enormen Respekt ein.

Richard Schalber siegte in der Deutschen Meisterschaft (»Meister aller Bullen«) und wurde Dritter in der Europameisterschaft. Für die in Neunkirchen im Siegerland stattfindende Sechstagefahrt hatte sich die BMW-Mannschaft aber noch mehr vorgenommen. Mit zwei Werksteams, die jeweils drei Fahrer umfaßten, wollte BMW der Traditionsmarke Zündapp die Wertung der Fabrikmannschaften streitig machen. Der Gesamtsieg gelang wegen eines simplen technischen Defekts zwar nicht, aber zum Ausgleich dominierte BMW in der Einzelwertung der großen Klasse: Fritz Witzel holte den Klassensieg in der Kategorie über 750 cm^3.

Auch 1980 schickte BMW wieder zwei Werksteams an den Start. Besonders gut vorbereitet fuhr man zu den Six-Days im französischen Brioude. Im Team I starteten der frischgebackene Europameister Rolf Witthöft, der neue Deutsche Meister Werner Schütz sowie Vizemeister Fritz Witzel. Auch die Namen des Teams II waren in der Geländesportszene bestens bekannt: Kurt Fischer, Theo Schreck und Herbert Wegele. National wie international brauchte BMW keine Konkurrenz in der Klasse über 750 cm^3 zu fürchten. Nach dem Lehrjahr sollten nun Erfolge praktisch unter Garantie zu erzielen sein. Der Boxermotor war einerseits noch stärker,

Links: Richard Schalber auf
dem Weg zur Deutschen
Geländemeisterschaft
1979. Darunter die zentral-
gefederte 55-PS-GS 80.

Oben: die GS 80 von
1980, Siegermaschine bei
Europa- und Deutschen
Meisterschaft. Links die
Mannschaft von 1979; von
links: Einsatzleiter Ekke-
hard Rappelius, Lazlo Pe-
res, Fritz Witzel jun., Geschäftsführer Karl Gerlinger, Herbert Schek, Ri-
chard Schalber, Rolf Witthöft, Kurt Fischer, Team-
chef Beinhauer.

andererseits kompakter geworden: Die Zündanlage war von ihrem ursprünglichen Platz oben am Stirndeckel verschwunden, das Gehäuseoberteil samt dem Luftfilterkasten konnte entfallen. Ein flacher Plattenluftfilter genügte. Ergebnis: Die beiden Auspuffkrümmer konnten direkt über dem Motorgehäuse miteinander verbunden werden. Der Hubraum betrug nun 870 cm³ (Bohrung 95, Hub 61,5 mm), die Leistung wurde mit 57 PS angegeben. Das Drehmoment hatte sich leicht auf 64 Nm erhöht. Bei einem Radstand von 1495 mm wog die Six-Days-Maschine trocken nur noch bescheidene 136 Kilogramm.

Der neugestaltete Schalldämpfer fand links innerhalb des Rahmenhecks Platz, denn das »Monoshock«-Federbein war nun ganz nach rechts gerückt und stützte sich nur noch auf dem rechten Schwingenholm ab. Bemerkenswert: Bei dieser letzten Vorstufe zur künftigen Monolever-Einarmschwinge blieb jedoch auf der linken Seite ein dünner Schwingenholm erhalten.

Werner Schütz gewann die Deutsche Meisterschaft in seiner Klasse. Und der Routinier Rolf Witthöft machte sich selbst, dem Werk und allen BMW-

Freunden eine große Freude mit dem Gewinn des Europameistertitels. Er wurde schließlich auch in die deutsche Mannschaft berufen, die um die Silbervase bei den Six-Days in Frankreich antreten sollte. In Gegnerschaft zu den leichten Zweitaktmodellen, löste Witthöft mit der dicken BMW seine Aufgabe ohne Fehl und Tadel: Deutschland gewann den Wettbewerb. Zur Vorstellung der Serien-Enduro R 80 G/S hätte sich BMW keine bessere Werbung wünschen können. Innerhalb Europas fand die Geschichte der Werkseinsätze im Geländesport ihr Ende auf dem Höhepunkt des Erfolgs. In Afrika erntete BMW schon bald abermals sportlichen Lorbeer abseits asphaltierter Straßen: Bei der Rallye Paris-Dakar siegten BMW-Motorräder gleich viermal innerhalb weniger Jahre. 1992 gewann eine Münchnerin mit einer serienmäßigen R 100 GS die Damenwertung der erstmals bis Kapstadt führenden Veranstaltung. Ab Seite 96 berichten wir ausführlich über den Rallyesport mit der GS.

Der Marschall und der »rote Teufel«:
wie die G/S-Idee allmählich Gestalt annahm

Eigentlich verdanken die großen Enduros von BMW ihre Existenz einer Krise. Und das kam so: Im Geschäftsjahr 1977/78 erlitt das BMW-Motorradgeschäft im wichtigsten Exportland, den USA, einen gewaltigen Einbruch. Differenzen mit dem Importeur, der Firma Butler & Smith, verschärften die Situation. Die Krise gipfelte letztlich im Rücktritt der Geschäftführung der BMW-Motorradsparte unter Graf Rudolf von der Schulenburg.

Nachfolger Dr. Eberhardt C. Sarfert und Vertriebs-Chef Karl Gerlinger dachten in der sich anschließenden Konsolidierungsphase intensiv darüber nach, wie man am florierenden Markt mit einem neuen, kurzfristig realisierbaren Motorradmodell ein Zeichen setzen könnte. Aber es war nicht so leicht, die Idee in die Tat umzusetzen. Die K-Baureihe befand sich zwar in der Entwicklung, war aber lange nicht serienreif.

Prototyp auf Basis der Straßen-R 80

Im Bereich Boxer hatte man gerade einen stoßstangengesteuerten Motor mit vier Ventilen pro Zylinder wegen thermischer Probleme wieder ad acta gelegt.

Richtig voran ging es damals eigentlich nur im Geländesport. Wie bereits näher ausgeführt, beteiligten sich Ende der 70er Jahre unter Rennleiter Dietmar Beinhauer prominente Fahrer wie Schek, Witthöft, Schalber, Witzel, Peres und Fischer erfolgreich an Europameisterschaft und Sechstagefahrten. Die dabei verwendeten Motorräder mit 750, 800 und später sogar 1000 cm³ großen Boxermotoren waren gewichtsoptimierte Spezialanfertigungen mit nicht mehr als 138 kg Leergewicht. Eine Kleinserie dieser Wettbewerbsmotor-

räder wäre allerdings wegen der hohen Produktionskosten und entsprechend hoher Verkaufspreise kaum am Markt absetzbar gewesen. Insgesamt waren die Herstellungskosten sogar so hoch, daß nicht einmal für Trainings- und Begleitmotorräder innerhalb der Versuchsabteilung Geld übrigblieb.

Doch Not macht bekanntlich erfinderisch. So behalfen sich die Männer um Versuchsleiter Ekkehart Rappelius

damit, einige »Arbeits-Geländemotorräder« unter weitgehender Verwendung von Komponenten des Serien-Straßenmodells R 80 zu bauen. Die Telegabel blieb unverändert, doch das Vorderrad bekam eine 21-Zoll-Felge. Das Heck wurde leichter gemacht, für die Hinterradführung ließ man sich etwas ganz Außergewöhnliches einfallen: Eingebaut wurde eine Einarm-Schwinge — später Monolever genannt —, die zu-

Oben: der 1977/78 von Laverda
in Italien im BMW-Auftrag
gebaute Prototyp GS 800.
Unten: GS 80-Werks-Prototyp
für die Six Days 1978
mit nur 138 kg Trockengewicht.

Mit diesem interessan-
ten Eigenbau sorgte
Projektleiter Rüdiger
Gutsche bei den Six
Days 1979 für Aufsehen.

die Straßen-Boxer glänzend verkauften. Allein in den USA setzte BMW jährlich bis zu 7500 Einheiten ab.

Ende der 70er Jahre glaubten nicht einmal die Japaner daran, daß sich bei Enduros der Hubraum über die Halblitergrenze steigern lassen würde — Leichtbau war in diesem Segment Trumpf. Nur ein paar Verrückte aus Bayern fuhren mit relativ schweren Zweizylinder-Brummern im Gelände herum. Erschwerend war zweifellos, daß die beiden Zylinder rechts und links hinderlich in die Gegend ragten. Einen entscheidenden Denkanstoß lieferte 1977 die italienische Firma Laverda mit zwei im Auftrag von BMW gefertigten Geländesport-Prototypen. Spezial-Rahmen, Marzocchi-Gabel, verlängerte Schwinge, 800-cm³-Motor und Fünfganggetriebe waren die Grundmerkmale.

Monolever bereitet Kopfzerbrechen

Im Januar 1979 boten die BMW-Motorrad-Entwickler ihr »Arbeits-Geländemotorrad« (Spitzname: »Roter Teufel«) den Marketingleuten als Lückenfüller an. Zuständig für Entscheidungen waren in jenen Tagen übrigens nicht die Motorrad-Marketing-Männer (die waren zusammen mit der Geschäftsführung zurückgetreten), sondern aushilfsweise die Auto-Marketing-Spezialisten der Muttergesellschaft BMW AG. Diese Interims-Mannschaft mit Karl Wimmer an der Spitze fand die Idee ganz ausgezeichnet und beschloß, das Projekt umgehend zu realisieren. Und alles sollte ganz schnell gehen.

Zum Projektleiter wurde Rüdiger Gutsche bestimmt. Er war als langjähriger Teilnehmer der Dolomiten-Rallye der richtige Mann, hatte schon 1975 eine private Enduro auf Basis einer BMW R 75/5 gebaut. 1978 folgte ein verbesserter Eigenbau mit Maico-Vorderradgabel, Scheibenbremse, R 100 S-Motor, schmalen Spezial-Zylindern und 60 PS. Die Schwinge wurde durch ein rechts verlegtes Monoshock-Federbein abgestützt. Trockengewicht der Maschine: 168 kg. Mit diesem GS-Vorläufer erregte Gutsche als Strecken-Marschall bei

vor in den Grundzügen bereits für die »Schublade« entwickelt worden war. Dieser ohne direkten Entwicklungsauftrag im Laufe des Jahres 1978 gefertigte Prototyp (noch ausgerüstet mit dem 1000-Kubik-Motor der R 100) bildete die Basis eines Vorschlages an Geschäftsführung und Vorstand zum Bau eines seriennahen Enduro-Motorrads mit 800 cm³, Zweizylinder-ohv-Boxermotor und Kardanantrieb.

An Versuchen, schon zu einem früheren Zeitpunkt eine Geländemaschine zu realisieren, hat es nicht gefehlt. So hatte

bereits in den frühen 70ern der damalige Versuchsleiter Hans Günther von der Marwitz BMW, Vertriebs-Chef Horst T. Spintler eine nach amerikanischem Vorbild »Streetscrambler« genannte Off Road-Version der R 75 angeboten. Von der Marwitz wollte damit auf die Enduro-Welle reagieren, die von Honda mit der kleinen XL 250 (und später von Yamaha mit der XT 500) zunächst in den Staaten, dann weltweit in Gang gesetzt worden war. Doch Spintler zeigte kein Interesse an einem Gelände-Motorrad; das hing wohl damit zusammen, daß sich

Legende ist der Versuchs-Prototyp von 1978/79, intern »roter Teufel« genannt (oben). Rechts: Fritz Witzel wurde bei den Six Days 1979 Klassensieger.

der Sechstagefahrt 1979 im Siegerland einiges Aufsehen. Ein amerikanischer Fan bot spontan 6000 Dollar. Doch der Prototyp blieb unverkäuflich.

Die Entwicklung lief ab Januar 1979 auf vollen Touren. Das meiste Kopfzerbrechen bereitete die Einarm-Schwinge. Schließlich war niemals zuvor eine derartige Lösung erfolgreich in Serie gegangen. Als abschreckendes Beispiel stand den Konstrukteuren (und dem Vorstand) das Leichtmotorrad IMME aus den 50er Jahren vor Augen. Zwar handelte es sich bei den Triebsatzschwingen vieler Motorroller ebenfalls um Einarm-Aufhängungen, doch mußten bei einem Motorrad andere Anforderungen an Stabilität und Führungsqualitäten gestellt werden.

Der Clou des Ganzen war dann die Befestigung des Hinterrades: Man verstärkte die Lagerung des Tellerrades im Hinterradantrieb, verzichtete auf das herkömmliche Radlager und schraubte das Rad direkt an einen Flansch am Tellerrad. Das Problem war, daß diese Konstruktion den härtesten Belastungen standhalten mußte. Doch das hat sie getan und tut es heute noch. Inzwischen haben sich sogar Nachahmer gefunden, was beweist, daß die Überlegungen der BMW-Konstrukteure richtig und zukunftsweisend waren.

Im September 1980 ging die R 80 G/ S in Serie. Nur ein Jahr und neun Monate waren zwischen Projektstart und Serienanlauf vergangen. Kaum jemals zuvor ist ein Fahrzeugprojekt bei BMW schneller realisiert worden.

Machte mächtig Wirbel: R 80 G/S mit Einarmschwinge 1980

Avignon, 1. September 1980. Ein Tag, der in die Motorradgeschichte eingegangen ist. Denn damals, vor inzwischen etwas mehr als zehn Jahren, präsentierte BMW der internationalen Fachpresse in der Stadt der Päpste ein Motorrad mit himmlischen Eigenschaften — die legendäre R 80 G/S. Wie wir heute wissen, versprachen die BMW-Presseleute und -Techniker nicht zu viel, als sie die bullige Zweizylinder-Enduro charakterisierten: »Die BMW R 80 G/S ist als universell nutzbares Freizeit-Instrument konzipiert. Die sportlichen Elemente dieses Motorrads, die hohe Leistungsfähigkeit im Alltagsgebrauch und bei der Reise eröffnen eine neue Dimension des Motorradfahrens. Die R 80 G/S ist komfortabel auf Touren, voll soziustauglich und bietet die Möglichkeit, genügend Gepäck mitzunehmen.«

In der Tat: Die neue BMW sprengte in puncto Leistung, Fahrverhalten und Flair die Grenzen dessen, was man sich bis zum denkwürdigen Tag des ersten öffentlichen G/S-Auftritts unter einer En-

duro vorgestellt hatte. Erinnern wir uns: Die Off Road-Szene wurde bis Ende der 70er Jahre von knatternden Zweitakt-Maschinen mit meist 250, höchstens aber 400 Kubikzentimetern beherrscht. Viertakter, meist japanischer Provenienz, erschienen in größerem Stil erst ab Mitte des Jahrzehnts auf der Bildfläche und hatten kaum mehr zu bieten als widerborstige Einzylinder-Triebwerke ohne Anlasser, bockige Fahrwerke mit kurzen Federwegen, karge Grundausstattungen mit wenig belastbarer Elektrik. Hubraummäßig war bei einem halben Liter Zylinderinhalt Schluß.

»G« für Gelände und »S« für Straße

Daneben wirkte die frischgebackene Super-Enduro von BMW wie von einem anderen Stern: kräftiger und kultivierter Zweizylinder-Boxermotor mit stolzen 800 Kubikzentimetern und satten 50 PS, elektrischer Anlasser (zunächst auf Wunsch, später serienmäßig), reichlich Platz für zwei Personen samt Fernreise-

Auf kurvigen Straßen und in leichtem Gelände war die R 80 G/S zu Hause. Revolutionär 1980: Einarmschwinge.

gepäck, großer Tank für weite Strecken ohne Tankstopp, komfortables und spurstabiles Spezialfahrwerk, eigens für den kombinierten Einsatzzweck entwickelt — Gelände »G« und Straße »S«.

Aus dem Original-Pressetext von damals: »Im Hubraum das Größte, im Gewicht das vergleichbar Leichteste und auf der Straße das schnellste Motorrad in der Kategorie der kombinierten Straßen-/Geländemaschinen, zielt die R 80 G/S auf jene Motorradfahrer ab, die neben dem Nutzwert ihrer Maschinen noch den Fahrspaß sowohl auf befestig-

ten Straßen als auch im Gelände suchen.« Zu haben war das Vergnügen ab 8350 Mark. Für den Elektrostarter war zunächst noch ein Aufpreis zu zahlen.

Ganz wie gewünscht machte dann auch die richtungweisende »Monolever«-Hinterradschwinge dicke Schlagzeilen. Anders als bei allen BMW-Motorrädern zuvor und anders auch als bei den Maschinen der Wettbewerber wurde die Schwinge von einem einzigen, rechts am Rad vorbeigeführten Gasdruck-Federbein abgestützt. Die Schwinge selbst zeigte nicht die beiden üblichen Rohre, sondern hatte nur einen einzigen, dafür aber besonders stabil ausgelegten Arm aus gegossenem Aluminiumrohr. Die vom Getriebeausgang nach hinten führende Kardanwelle lief — geschützt vor Staub und Nässe — in

23

1980 in Avignon:
Herausgeber Hans J.
Schneider mit Ur-G/S.

diesem Rohr und übertrug die Drehbe-
wegung mittels Kreuzgelenk und Kegel-
rad auf das große Tellerrad im Hinterachsgetriebe.

Als Clou erwies sich die Befestigung
des Hinterrades an der Nabe: Es war nur
mit drei Schrauben befestigt und ließ
sich daher so leicht abnehmen wie das
Rad eines Automobils. Die bekannte
Steckachse suchte man bei der R 80 G/S
vergeblich. Ganz nebenbei ergab sich
durch das neuartige Bauprinzip eine Gewichtsersparnis um zwei Kilogramm.
Die Torsionsfestigkeit wuchs um 50
Prozent, die unerwünschten Rechts-/
Linkskräfte beim Einfedern reduzierten
sich. »Die BMW R 80 G/S ist das erste
Serienmotorrad aus dem weiten Feld der
straßen- und geländetauglichen Maschinen, das mit einer derartigen Schwingen-
konzeption ausgerüstet wurde.«

Neuartige Universal-Pneus bis 180 km/h

Ferner bemerkenswert: Die R 80 G/S
verfügte als erstes Motorrad ihrer Bauart über eine »im Sport erprobte« Vor-
derrad-Scheibenbremse mit asbestfreien
Semimetall-Belägen. Das tat erstens der
Umwelt gut und verbesserte zweitens
das Naßbremsverhalten um 40 Prozent
gegenüber konventionellen Belägen.
Außerdem waren die Beläge leichter,
leiteten die Wärme besser ab und zeigten
keine Tendenz zum Schmieren.

Die bei einem Durchmesser von 264
Millimetern ordentlich dimensionierte

Scheibe verzögerte — anders als eine
herkömmliche Bremstrommel — auch
dann zufriedenstellend, wenn die Maschine mit zwei Personen sowie Gepäck
beladen war und damit ein Gesamtgewicht von satten 398 Kilo auf die Waage
brachte. Das Trockengewicht war angesichts von Leistung und Ausstattung mit
167 Kilogramm sensationell niedrig, erhöhte sich jedoch bei fahrfertiger und
vollgetankter Maschine auf 191 kg.

Eine Neuentwicklung waren auch die
bis 180 km/h zugelassenen Spezialreifen
von Metzeler. Bis zu diesem Zeitpunkt

Mit einer Spitze von
165 km/h war die R 80 G/S
seinerzeit die schnellste
Enduro der Welt. Vollgetankt
wog sie 191 kg.

hatten sich Off Road-Enthusiasten mit
Pneus begnügen müssen, die maximal
Tempo 130 verkrafteten. Die R 80 G/S
hingegen erreichte im fünften Gang mühelos Geschwindigkeiten von über
165 km/h und war damit die schnellste
Enduro der Welt. BMW lobte den neuen
Pneu: »Zusammen mit den Reifenkon-
strukteuren wurde ein Reifen entwickelt,
der auf der Straße Geschwindigkeiten
bis 180 km/h zuläßt und trotzdem
schwieriges Gelände meistert.«

In der Praxis zeigten sich jedoch rasch
die Grenzen der Leistungsfähigkeit. Vor
allem auf schmierigem Untergrund wie
nassen Wiesen haperte es an den Seiten-
führungskräften der Metzeler-Pneus.
Folge: Die Maschine neigte dazu, seitlich
auszubrechen. Auch mit der Traktion
war es nicht mehr weit her, wenn sich das
Profil erst einmal mit Schlamm zugesetzt
hatte. Auf Schotter und Asphalt jedoch
überzeugte das Reifenkonzept. Außerdem erwiesen sich die Metzeler-Reifen
als aquaplaningsicher.

In der Zeitschrift »Motorrad« (2/81)
faßte der Autor Erfahrungen zusammen,
die er mit den Reifen der G/S im Rahmen einer 4500-Kilometer-Tour durch
Alpen und Pyrenäen gemacht hatte:
»Auf trockener Piste reichte das Haft-
vermögen der Universal-Pneus aus.
Wurde der Untergrund aber naß, stellte
sich der Kardan-Boxer quer.« Mit einer
Absenkung des Luftdrucks auf 1,5 Bar
vorn und hinten ließ sich das Fahrverhalten auf steinigen Pfaden verbessern.

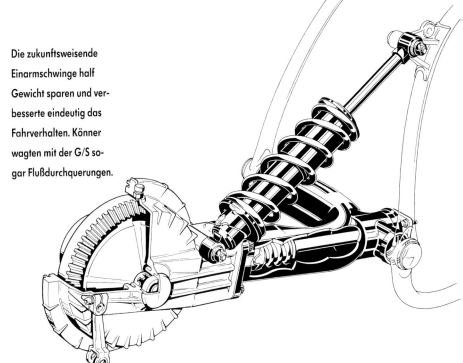

Die zukunftsweisende Einarmschwinge half Gewicht sparen und verbesserte eindeutig das Fahrverhalten. Könner wagten mit der G/S sogar Flußdurchquerungen.

Der 50 PS starke Zweizylinder-Boxermotor basierte auf dem 797-cm³-Triebwerk der Straßenmaschine R 80/7, war allerdings in vielen Details der neuen Aufgabe angepaßt worden. Das maximale Drehmoment von 56,7 Nm stand zwar erst bei 5000 (später 4000) U/min zur Verfügung, hatte im Keller aber trotzdem immer noch viel mehr Dampf als jede andere Enduro. »Das bekannte Triebwerk aller BMW-Motorräder demonstriert gerade bei der neuen R 80 G/S wieder einmal seine Allround-Fähigkeiten und seine für extreme Einsätze überragende Konzeption.«

Tatsächlich zeigten sich vor allem auf kurvenreichen Gebirgsstrecken und abseits fester Straßen die Vorzüge des bewährten Boxerkonzepts. Denn überall da, wo es darauf ankam, bei niedrigen Geschwindigkeiten hohe Leistungen abzurufen, erwies sich das kompakte Triebwerk mit den beiden außenliegenden, gut gekühlten Zylindern als erfreulich souverän. Die Zylinder boten im Gelände zudem den Beinen des Fahrers guten Schutz gegen das Anstoßen an Hindernisse aller Art. Die lieferbaren Schutz- oder »Sturz«-bügel hielten im Falle eines Falles das Gröbste von Zylin-

Ventiltrieb mit Stößelstangen, Kipphebeln, Boxer im Querschnitt.

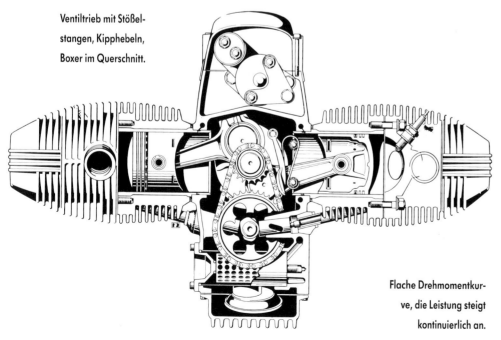

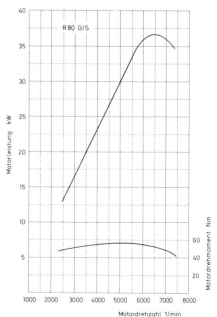

R 80 G/S

Flache Drehmomentkurve, die Leistung steigt kontinuierlich an.

26

dern und Beinen ab. Bei etxremen Klettertouren im Gebirge konnte es trotzdem passieren, daß die Zylinder an Felsbrocken aneckten. Ausbrechende Kühlrippen waren dann keine Seltenheit.

Und noch etwas gefiel — die Laufkultur. Auszug aus einem Testprotokoll: »Der Zweizylinder-Boxermotor bietet im Bereich der Laufkultur gegenüber den sonst verwendeten Einzylindermotoren erhebliche Vorteile sowohl auf der Langstrecke als auch im Gelände.« Mit speziell getunten Vorläufern der R 80 G/S hatte BMW Ende der 70er Jahre bekanntlich die sportlichen Qualitäten des Konzepts unter Beweis gestellt. Elektronische, wartungsfreie Zündung,

galnikalbeschichtete und entsprechend thermisch belastbare Aluminium-Zylinder, Ölwannenschutz und neuartige Zwei-in-Eins-Auspuffanlage gehörten zu den besonderen technischen Merkmalen des G/S-Boxers. Die aufwendige Galnikalbeschichtung der Zylinderwände hatte außerdem die Aufgabe, den Ölverbrauch niedrig zu halten und den Verschleiß zu mindern.

Der Trockenluftfilter saß samt staubsicherem Gehäuse huckepack hinten auf

»Träume verwirklichen«: Wie BMW die G/S offerierte.

»Motorradfahren wird in den 80er Jahren weitere neue und interessante Aspekte gewinnen. Denn der bereits heute lebendige Wunsch, Freizeit zu intensiverem Erleben zu nutzen, sich selbst, seine Wünsche und Träume zu verwirklichen, wird eine sehr ursprüngliche Form des Reisens beleben: abseits von den Routen der Urlaubskarawanen, mit dem Ziel, das Land, die Leute und die Besonderheiten der Natur des Landes unverfälscht und intensiver kennenzulernen. Dazu muß man sich deutlich von den breiten Betonpisten entfernen und stattdessen die Nebenstrecken — und in vielen Fällen auch die unbefestigten — suchen und erfahren. Für diese Anforderungen, aber auch für alles, was ein Motorrad können muß, hat BMW jetzt mit der BMW R 80 G/S eine neue Klasse geschaffen. G/S steht für Gelände wie für Straße.«
Prospekttext Herbst 1980

»Spaß im freien Gelände — das ist die Idee, die hinter der neuen BMW R 80 G/S steht. Unter freiem Gelände verstehen die Münchener Motorradbauer nicht nur Schotterwege, Wiesenpfade oder Schlammlöcher, sondern auch und vor allem die befestigten Straßen fernab der großen Reise- und Transport-Routen. Die BMW R 80 G/S ist als universell nutzbares Freizeit-Instrument konzipiert. Die sportlichen Elemente dieses Motorrads, die hohe Lei-

stungsfähigkeit im Alltagsgebrauch und bei der Reise eröffnen eine neue Dimension des Motorradfahrens.«
Pressemappentext September 1980

»Die R 80 G/S ist das ideale Motorrad für Abenteuerreisen. Ob auf dem Asphalt oder abseits ausgetrampelter Pfade ist sie sowohl auf der Straße als auch im Gelände in ihrem Element. Ihre geländetauglichen Spezialreifen erlauben eine Spitze von 170 km/h. Sie ist das richtige Gerät für Individualisten, die ihre Spuren selbst suchen wollen.«
Pressetext Sommer 1985

»Die BMW R 80 G/S ist das bislang konsequenteste Two-in-one-Motorrad — sie ist Gelände- und Straßenmotorrad zugleich. Ihr Charakter: Stark für das Abenteuer, kultiviert, schnell und sicher auf der Straße ist sie als universell einsetzbares Freizeitinstrument konstruiert. Mit einem Trockengewicht von 172 Kilogramm ist sie das leichteste Serienmotorrad dieser Hubraumkategorie. Entprechend ist das Handling dieser Maschine, die mit über 200 Kilogramm Zuladung auch als Packesel für Touren geeignet ist. Erstmals bei einem geländegängigen Serienmotorrad eingesetzt und im Sporteinsatz bewährt ist der BMW Monolever, der hohe Spurgenauigkeit und präzise Hinterradführung garantiert und zudem Ein- und Ausbau des Hinterrades leicht macht.«
Pressetext Herbst 1982

Links: G/S in spanischen Gassen. Der 50-PS-Boxer gibt seine Kraft ohne Umlenkung ans Fünfgang-Getriebe weiter.

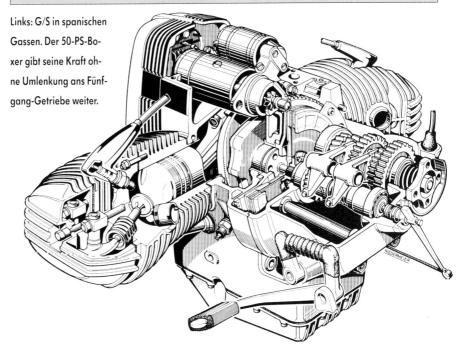

dem Motor-/Getriebeblock und ließ sich leicht auswechseln. Eine eigens entwickelte, ultraleichte Kupplung reduzierte die Handkraft am Hebel außerordentlich. Serienmäßig war die R 80 G/S zunächst lediglich mit einem Kickstarter ausgerüstet. Den elektrischen Anlasser gab es von Anfang an jedoch gegen Aufpreis. Ab 1982 dann war jede G/S ab Werk praktischerweise mit E- und Kickstarter ausgerüstet.

Zwei Punkte machten besonders viel Freude: der leistungsfähige Halogen-Scheinwerfer und die große Reichweite. Wo andere sich bei Dunkelheit mit schwachen 6-Volt-Funzeln mehr oder weniger mühsam den Weg suchen mußten, machte das 12-Volt-H 4-Licht der G/S die Nacht zum Tage. Im Umgang mit dem Treibstoff (Normalbenzin) erwies sich die G/S trotz der beachtli-

chen Fahrleistungen als äußerst genügsam. Im Langstreckentest über viele Tausend Kilometer Autobahn, Landstraße und Gelände ermittelten wir einen Durchschnittsverbrauch von 5,9 l/100 km. Daraus resultierte — in Verbindung mit dem Tankinhalt von 19,5 Litern — die durchaus respektable Reichweite von 330 Kilometern.

G/S-Sondermodell »Paris-Dakar« 1984

Die Sitzbank verdiente uneingeschränkt das Prädikat »voll soziustauglich«. Die Qualität der Polsterung ließ jedoch bei der ersten G/S-Serie arg zu wünschen übrig. Gewöhnungsbedürftig war das etwas klotzig geratene Cockpit. Doch ließen sich Tachometer und Kontrolleuchten gut ablesen. Gegen Aufpreis waren Zusatzinstrumente zu haben: Drehzahlmesser und Voltmeter.

Ein Vierteljahr nach der Premiere machte die BMW-Enduro im Sport Furore: Im Januar 1981 gewann Hubert Auriol auf einer Wettbewerbsversion der R 80 G/S die berüchtigte Rallye Paris-Dakar. 1983 konnte der Franzose seinen Triumph wiederholen. 1984 und 1985 brachte der belgische Cross-Star Gaston Rahier die BMW siegreich ins Ziel (Einzelheiten dazu schildern wir in einem besonderen Kapitel).

Logisch, daß BMW die Rallye-Erfolge mit einem Sondermodell krönte: 1984 kam die R 80 G/S »Paris-Dakar« heraus, ausgerüstet mit mächtigem 32-Liter-Tank, bequemer, roter Einzelsitzbank, Chrom-Auspuff und großer Gepäckbrücke. Sie war alpinweiß lackiert, der Tank besaß Knieschutzpolster und das Paris-Dakar-Emblem. Michelin T 61-Reifen, Zylinderschutzbügel und Seitenständer gehörten zur Grundausrü-

stung. Die Sonderteile (Tank, Einzelsitz, Gepäckbrücke) waren auch einzeln oder im Kit zum Nachrüsten der normalen R 80 G/S erhältlich.

Nicht nur im Sport setzte sich die G/S schnell durch. Auch als Fernreise-Motorrad wurde sie von Jahr zu Jahr beliebter. Globetrotter aus aller Herren Länder bereisten mit der BMW-Enduro die Kontinente, zogen ihre Spur bis nach China, Australien, Afrika, Alaska und Feuerland. R 80 G/S und die aktuellen Modelle mit Paralever-Fahrwerk sind bis heute erste Wahl, wenn es darum geht, auf abenteuerlichen Pfaden die Welt zu erkunden. Die Leser der Zeitschrift »Tourenfahrer« wählten die Zweizylinder-Enduros von BMW viele Male zum »Tourer des Jahres«. Kaum ein anderes Motorrad hat eben so gute Allround-Qualitäten, eignet sich so ausgezeichnet für sportliche Ausflüge über kurvenreiche Gebirgsstraßen oder für Langstreckenreisen.

München Mai 1982: »Easy Rider« Peter Fonda wird Ehrenmitglied der BMW Clubs Europa e.V.; links: Club-Präsident Helmut Werner Bönsch.

Mitte: Hubert Auriol unterwegs bei der Rallye Paris-Dakar 1983 mit dem 67 PS starken 1000er Boxer. Links: der zweimalige PD-Sieger Gaston Rahier mit der 75 PS starken 1000er von 1984 und der im gleichen Jahr aufgelegten serienmäßigen R 80 G/S Paris-Dakar. Oben ebenfalls die Serien-PD von 1984.

Weil trotzdem nichts auf der Welt hundertprozentig perfekt ist, wurde die R 80 G/S wie jedes andere Großserienprodukt im Laufe der Zeit immer wieder verbessert. Im September 1981 bekam sie zur weiteren Optimierung des Fahrverhaltens eine breitere Hinterradfelge (2.50 B x 18). Gleichzeitig reduzierte BMW den Durchmesser des Hauptbremszylinderkolbens auf zwölf Millimeter und verbesserte so die Wirksamkeit der Vorderradbremse. Bei der Sitzbank wurde der allzu nachgiebige Polyurethan-Schaum durch elastischeren Latexschaum ersetzt. Eine Überschaltsperre im Getriebe erleichterte das Schalten. Im April 1982 machten die Techniker die Verzahnung der Getriebezahnräder durch einen Kunstgriff belastbarer.

Die Korrosionsbeständigkeit der Auspuffanlage suchte man ab Oktober 1982 durch eine andere, nunmehr glänzend- statt mattschwarze Beschichtung zu verbessern. Zwei Monate später spendierten die BMW-Modellpflege-

Spezialisten den Dämpfern in der Telegabel neue Ventilgehäuse; Ergebnis: Unterdrückung von Klappergeräuschen, die vereinzelt aufgetreten waren. Eine wichtige Maßnahme griff im September 1983: Weil bisweilen Öl in die Bremse gelangt war, lagerte man den Bremshebel am Hinterradantrieb neu.

Intensive Modellpflege Jahr für Jahr

Die Bedienbarkeit der Kupplung verbesserte sich im Januar 1984, nachdem die Keilverzahnung der Getriebe-Abtriebswelle vernickelt worden war. Im Juli 1984 bekam die G/S einen Bremsflüssigkeitsbehälter mit neuem Deckel, neuer Membran und geänderter Belüf-

Im Detail wurde die

G/S immer wieder verbessert.

Seit Ende '84 ist nun auch

bleifreier Sprit erlaubt.

tung; dies verhinderte wirksam, daß die Bremsflüssigkeit Feuchtigkeit aufnehmen konnte. Umweltbewußte G/S-Fahrer empfanden es als Weihnachtsgeschenk, daß ab Dezember 1984 mit bleifreiem Benzin gefahren werden konnte; speziell gehärtete Auslaßventilsitze machten es möglich.

Zur Verminderung des Lagerspiels tauschte man im Januar 1985 das Nadellager im Hinterachsgetriebe durch ein Kegelrollenlager aus. Im März wurde der Anfahrdämpfer im Getriebe geändert, um Extrembelastungen abzufangen. Besondere Liebe zum Detail zeigte sich dann im November 1987: Die Rückzugfedern der Bremsbacken bekamen eine spezielle Beschichtung, damit Schwingbrüche durch Risse in der bis dahin verwendeten Zinkschicht ausgeschlossen werden konnten. Im Februar 1987 wurden — als letzte Maßnahme beim Urmodell — die Rückzugfedern zusätzlich durch Profilgummis gedämpft. Bis Sommer 1987 liefen von der

erstel Serie einschließlich der Paris-Da-
kar-Versionen exakt 24.309 Einheiten
vom Band des BMW-Motorradwerks in
Berlin-Spandau.

Wie wacker sich die R 80 G/S im All-
tagsbetrieb schlug, wurde unter anderem
im Rahmen eines Langstreckentests der
Zeitschrift »Motorrad« deutlich, veröf-
fentlicht in Heft 21/1981. Fazit der Tester nach 25.000 Kilometern: »Die Rah-
menlackierung war wie neu. Das Kom-
pressionsdiagramm bescheinigte dem
Boxermotor keine Ermüdungserschei-
nungen. Die galnikalbeschichteten Zy-
linderlaufbahnen wiesen, wie Kolben
und Kolbenringe, kaum meßbaren Verschleiß auf. Der Kurbeltrieb präsentierte
sich, als wäre er nur ein paar tausend Kilometer alt. Die R 80 G/S wäre für wei-

Rechts die R 80 G/S
in der letzten Version
von 1986/87. Die
bunte Lackierung
fand indes keinen
ungeteilten Zu-
spruch. Darunter die
83er G/S des Autors
in klassischem Dun-
kelblau.

Schauspieler Götz
George gehörte
von Anfang an zu
den Fans der
Boxer-Enduro.

tere 25.000 Kilometer gut gewesen. Ge-
messen an der überaus harten Beanspruchung sowohl auf der Straße als auch im
Gelände hat die R 80 G/S den Langstreckentest mit Bravour bestanden. Mit
niedrigen Kilometerkosten, problemlo-
sem Betrieb und hoher Zuverlässigkeit
verdient das 'Motorrad für alles' das Prädikat 'sehr empfehlenswert'.«

»Reise-Enduro«: Wie die Fachpresse die G/S beurteilte

»Frappierendes Handling zeichnet die G/S aus, unterstützt von einer ausgewogenen und komfortablen Feder-Dämpfungsabstimmung; nichts bringt die BMW aus der Ruhe. Sie läuft genau dorthin, wo man sie haben will, ohne Aufschaukeln, ohne Fahrwerksunruhe. Die Pendelerscheinungen bei schneller Geradeausfahrt sind bei BMW nicht unbekannt, aber nicht für die Neue. Souverän und spurstabil läuft sie auf langen Geraden dahin. Selbst bei Tempo 170. Kaum Reaktionen beim Überqueren von Spurrillen und Mittellinien. Die G/S ist das beste Straßenmotorrad, das BMW jemals baute.« Motorrad, August 1980

»Technisch bemerkenswert ist die unkonventionelle Art der Hinterradaufhängung: ein einziger torsionsarmer Schwingarm hält das Rad und nimmt gleichzeitig den Antriebsmechanismus auf - eine Kardanwelle mit allem, was dazugehört. Die Federungs- und Dämpfungsaufgaben werden von einem einzigen, dezentral geführten Federbein erledigt. Wer sich für die neue BMW entscheidet, sollte sie nicht als Super-Enduro mißverstehen, sondern als handliches Straßenmotorrad mit guten Fahreigenschaften auf befestig-

tem Untergrund. 170 Stundenkilometer Spitze sind mühelos zu realisieren. Auch die neuen Reifen machen das anstandslos mit.« Lübecker Nachrichten, Sept. 1980

»Die BMW-Enduro ist keine Sportmaschine für harten Geländeeinsatz. Sie ist auch kein großer Tourer wie die anderen BMW. Die neue R 80 G/S liegt irgendwo dazwischen. Sie ist eine gute Straßenmaschine mit etwas spartanischer Ausstattung, sie schafft unasphaltierte Wege und leichtes Gelände. Große Touren sind dank 20-Liter-Tank und ausreichender Leistung kein Problem. Sie ist eine Reise-Enduro — und als solche gewiß kein schlechter Kompromiß.« PS, September 1980

»Die Torsionssteifigkeit des einzelnen voluminösen Schwingenrohrs liegt ganz erheblich höher als die Verwindungssicherheit einer konventionellen Zweiarmschwinge. Und der Radausbau kann jetzt kaum mehr vereinfacht werden: Nur drei Radschrauben sind zu lösen — im Prinzip wie beim Automobil. Als Zugabe gewissermaßen wird obendrein eine Gewichtsersparnis von rund zwei Kilogramm geboten,

die der Tatsache zu verdanken ist, daß nur ein Federbein Verwendung findet.« Motorrad-Magazin mo, Okt. 1980

»Ich bin überrascht, wie ungewöhnlich leicht sich dieses Motorrad auch mit zwei Personen durch Biegungen und enge Kurven von links nach rechts schwenken läßt. Beim Überqueren von Mittelrillen, Spurrillen und Asphaltnähten beweist die neue Einarmschwinge ihre um circa 30 Prozent torsionssteifere Führung. Auf unbefestigten Wegen und in trockenem, leichtem Gelände macht es großen Spaß, dieses Motorrad zu fahren. Die BMW R 80 G/S sollte als universell nutzbares Freizeit-Motorrad angesehen werden.« Der Syburger, Juni 1981

»Von allen schweren Enduros offeriert die G/S auch noch in beladenem Zustand respektable Federwege. Und diese stellen auf extremen Pisten auch ein Sicherheitsplus dar. Gerade dort, wo der Fahrer hart gefordert wird, bietet der Elektrostarter eine nicht zu unterschätzende Hilfe. Ein weiteres Komfort-Plus, das auf langen Reisen ungeheure Bedeutung gewinnt, ist der Kardan-Antrieb. Keine Kettenpflege, kein Spannen, keine Ersatzkette, kein Nietwerkzeug, kein Ersatzritzel. Vom spielend leichten Radausbau gar nicht zu reden. Dieser wird außerdem noch durch den Hauptständer erleichtert, den wiederum die meisten anderen Enduros nicht bieten.« Tourenfahrer, Februar 1983

»Daß die BMW eine robuste, anspruchslose, zuverlässige und vor allem fernreisetaugliche Maschine ist, hatte sich entgegen der anfänglichen Bedenken schnell herumgesprochen. Auf der Panamerica-Route von Feuerland bis Alaska, bei der Durchquerung afrikanischer Wüsten, beim Hinaufschlängeln der Pässe im Himalaya oder im australischen Outback, überall bahnte sich die R 80 G/S ihren Weg.« VDI-Nachrichten, Sept. 1990

Als zeitlos schöner Klassiker präsentiert sich die R 80 G/S von 1984 (rechts). Das Bild unten entstand im Sommer 1980. Am Lenker: Kalli Hufstadt.

Äußerlich unterschieden sich die Paralever-Modelle von 1987 nur in Details voneinander. Oben und Mitte: R 100 GS. Unten: R 80 GS. Das Phantombild zeigt die Technik.

Eindrucksvolle Erscheinung: die R 100 GS Paris-Dakar von 1988/89. Links eine der ersten Paralever-R 80 GS von 1987, abgelichtet in der Toskana.

Die fortschrittliche Paralever-Schwinge verbes-
serte das Fahrverhalten
der neuen BMW R 100
GS entscheidend.

Seit Herbst 1990 ähneln
die GS-Modelle sehr der
Paris-Dakar-Version.
Praktisch: das verstell-
bare Windschild (links).

Meilenstein 1987: R 80 und R 100 GS mit Paralever

1987 blickten die Freunde der weiß-blauen Marke gebannt nach Florenz. Denn dort, mitten in der malerischen Toskana, hatten vom 24. bis 29. August die Nachfolgemodelle der inzwischen betagten R 80 G/S ihre Weltpremiere.

Die Modelle R 80 GS und R 100 GS — in der Schreibweise jetzt ohne Schrägstrich — stellten eine gleichermaßen behutsame wie sinnvolle Weiterentwicklung des bewährten Konzepts dar. An der Linie war festgehalten worden, im Detail hatten die Ingenieure jedoch fast alles modifiziert und optimiert. Die tiefgreifendsten Änderungen hatte sich das Fahrwerk der Zweizylinder-Enduro gefallenlassen müssen.

So präsentierten sich die 87/88er Modelle mit einer grundlegend neu konstruierten »Paralever«-Hinterradschwinge aus Leichtmetall. Das weltweit erstmals im Serienbau angewandte Prinzip der Doppelgelenkschwinge reduzierte wirkungsvoll das zuweilen als lästig empfundene Anfahrmoment und das Aufstellen der Maschine bei scharfem Beschleunigen. Auch andere unangenehme Lastwechselreaktionen wie das Hochheben des Hecks beim Bremsen gehörten der Vergangenheit an. In ihrer Wirkung entsprach die Paralever-Konstruktion von BMW einer Schwingenlänge von 1400 Millimetern und sorgte damit für einen Momentenausgleich von rund 70 Prozent.

Vollständig neues Fahrwerk 1987

Im Detail bestand die Paralever-Schwinge aus einer im Niederdruck-Verfahren gegossenen Leichtmetall-Legierung. Die bewährte Kegelrollen-Lagerung mit optimalen Nachstellmöglichkeiten hatte man beibehalten. Zwei weitere, ebenfalls nachstellbare Kegelrollenlager befanden sich im Gelenk zwi-

Charakteristisch für die GS ab 1987:
Paralever-Hinterradführung, Kreuzspeichen-
räder und Marzocchi-Telegabel.

schen Schwinge und Antriebsgehäuse. Durch die Verwendung von Leichtmetall war das Gewicht der Schwinge reduziert worden. Eine vom Computer nach der Finite-Elemente-Methode berechnete Profilierung dieses Teils hatte die Drehsteifigkeit der Schwinge noch einmal verbessert.

Trotz des technischen Mehraufwands betrug das Mehrgewicht der Paralever-Konstruktion gegenüber dem alten Monolever-System nur 1,6 Kilogramm. Um die ungefederten Massen klein zu halten, behielten die neuen GS-Modelle die leichte Trommelbremse mit 200 mm Durchmesser am Hinterrad. Diese wurde nun jedoch per Seilzug betätigt.

Genau wie vorn war auch am Hinter-rad ein längerer Federweg zu verzeichnen (180 statt 170 mm). Das schräg gestellte Monoshock-Federbein mit Boge-Gasdruckdämpfer arbeitete in seiner Kennung leicht progressiv, war vierfach verstellbar und stützte sich jetzt direkt am Hinterachsgehäuse ab.

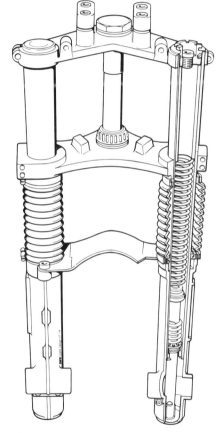

Die patentierte Paralever-Technik unterdrückt bei der neuen GS wirksam die lästigen Kardanreaktionen. Typisch auch die langen Federwege.

K-Modelle dimensioniert, erhielt einen Durchmesser von 25 Millimetern und wurde hohl ausgeführt.

Der wesentlich stärkere Gabelverbund verhinderte ein Gabelverziehen beim Bremsen. Der Standrohrdurchmesser war von 36 auf 40, der Federweg von 200 auf 225 Millimeter gewachsen. Als weiteres Sicherheitsplus mußten die vergrößerten und leichter ansprechenden Solo-Bremsscheiben an den Vorderrädern der neuen Modelle (285 wie bei der R 80 statt 260 mm Durchmesser) gewertet werden. Die Brembo-Brems-

Neue Marzocchi-Vorderradgabeln mit je einem Stabilisator zwischen den Gleitrohren, verstärkter Rahmen und deutlich längere Federwege vorne wie hinten (225/180 mm) trugen ebenfalls entscheidend zur Verbesserung des Fahrverhaltens bei. Der italienische Spezialist für geländetaugliche Fahrwerksteile hatte sich für den BMW-Auftrag durch Gabeln qualifiziert, die für die Einsätze bei der Rallye Paris-Dakar geliefert worden waren.

Ergebnis: Bei der Marzocchi-Gabel

handelte es sich um ein technisches Kleinod mit einer besonders dauerhaften Gleitlagerung zwischen Standrohren und Tauchrohren. Die Leichtmetall-Schubrohre glitten auf Hülsen aus mehrschichtigem Lagermetall mit Teflonüberzug. Die Dämpferelemente arbeiteten mit besonders großem Ölvolumen, hohem Öldurchsatz und reichlich bemessenen Bohrungsquerschnitten. Folge: Eine angemessene Dämpfung auch bei harten Geländeeinlagen. Die Vorderachse wurde nach dem Vorbild der

Kräftig verstärkter Rahmen und Kreuzspeichen-Räder für die neue GS

sättel waren eine Nummer größer und stärker. Die hydraulische Übersetzung der Bremse hatte man zugunsten geringerer Betätigungskräfte geändert.

Dem Rahmen blieben Verbesserungen ebenfalls nicht vorenthalten. So hatte BMW die im Tanktunnel verlaufenden Ovalrohre verstärkt. Insgesamt überzeugten die neuen GS-Modelle auf der Straße wie auch auf der Piste durch

Innovativ: Paralever gegen Kardanreaktionen

Als die BMW-Konstrukteure Mitte der 80er Jahre damit begannen, die Paralever-Schwinge zu realisieren, gingen sie von folgenden Grundüberlegungen aus: Alle Antriebskräfte, die auf Räder übertragen werden, erzeugen beim Auto wie beim Motorrad bestimmte Reaktionen. Der Effekt in Gestalt einer »dynamischen Radlastverschiebung« tritt grundsätzlich sogar dann auf, wenn alle Räder ungefedert sind. Gefederte Radaufhängungen reagieren besonders sensibel auf Antriebsmomente. Das Ausmaß der Reaktionen ist von der geometrischen Gestaltung der Aufhängungselemente abhängig.

Bei Motorrädern spielt zusätzlich die Art des Sekundärantriebs eine Rolle. So besteht bei kettengetriebenen Maschinen die Tendenz, daß das von einer Schwinge geführte Hinterrad beim Beschleunigen einfedert. Bei Maschinen mit Kardanantrieb ist die Reaktion genau umgekehrt: Das Rad federt aus. Im Gegenzug sinkt das Heck ein, wenn plötzlich Gas weggenommen oder gebremst wird. Klar, daß die Ingenieure auf Abhilfe sannen.

Theoretisch ist eine Verlängerung der Hinterradschwinge die einfachste und auch einleuchtendste Methode, diese Reaktionen zu unterdrücken. In der Praxis sind auf diesem Wege aber nur Teilerfolge erzielbar. Berechnungen haben ergeben, daß bei einer BMW für einen totalen Ausgleich die Schwinge länger sein müßte als der Radstand — sage und schreibe 1700 mm. Verständlich, daß sich so etwas nicht im Serienbau umsetzen läßt.

Doch die BMW-Ingenieure fanden mit dem Paralever dann doch das Ei des Kolumbus: Mit der fortschrittlichen Doppelgelenkschwinge läßt sich auf wesentlich kleinerem Raum der gleiche Effekt wie mit einer extremen Verlängerung erzielen. Die Techniker-

erklären das so: »Die Parallelogrammführung vergrößert den Radius der Raderhebungskurve.« Oder anders ausgedrückt: Die nach dem Parallelogramm-Prinzip konstruierte Doppelgelenkschwinge der GS (oder der Vierventil-K-Modelle) unterdrückt lästige Lastwechselreaktionen weitgehend.

Genau genommen entspricht die Paralever-Konstruktion von BMW in ihrer Wirkung einer Schwingenlänge von 1400 Millimetern und sorgt damit für einen Momentenausgleich von rund 70 Prozent. Auf der Straße bedeutet dies ein spürbares Plus an Fahrsicherheit und Fahrstabilität vor allem in Grenzsituationen: starkes Beschleunigen, Bremsen in Kurven, schnelles Fahren auf kurvenreichen Strecken mit häufigen Lastwechseln.

Bedarfsspezifische Verbesserungen lassen sich durch eine individuelle Abstimmung von Federung und Dämpfung erzielen. Auf Fernreisen und beim Fahren mit zwei Personen und Gepäck hat es sich bewährt, an der Hinterhand ein härteres Federbein einzubauen. Der Zubehörhandel und BMW halten entsprechende Bauteile bereit (s.a. Geländefahrschule ab S: 84).

Fahreigenschaften, die das Prädikat erstklassig verdienten.

Ebenfalls innovativ war das Kreuzspeichen-Design der Räder. Die Vorteile dieser neuen, patentierten Lösung waren vielfältig. Sie ermöglichte die Führung der Speichen durch das Felgenhorn; diese wiederum erlaubte die Verwendung schlauchloser Reifen, die sich zudem problemlos mit normalen Montierhebeln wechseln ließen. Ferner konnten die Speichen, deren Schraubnippel auf der Nabenseite angeordnet waren, auch bei aufgezogenem Reifen und eingebautem Rad gewechselt werden.

Die prinzipbedingte geringe Baubreite des Rades im Kreuzungspunkt der Speichen schuf sehr nützlichen Freiraum; beispielsweise für den größeren Bremssattel vorn, aber auch hinten für die zur Radseite ausbauchende Lage-

Die Hinterradbremse ist

— anders als bei der

G/S — seilzugbetätigt.

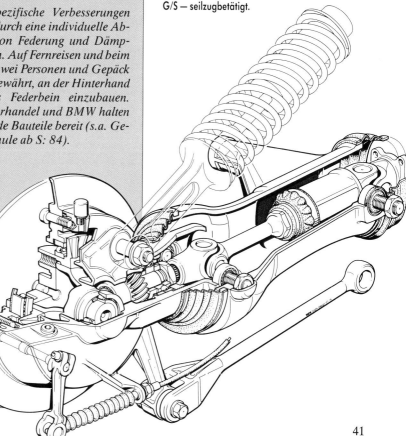

41

Das Fahren auf kurven-
reichen Landstraßen
macht mit der
wendigen R 80 GS jede
Menge Spaß. Im Bild
das Modell 1987.

rungspartie des Paralever, die beim konventionellen Speichenrad zu einer beträchtlichen Verkleinerung der Speichenbasis und somit zu einem labilen Hinterrad geführt hätte. Die Neukonstruktion des Rades machte es überdies möglich, auf der breiteren hinteren Felge einen Reifen der Dimension 130/80-17

zu montieren statt 4.00-18 zuvor; dies kam höheren Antriebskräften natürlich entgegen. Geblieben war der Vorzug des leichten Hinterradwechsels — jetzt mit vier statt wie bislang mit drei Schrauben.

Aufgezogen worden waren erstmals Enduro-Reifen, die bis 190 km/h zugelassen waren. Es handelte sich um eine Neuentwicklung von Metzeler mit fischgrätartigem Blockprofil. Komfort war nicht ihre Stärke (lautes Abrollgeräusch); doch sie hatten eine gute Bodenhaftung und eine hohe Spurtreue.

Einen deutlichen Sprung nach vorn machte die Motorisierung. Das Topmodell R 100 GS wartete nun mit 980 cm³ Hubraum und 60 PS (44 kW) Leistung bei relativ moderaten 6500 U/min auf. Viel über den Charakter der neuen Maschine sagte auch das maximale Drehmoment aus: 76 Nm bei 3750 U/min. Entsprechend beeindruckend waren Leistungscharakteristik und erzielbare Höchstgeschwindigkeit — deutlich über 180 km/h. Daneben erfreute die R 100 GS durch das satte Drehmoment von 76 Nm bei nur 3750 U/min. BMW hatte es angesichts erstarkender Konkurrenz wieder einmal geschafft, einen Superlativ zu kreieren — die stärkste und schnellste Enduro der Welt.

BMW kommentierte selbstbewußt: »Der Ein-Liter-Motor eröffnet zwei für Enduros ganz neue Perspektiven. Er

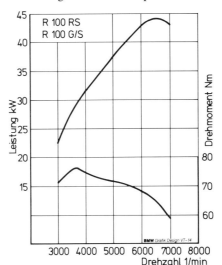

kann sowohl Expreßzuschlag sein für alle, die es auf langen Reisen eilig haben und schon mal die Höchstgeschwindigkeit von 181 km/h (R 80 GS: 168 km/h) fahren wollen; er kann aber auch alle, die zu zweit mit viel Gepäck in ferne Länder streben, mit seiner enormen Durchzugskraft aus hohem Drehmoment bei niedriger Drehzahl verwöhnen...«

Mehr Reichweite durch größere Tanks

Zwei Bing-Gleichdruck-Vergaser mit 40 statt 32 Millimetern Querschnitt bereiteten das Gemisch auf. Der Ventiltrieb war durch eine korrektere Führung der Kipphebel standfester geworden. Änderungen an den Ventilsitzen erlaubten zeitgemäß den dauernden Betrieb mit bleifreiem Kraftstoff. Ein zusätzlich montierter Ölkühler schützte den Einliter-Boxermotor vor Überhitzungserscheinungen im Vollastbereich. Neu war auch der um zwei Kilogramm erleichterte Elektrostarter, der nach dem Vorgelegeprinzip arbeitete und einen geringeren Strombedarf hatte; trotzdem hatte die neue GS eine deutlich leistungsfähigere 25-Ah-Batterie.

Deutlich an Volumen, doch nur wenig an Gewicht zugenommen hatte der unter dem Getriebe untergebrachte Vorschalldämpfer der Auspuffanlage. Das Volumen war von 1,5 auf 3,8 Liter gewachsen. Dieser Zuwachs war sowohl der Senkung des Geräuschpegels als auch dem Drehmomentverlauf dienlich.

Alle Detailverbesserungen kamen natürlich auch der R 80 GS zugute, die ansonsten mit unveränderter Leistung daherkam: 50 PS (37 kW). Neu geformte, voluminöse 26-Liter-Tanks mit 4,7 Litern Reserve und vorne hochgezogene Sitzbänke verbesserten Reichweite und Komfort der neuen Enduro-Modelle. Trocken (ohne Benzin, Öl und Werkzeug) brachten die GS-Zwillinge 187 kg auf die Waage, fahrfertig wogen sie 210 Kilogramm. Bei weiteren 210 Kilo Zuladung bildeten die beiden Maschinen ideale Voraussetzungen für Touren zu zweit samt Gepäck. Ein kleines Windschild am Cockpit (Serie bei der R 100 GS) reduzierte den Fahrtwinddruck.

Die Sitzbänke waren nicht nur länger, breiter und komfortabler geworden: Trotz der verlängerten Federwege war die Sitzhöhe nicht ins Unendliche gewachsen; sie betrug lediglich 850 mm. Für besonders große Fahrer war wahlweise eine Bank mit 880 mm Sitzhöhe lieferbar. Die Qualität der Polsterung hatte man durch eine Sandwich-Bauweise aus speziellem Polyurethan- und elastischem Latexschaum verbessert.

In der Motor- und Reisepresse fanden

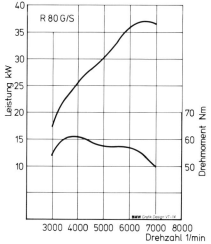

Markante Silhouette: R 100 GS von 1987. Charakteristisch sind der kleine Windabweiser und der seitlich montierte Ölkühler. Oben: Schnappschuß von einer Reise mit der R 80 GS durch Korsika.

GS-Präsentation Florenz 1987: »Neue Patentlösungen«

»Das Bessere — sagt man — ist der Feind des Guten, und wir haben neben aller Bestätigung für das bisherige Konzept der R 80 G/S auch Kritik und Anregungen erhalten. In der neuen R 80 GS und R 100 GS werden Sie einen Großteil der Verbesserungswünsche erfüllt sehen. Die R 100 GS ist jetzt nach Hubraum und Drehmoment die größte und stärkste Serien-Enduro der Welt. Im Mittelpunkt der Entwicklung stand für uns also die Aufgabe, dafür Sorge zu tragen, daß das Fahrwerk den Kraftzuwachs problemlos verkraften kann.«

Richard Heydenreich, Leiter der BMW Motorrad-Vorentwicklung und Erprobung, anläßlich der GS-Vorstellung im August 1987 in Florenz

»Das Enduro-Segment zeigt gegenwärtig einen Trend zu mehr Hubraum und Leistung und zu größerem Tankvolumen. Dies bedeutet zugleich einen Wandel von reinrassigen Enduro-Maschinen hin zum Straßen-Fernreisemotorrad mit gewissen Off-Road-Eigenschaften, ein Trend, den die BMW R 80 G/S eingeleitet hat. Mit der neuen GS-Generation, der R 80 GS und der R 100 GS, setzen wir weiter auf diese Entwicklung. Mit zwei neuen Patentlösungen, der Doppelgelenkschwinge, Paralever genannt, und den Kreuzspeichenrädern, zeichnen sich auch die neuen GS-Modelle durch den technischen Fortschritt aus, der uns sinnvoll erscheint, weil er den Fahrkomfort und die Funktionalität erhöht.«

Dietrich Maronde, Geschäftsführer Vertrieb und Marketing BMW Motorrad GmbH, 1987 in Florenz

»Genau vor einem Jahr stellten wir Ihnen in Florenz unsere neuen Enduro-Modelle R 80 GS und R 100 GS vor. Ihr Markterfolg hat unsere Erwartungen bislang übertroffen. So ist die R 100 GS hierzulande im Zeitraum bis Juli mit 1.870 Einheiten nicht nur das häufigst verkaufte Motorrad in der Hubraumklasse über 750 cm^3, sondern das meistverkaufte überhaupt. Nicht zuletzt deswegen verzeichneten wir bislang ein Zulassungsplus gegenüber dem Vorjahr von 7,2 Prozent, behaupteten wir in der Bundesrepublik Deutschland unsere Marktführerschaft in der Klasse über 750 cm^3«

Dr. Eberhardt C. Sarfert, Generalbevollmächtigter der BMW AG und Vorsitzender der Geschäftsführung der BMW Motorrad GmbH, 1988 in Köln

»Die R 80 GS und R 100 GS des Modelljahrgangs 1991 präsentieren ein völlig neues Gesicht. Genauer ausgedrückt: Beide tragen nun eine rahmenfeste Cockpitverkleidung mit dem lichtstarken, rechteckigen Scheinwerfer der K 75 S. Auf der Verkleidung ist eine je nach Fahrergröße individuell im Neigungswinkel verstellbare kleine Scheibe angebracht.«

Presseinformation IFMA 1990

neuen Modell zurechtkommen. Die alte BMW R 80 G/S erforderte entschieden mehr Eingewöhnung.«

Und weiter: »Bodenwellen und Querrillen verdaut das komplett neu konstruierte Fahrwerk völlig problemlos; die Maschine wackelt nicht, zeigt keinerlei Lastwechselreaktionen. Nur mit wenigen Motorrädern fühlt man sich von Anfang an so gut verwachsen wie mit der neuen GS.«

War als Einsteigermodell gedacht, blieb jedoch erfolglos: die R 65 GS

Im September 1987 war Produktionsstart für ein relativ preiswertes Einsteigermodell — die R 65 GS. Fahrwerk und Ausrüstung waren identisch mit dem, was die R 80 G/S zu bieten hatte: Monolever-Schwinge, kleiner 19,5-Liter-Tank. Den Antrieb besorgte der auf 27 PS gedrosselte Zweizylinder-Boxermotor der R 65. Mit einem maximalen Drehmoment von 43 Nm bei nur 3500 Umdrehungen je Minute bot die kleine GS die gleiche kraftvolle Leistungsentfaltung von unten her wie die hubraumstärkeren Boxermodelle von BMW. Bei einem Leergewicht von 198 kg konnte die R 65 GS eine Zuladung von 200 kg verkraften. Bis Ende 1990 verließen 1334 Exemplare des klassisch einfach aufgebauten Enduro-Basismodells das Berliner BMW-Werk. Doch dann stellte man die Produktion wieder ein — aus Rentabilitätsgründen.

die neuen Groß-Enduros ein überwältigendes Echo (s.a. Kasten »Pressespiegel«). Vor allem das Paralever-Fahrwerk begeisterte. Der Produzent dieses Buches, Hans J. Schneider, schrieb nach einer ausgedehnten GS-Fahrt durch die Toskana in »abenteuer & reisen« 6/87: »Schon auf den ersten Metern verblüfft die renovierte R 80 GS durch wunderbare Handlichkeit; sie läßt sich im Stadtverkehr so einfach manövrieren wie ein Fahrrad. Unterwegs auf der Landstraße gefällt sie durch eine Kurvenwilligkeit, die selbst bei sportlichen Straßenmaschinen ihresgleichen sucht. Auch ungeübte Fahrer dürften auf Anhieb mit dem

Die Pressevorstellung der Paralever-Modelle fand 1987 in der Toskana statt. Links oben die R 80 GS, daneben die R 100 GS. Rechts die nur drei Jahre lang produzierte R 65 GS.

Bei allen Versionen bis hinauf zur R 100 GS war der 15. Juli 1988 Stichtag für die erste Modellpflegemaßnahme — eine verbesserte Auslegung der Kickstarterwelle. Die Leser der Zeitschrift »Tourenfahrer« wählten die R 100 GS zum »Tourer des Jahres«. Im September unternahm BMW mit dem Einbau einer Gore-tex-Membran in das Tachometergehäuse etwas gegen das Beschlagen der Tachometerverglasung. Auf vielfachen Kundenwunsch wurden die Topmodelle R 80 GS und R 100 GS ab November 1988 an der Hinterhand mit einem weicheren und leichter ansprechenden Federbein ausgeliefert. Die härtere Ausführung war auf Wunsch weiterhin erhältlich.

Für Fernreisen: R 100 GS »Paris-Dakar«

Star der Internationalen Fahrrad- und Motorradausstellung (IFMA) 1988 in Köln war die neue R 100 GS Paris-Dakar. Vorausgegangen war der Präsentation ein weiterer Erfolg bei der berühmt-berüchtigten Wüsten-Rallye: Der Münchener Eddy Hau hatte auf einer von der bayerischen Firma HPN modifizierten und in einer Kleinserie käuflichen R 80 G/S die Marathonwertung für Privatfahrer gewonnen.

In besonderem Maße fernreisetauglich ist die R 100 GS Paris-Dakar, hier in der Ausführung von 1988. Die Verkleidung ist durch einen Rohrbügel geschützt, das Cockpit macht einen aufgeräumten Eindruck. Serienmäßig ist auch der Motorschutz aus Aluminium.

Der speziell für die R 100 GS entwickelte Paris-Dakar-Kit sollte vor allem den erhöhten Anforderungen gerecht werden, die man an ein Fernreisemotorrad stellt: Wind-, Wetter- und Steinschlagschutz, große Reichweite, gute und zweckmäßige Unterbringungsmöglichkeiten fürs Gepäck.

Die Kit-Elemente wurden ab September 1989 zunächst einzeln zur nachträglichen Umrüstung angeboten. Ab Frühjahr 1989 gab es die Paris-Dakar-Version dann auch ab Werk als eigenständiges Modell. Herzstück war der 35 Liter fassende, aus lackierbarem Kunststoff hergestellte und mit einem verschließbaren Staufach ausgerüstete Spezialtank. Guten Wetterschutz bot die neuartige Verkleidung, die an vier Punkten mit dem Steuerkopf und an zwei Punkten mit den Rahmenunterzügen verschraubt wurde.

Anders als bei herkömmlichen Systemen lagen die als Halter dienenden, rot lackierten Rohrbügel frei und optisch auffällig vor der Verkleidung. Doch es gab auch praktische Vorteile; so schützten die Rohre die Verkleidung vor Sturzbeschädigungen. Im Mittelteil war reichlich Platz für Serien- und Zusatzinstrumente. Neu war der fest in die Verkleidung eingebaute, von der K 75 S stammende Halogen-Rechteck-Scheinwerfer. Ein aerodynamisch optimierter Windabweiser und gummigelagerte Blinker rundeten das Bild ab. Die Verkleidungsteile stellten die Verbindung zum Tank her.

Unten an der Ölwanne befand sich ein stabiler Motorschutz aus Aluminium; er deckte sogar die Rahmenunterzüge und die Auspuffkrümmer ab. Damit nicht genug: Zylinderschutzbügel, Handprotektoren, eine Motor-Teilverkleidung aus schlagfestem Kunststoff und ein verbreiterter sowie aluminiumverstärkter Vorderradkotflügel gehörten ebenfalls zur Paris-Dakar-Ausrüstung. Ideal für Solo-Fernreisen: die breite Einzelsitzbank. Sie ließ Platz für eine deutlich längere Gepäckbrücke. Wahlweise war auch die normale Doppelsitzbank mit kleiner Gepäckbrücke zu haben. Begreiflicherweise kletterte das Leergewicht der 60-PS-Maschine auf 236 Kilo (vollgetankt); an den Fahrleistungen mit 180 km/h Höchstgeschwindigkeit änderte sich jedoch nichts.

Der Erfolg der Enduro-Strategie von BMW blieb nicht aus: 1988 war die BMW R 100 GS mit 5865 Exemplaren das meistverkaufte Motorrad überhaupt in der Bundesrepublik. Kein Grund jedoch für die Bayern, sich auf den Lorbeeren auszuruhen. 1989 flossen weitere Verbesserungen in die Serie ein. Beide GS-Modelle waren ab sofort wahlweise mit einem weicher abgestimmten Federbein erhältlich. Auf Wunsch wurden die Maschinen auch mit niedrig montiertem Vorderkotflügel ausgeliefert. Im September 1989 bekamen alle Boxermodelle, also auch die Enduros, eine verbesserte Hinterrad-Trommelbremse mit neu gelagerten Bremsbacken und Bremsbelägen, die von 25 auf 27,5 Millimeter verbreitert worden waren.

Seit Anfang 1990 bietet BMW für die GS-Modelle ein gemeinsam mit der niederländischen Firma White Power entwickeltes Sportfahrwerk zum nachträglichen Umrüsten an. Es besteht aus einem Satz langer, progressiv gewickelter Telegabelfedern mit erhöhter Tragfähigkeit und einem mehrfach verstellbaren Sportfederbein für das Hinterrad.

Einen wichtigen Schritt Richtung Umweltschutz tat das Werk im September 1990: Alle Zweizylinder-Boxermodelle sind seitdem auf Wunsch mit dem

Schont die Umwelt: das
Sekundär-Luft-System SLS.

Macht den Boxermotor mit einfachen Mitteln umweltverträglicher: das Sekundär-Luft-System »SLS« von BMW

Seit September 1990 bietet BMW für alle R-Modelle mit dem bewährten Zweizylinder-Boxermotor das sogenannte SLS (Sekundär-Luft-System) an (englische Bezeichnung: Secondary-Air-System). Diese Anlage reduziert durch das Prinzip der Abgas-Nachverbrennung die Emissionsanteile bei Kohlenwasserstoffen (HC) um etwa 30 Prozent und bei Kohlenmonoxid (CO) um circa 40 Prozent. Negative Auswirkungen auf Motorleistung, Drehmoment und Kraftstoffverbrauch ergeben sich dabei nicht. Ein nachträglicher Einbau in ältere Maschinen mit Boxermotor ist jedoch so gut wie unmöglich; Grund: der technisch erheblich zu hohe Aufwand. Inzwischen werden neue Boxer-Motorräder fast zu 100 Prozent mit dem umweltschonenden System ausgeliefert — die BMW-Käufer wollen es so.

Das in den USA und der Schweiz zur Erfüllung der dortigen Abgasvorschriften von BMW bereits erfolgreich eingesetzte SLS macht sich durch das Viertakt-Verbrennungs-

verfahren im Auspuffsystem des Zweizylinder-Motors pulsierenden Druckschwankungen zunutze. Die Druckwellen bewegen zwei Membranventile im Luftfilterkasten, die in geöffnetem Zustand Frischluft ansaugen. Die Luft wird über Stahlrohre zu den beiden Zylinderköpfen geleitet und tritt dort unmittelbar hinter den Auslaßventilen in das Auspuffsystem ein. Der dadurch entstehende Luftüberschuß und die hohe Abgastemperatur bewirken eine direkte Verbrennung von HC und CO.

Durch Unterbrechen der Sekundär-Luftzufuhr im Schiebebetrieb wird ein »Auspuffpatschen« vermieden. Zu diesem Zweck weist das linke SLS-Ventil ein zusätzliches Ventil auf, das durch den Saugrohrdruck geregelt wird und die erforderliche Luftabschaltung sicherstellt. Weil das rechte Ventil seine Frischluft über einen Verbindungsschlauch direkt vom linken Ventil bezieht, ist also während der kritischen Schiebebetriebsphase die Luftzufuhr für beide SLS-Ventile unterbrochen.

R 100 GS von 1987
(links) und von 1990 un-
terscheiden sich merk-
lich voneinander. Unten
eine R 80 GS von 1991.

fortschrittlichen Sekundär-Luft-System lieferbar. SLS funktioniert nach dem Prinzip der Abgasnachverbrennung und reduziert die Schadstoffemission bei Kohlenwasserstoffen um circa 30, bei Kohlenmonoxid um etwa 40 Prozent. Motorleistung, Drehmoment und Verbrauch werden nicht negativ beeinflußt (s. a. Kasten S. 48).

Modernere Optik für Modelle ab 1990

Auf der IFMA in Köln präsentierten sich die Top-Enduros R 80 GS und R 100 GS mit neuem Gesicht — rechtzeitig zum zehnjährigen Jubiläum dieser erfolgreichen Motorrad-Spezies. Wie die 1989 eingeführte Paris-Dakar-Version verfugten die neuen Modelle über eine rahmenfeste Cockpitverkleidung mit außenliegendem Rohrrahmen und inte-

griertem K 75-Rechteck-Scheinwerfer.
Ganz neu waren der individuell im Nei-
gungswinkel einstellbare Windabweiser
und die beiden Meßinstrumente — links
Tachometer, rechts Drehzahlmesser.
Oben in der Mitte waren unter einem
Abdeckglas die Kontrolleuchten unter-
gebracht.

Für höheren Bedienkomfort sorgten
nun die Lenkerarmaturen von der K-
Reihe. Die automatische Blinkerrückstellung der K-Modelle konnte jedoch
nicht übernommen werden, da die GS-
Modelle keinen elektronischen Tachometer haben. Lenkkopflager mit Feinge-
windeeinstellung — ebenfalls von der K
75 übernommen — ermöglichten jetzt
eine besonders exakte Einstellung des
Lagerspiels.

Schwimmend gelagerte Bremsscheibe

Damit sich der Tankrucksack problemlos befestigen ließ, schloß der
Tankdeckel bündig mit der Tankoberflä-
che ab. Die Sitzbank wurde durch die
Verwendung eines neuen Polstermateri-
als noch komfortabler und strapazierfä-
higer. Am Hinterrad arbeitet seit September 1990 ein zusammen mit der Firma Bilstein komplett neu entwickeltes
Federbein. Nicht nur die Federbasis läßt
sich vierfach vorspannen, auch die
Dämpfung — die Zugstufe also — ist
zehnfach einstellbar.

Der Endschalldämpfer der GS
1990/91 bestand aus poliertem, rostfreiem und praktisch unbegrenzt haltba-
rem Edelstahl. Die Vorderradabdek-
kung war serienmäßig niedrig angebracht, auf Wunsch aber auch in der
hochgesetzten Off Road-Version erhältlich. Verbessert hatte man schließlich die
Einscheiben-Bremsanlagen an den Vorderrädern. Die Bremsscheibe war nun
über Rollen mit dem Bremsscheibenträ-
ger schwimmend verbunden. Dies elimi-
nierte zum einen jedes Quietsch-Ge-
räusch, ermöglichte zum anderen eine
nahezu hundertprozentige Ausnutzung
der Bremsbelagfläche unter allen denk-
baren Bedingungen.

Alle technischen Änderungen des
Modelljahrs 1991 kamen auch der R

100 GS Paris-Dakar zugute: verstellbare Scheibe, neue Instrumente, Lenkerarmaturen und Lenkkopflager aus der K-Serie, neues Monoshock-Federbein und Schalldämpfer aus rostfreiem Stahl.

Versicherungsgünstig: R 80 GS mit 27 PS

Interessant für Einsteiger war, daß es die R 80 GS (wie die R 80 und die R 80 RT) auch in einer auf 27 PS gedrosselten und entsprechend versicherungsgünstigen Version gab. Mit geringem Aufwand und für weniger als 200 Mark ließ sich der Motor wieder auf 50 PS Leistung bringen. Alles in allem muß der Enduro-Idee von BMW bescheinigt werden, daß sie genau den Publikumsgeschmack getroffen hat. Allein von den klassischen Zweiventil-Modellen (die Straßen-Varianten nicht mitgerechnet) konnten von 1980 bis 1996 (R 80 GS Basic) 69.050 Einheiten produziert und in alle Welt verkauft werden.

Zehn Jahre liegen zwischen den beiden links gezeigten Motorrädern; links die Ur-G/S von 1980 mit einfacher Monolever-Schwinge, rechts die moderne Paralever-Version von 1990. Die Details auf Seite 50 gehören zur R 80 GS von 1990/91. Oben: die 91er Version der R 100 GS Paris-Dakar mit tiefgesetztem Vorderkotflügel.

Pressespiegel: Journalistenmeinungen zur aktuellen GS

»Der 1000er Motor mit 60 PS offeriert Drehmoment satt. Auch der 800er mit 50 PS wurde im Durchzug verbessert, denn der Vorschalldämpfer wuchs von 1,5 Liter Inhalt auf deren 3,8, was den Gasdurchsatz erhöht und dem Motor die Schmalbrüstigkeit nimmt.«
Motorrad-Magazin mo, Oktober 1987

»Uneingeschränkte Freude vermittelt der Antrieb. Satt und ohne Schüttelei zieht der bullige Boxer aus niedrigsten Drehzahlen hoch. Der leichtgängige Gasgriff tut ein übriges, den Eindruck der Spritzigkeit noch zu verstärken. Diese Mühelosigkeit ist es, die diese Super-Enduro von der G/S unterscheidet.« *Tourenfahrer, November 1987*

»Schon gemächliches Anfahren läßt den BMW-Kenner vergeblich auf den Fahrstuhleffekt warten. Und selbst beim Beschleunigen auf holprigen Streckenabschnitten darf sich der Fahrer fortan an der funktionierenden Hinterrad-Federung erfreuen. Keine Spur mehr von springendem Hinterrad, weil das Kardanmoment den gesamten Negativ-Federweg aufgefressen hat.« *Motorrad, Dezember 1987*

»Das Fahrwerk hat mit den üppigen Leistungsreserven keine Probleme. Daran hat die neukonstruierte Paralever-Hinterradschwinge erheblichen Anteil. Sie reduziert lästige Kardanreaktionen auf ein Minimum. Die Scheibenbremse im Vorderrad verlangt respektvollen Zugriff.«
Abendzeitung München, Juli 1988

»Erfreulich, daß nach 30.000 Kilometern keine weiteren neuralgischen Punkte an der Reise-Enduro zu monieren waren. Alle lebenswichtigen Bestandteile wie Kolben und LLager im Motor zeigten sich unbeeindruckt von der Langstreckenlaufleistung. Sogar die Tester, die der GS zunächst kritisch gegenüberstanden, haben sie derweil ins Herz geschlossen. Denn eines kann man ihr nicht absprechen: Sie hat einen über Jahre gereiften Charakter, den viele andere Motorräder vermissen lassen.«
motorrad, reisen & sport, April 1989

»Die Enduro taugt hervorragend zu Langstreckenreisen, wobei sie ohne schlechtes Gewissen zum Packesel umfunktioniert werden darf und kann

(210 kg Zuladung). Überdies rennt sie, wenn es sein muß, 180 km/h. Eine Weitere Stärken sind die Knauserigkeit beim Benzin (6 Liter bleifrei Normal), der große Aktionsradius bedingt durch den 26 Liter fassenden Tank und das sehr solide wie fahrstabile Fahrwerk.«
Neue Westfälische, August 1989

»Absolut überragend ist der enorme Durchzug des Einliter-Boxers. Schon knapp über Leerlaufdrehzahl geht die Fuhre ab, die Wahl des Ganges ist eigentlich Nebensache. Speziell die extreme Durchzugskraft ließ die BMW trotz ihres nicht unbeträchtlichen Gewichts von gut 230 Kilogramm im Gelände gut aussehen: Sand, Schlamm, Lehm — alles wurde problemlos durchwühlt.«
Süddeutsche Zeitung, Oktober 1990

»Zu den Stärken der GS gehört die Handlichkeit. Die niedrige Schwerpunktlage des Motors, die ausgewogene Achslastverteilung, die zweckmäßige Lenkgeometrie und nicht zuletzt der ergonomisch gut ausgeformte Off-Road-Lenker sorgen nachdrücklich dafür, daß der Fahrer die vollgenakt immerhin 215 kg schwere Maschine jederzeit gut beherrschen kann.«
Motorradfahrer, Oktober 1991

Als ideales Reisemotor-
rad wird die GS welt-
weit hoch geschätzt.
Auch in beladenem
Zustand zeigt sie ein
vorbildliches Fahrverhal-
ten. Oben: R 100 GS
Paris-Dakar 1990/91;
rechts: aktuelle R 100
GS; links R 80 GS 1991.

Heute schon Sammlerstück:
R 100 GS Paris-Dakar Classic

Sie ist in all' den Jahren zum Mythos geworden: die klassische BMW GS mit Zweiventil-Boxer. Vor allem die R 100 GS machte Geschichte, war jahrelang das bestverkaufte Motorrad von BMW. Unvergessen sind die vier Boxer-Siege bei der materialmordenden Rallye Paris-Dakar in den 80er Jahren, unzählige Biker mit Fernweh haben im Sattel der GS die Welt gesehen. Die Fans traf es hart, als bekannt wurde, daß dieses legendäre Motorrad aufs Altenteil geschoben werden sollte. Verantwortlich für das 1994 angekündigte Aus waren in erster Linie die ständig verschärften Abgas- und Lärmschutzbestimmungen; sie waren mit konventioneller Motortechnik nicht mehr zu erfüllen. Schnell war daher klar, daß die Zukunft nur den Vierventil-Boxern und damit relativ umweltverträglichen Modellen wie der R 1100 GS gehören konnte.

Produktionstopp für die Grundmodelle 1994

Die normalen Serienmodelle der GS - R 80 GS und R 100 GS - wurden bereits im August 1994 vom Band genommen. Seit dem Facelift von 1990, als man den Rechteckscheinwerfer und die Halbverkleidung mit Rammschutz einführte, hatte sich die klassische GS nicht mehr weiterentwickelt. Das 800er Modell gab es ab Herbst 1993 auch in einer einsteigerfreundlichen 34-PS-Version (als Ablösung der 1990 eingeführten 27-PS-Vari-

ante), zuletzt waren alle Typen serienmäßig mit dem schadstoffmindernden Sekundär-Luftsystem ausgerüstet. Ansonsten hatte sich BMW damit begnügt, von Jahr zu Jahr Farben und Dessins zu ändern.

Sang- und klanglos ging die alte GS jedoch nicht unter: Es wurde ein Abschied in Raten. Zuerst brachte BMW ein rassiges Classic-Sondermodell der Paris-Dakar-Version heraus, das erstmals auf der IFMA im Oktober 1994 gezeigt wurde und wie die übrigen Classic-"Abschiedsmodelle" bis Januar 1996 produziert wurde. Die Nachfrage nach der letzten Zweiventil-GS mit Einliter-Motor war erwartungsgemäß enorm. Die schwarze Lackierung, die silbernen Tapes, die runden Ventildeckel und die gar nicht endurotypische Verchromung zahlreicher Anbauteile wie Verkleidungsschutzbügel, Lenker, Kofferhalter und Soziusgriff machten aus dem eigentlich fürs Grobe gedachten Motorrad eher ein Schmuckstück fürs Kaminzimmer.

Trotzdem war die Edel-GS im Paris-Dakar-Trimm alles andere als ein Salonlöwe. Wer sie bestimmungsgemäß einsetzte, entdeckte ein Motorrad, das immer noch ungeheuer viel Spaß machen konnte - sogar im Winter. Denn die se-

Höhepunkt einer damals über 70jährigen Tradition: die R 100 GS Paris-Dakar von 1994 in noblem Schwarz und mit viel Chrom.

rienmäßig heizbaren Griffe, die Hand-protektoren, die Frontscheibe und die vorstehenden Zylinder schützten trefflich vor Wind und Kälte.

Der 60 PS starke, luft-/ölgekühlte Einliter-Boxer stand mit seinem sonoren Sound, dem leichten Schütteln im Leer-lauf und dem zornigen Brummen unter Vollast ganz in der Tradition der damals bereits 71jährigen Boxergeschichte von BMW. Wer in den 70ern oder 80ern zuletzt Motorrad gefahren war und als Wiedereinsteiger eine Maschine suchte, die auch ans Gemüt rührte, dem ging beim Drehen am Gasgriff der (vor)letz-ten Zweiventil-GS das Herz auf.

Doch obwohl sich am rauh-bodenstän-digen Grundcharakter nichts geändert hatte, waren die Manieren des großvolu-migen Zweizylinders feiner geworden: Die Classic-GS überraschte mit einer Laufkultur, die vor allem auf Langstrecke Freude machte. Der Motor lief leise und vibrationsarm, nahm sogar schon bei 2000 Touren ruckfrei Gas an - keine Selbstverständlichkeit beim großen Boxer. Danach drehte er weich und gesit-tet hoch bis zur Nenndrehzahl von 6500 /min^{-1}; es war bemerkenswert, was

Die letzte Einliter-GS war mit der bewähr-ten Marzocchi-Telegabel und schwimmend gelagerter Bremsscheibe ausgerüstet. Abso-lut BMW-typisch: Boxer, Kardan, Paralever.

BMW mit Modellpflege und Feinarbeit letztlich erreicht hatte. Der Gebrauchs-wert wurde erhöht durch so sinnvolle Details wie das große, in den Tank ein-gelassene und abschließbare Stau- und Werkzeugfach.

Wer indes mit nüchternem Sachver-stand trockene Zahlen und Meßwerte betrachtete, mußte erkennen, daß der auf die Konstruktion von 1969 zurückgehen-de Stoßstangen-Boxer mit modernen HC- und OHC-Triebwerken nicht mehr mithalten konnte. Eine Beschleunigung in 5,8 Sekunden von 0 auf 100 km/h war in der 1000er Klasse nicht die Welt, und der Durchzug von 6,3 Sekunden im vier-ten Gang war sogar fast enttäuschend. Es fehlte dem auf niedrige Geräuschemissi-on getrimmten Zweizylinder-Triebwerk zwar nicht an Stärke, doch aber an Biß. In einem von uns gefahrenen Test war bei Tempo 169 Schluß mit dem Vorwärts-drang. Was nichts daran änderte, daß dies im Grunde genommen ein ausreichendes Tempo für eine Enduro war.

Gut schaltbares Fünfgang-Getriebe

Zu den kleinen, durchaus GS-typischen Unzulänglichkeiten gehörte es zum Bei-spiel, daß sich der Seitenständer nicht ausklappen ließ, solange der Fahrer im Sattel saß - ein dickes Handicap bei fern-reisemäßig bepackter Maschine. Der Cho-kehebel befand sich indes genau da, wo er hingehörte - am Lenker. Daß der Mo-tor nach einem Kaltstart ein paar Minuten lang gefühlvoll einreguliert werden muß-te, gehörte schon immer zum Boxer wie die Semmel zur Weißwurst.

Während der Fahrt saß man aufrecht, wie sich das bei einem Klassiker und erst recht bei einer Enduro gehörte. Selbst bei kaltem Motor ließ sich das gut abgestuf-te Fünfgang-Getriebe mühelos und präzi-se schalten - ein Riesenfortschritt gegen-über älteren Modellen. Wer die GS ein-gedenk der Tatsache bewegte, daß Ventilsteuerung und Gemischaufberei-tung wirklich nicht der letzte technische Schrei waren, konnte den Verbrauch in Grenzen, das heißt unterhalb von sieben Litern/100 Kilometer halten. Zeitgemäß war der Durst (Durchschnitt 6,6 l/100 km im Test) nicht, schon gar nicht in Rela-

tion zur gebotenen Fahrleistung. Und immerhin 17.958 Mark mußte der GS-Liebhaber für eine R 100 GS der letzten Serie ausgeben.

In puncto Handling und Beherrschbarkeit auf kritischen Untergründen war die 236 kg schwere Paris-Dakar der noch schwereren Vierventil-GS klar überlegen. Sie ließ sich spielerisch um enge Kehren dirigieren - und notfalls auch leichter aufheben. Die spürbare Seitenwindempfindlichkeit konnte ebenso hingenommen werden wie die Tatsache, daß die Metzeler-Pneus keinen besonders guten Abrollkomfort boten.

Die Paralever-Hinterradführung unterdrückte die boxertypischen Lastwechselreaktionen gut, doch gerät sie auf welligem Untergrund an ihre Grenzen. Ansonsten konnte über mangelnden Komfort nicht geklagt werden. Die Bremsen vollbrachten keine Wunder, genügten aber für eine normale, sicherheitsbewußte Fahrweise. Alles in allem war die Classic-GS ein Motorrad mit verführerischen Reizen für Leute, die Traditionsbewußtsein hatten, echten Schotter unter die Räder bekommen wollten und auf geringen Wertverlust spekulierten. Die Classic-GS hatte den Charme des Nostalgischen und überzeugte letztlich durch ihre Ausgereiftheit.

Wie gemacht für Sammler: die R 100 GS im Nostalgie-Look mit runden Ventildeckeln. Der dicke Tank garantierte große Reichweiten, praktisch war das integrierte Staufach. Ausgereift und zuverlässig: das luft-/ölgekühlte und SLS-optimierte Zweizylinder-Triebwerk.

R 80 GS Basic 1996:
Letzte Hommage an den Zweiventiler

BMW hat ihn 1994 totgesagt, den Zweiventilboxer. Es gab "Abschiedsmodelle" im "Classic"-Look und bewegende Grabreden. Doch Totgesagte leben länger. Einen weiteren Beweis für die Richtigkeit dieses alten Sprichworts lieferte im Frühjahr 1996 die R 80 GS Basic: Mit ihr verlängerte BMW die Abschiedszeremonie um ein weiteres Jahr. Über die Gründe wurde spekuliert: Viel-

leicht gab es ja noch wertvolle, gut vermarktbare Restbestände an Motoren, Rahmen, Tanks und allerlei anderen Details aus langer, erfolgreicher Boxerproduktion. Wie dem auch gewesen sein mag: Ab Juni 1996 baute die Berliner Motorradfabrik in nur wenigen Monaten exakt 3003 Exemplare der Nostalgie-Enduro. Das letzte Motorrad dieses Typs und damit unwiderruflich der letzte

Zweiventilboxer mit der Fahrgestellnummer 0267503 lief am 19. Dezember 1996 vom Band, um danach einen Platz im BMW-Museum München zu erhalten. Die vorletzte GS wurde unter der BMW-Belegschaft verlost, der Erlös ging an eine Verkehrssicherheitsaktion in Brandenburg. Aus den BMW-Preislisten verschwand die GS erst 1998; so lange dauerte es, bis die Kleinserie verkauft war. Die Kundschaft jedenfalls zahlte ohne Murren 15.500 Mark zuzüglich 458,85 Mark Nebenkosten.

Lackierung blau-weiß - was sonst?

Optisch und technisch war die Basic ein gelungener Mix aus Teilen der Ur-Generation und modernen Elementen wie der 1987 eingeführten Paralever-Hinterradschwinge. Das klotzige Cockpit mit dem großen (und weiterhin nicht ganz wasserdichten) Tachometer stammte von der R 80 G/S (1980 bis '87), der Tank kam vom Straßenableger R 80 ST (1982 bis '85). Alles andere hatten die BMW-Konstrukteure dem großen Baukasten entnommen: den Zweiventil-Boxermotor mit 50 PS und 32er Bing-Vergasern, die langhubige Marzocchi-Telegabel, die Kreuzspeichenräder, den Paralever natürlich und den auf die Zeit der /5-Modelle zurückgehenden Doppelschleifen-Rohrrahmen. Der war nun allerdings bay'rischblau lackiert, was gut mit den ganz in Weiß gehaltenen Anbauteilen kontrastierte. Das extrem schräg stehende Federbein hatte man beim Fahrwerks-Spezialisten White Power eingekauft. Wie alle Zweiventiler seit 1995 besaß auch die Basic das umweltfreundliche Sekundär-Luft-System.

Daß die Basic mehr war als eine Ansammlung von Lager- und Baukastenelementen, zeigte sich vor allem beim Fahren auf schmalen Landstraßen. Da begeisterte sie durch beispielhafte Handlichkeit und ausgezeichnete Kurvenlage. Breiter Lenker und niedriger

Zum Anketten im Schuppen war die Basic viel zu schade. Am meisten Spaß machte sie auf Landstraßen und unbefestigtem Terrain.

Schwerpunkt vermittelten ein Gefühl der Sicherheit, wie es bei der schwereren und hochbeinigeren Vierventil-GS erst nach längerer Gewöhnphase aufkommt.

Auf rauhen Pisten, geflickten Straßen dritter Ordnung und in leichtem Gelände war die Basic, genau wie die GS-Modelle der zweiten Generation ab 1990, ein fahrsicherer und leicht beherrschbarer Untersatz. Gabel und Federbein sprachen leicht an, vermittelten auch bei forscher Gangart ausreichenden Komfort. Daß schmale Reifen auf schwierigem Untergrund eher von Vorteil sind, belegte die Abschieds-GS überzeugend. Der kernige Motor erfreute durch satte Durchzugskraft und harmonierte bestens mit dem ideal abgestuften Fünfgang-Getriebe.

Hat ausgeboxt (links): Am 19. Dezember 1996 lief der letzte Zweiventilboxer vom Band. Mitte: der damalige BMW-Motorad-Chef Dr. Ganal. Bilder unten: die Basic zu Gast in der Normandie.

Auf Langstrecke eher anstrengend

In puncto Reise- und Langstreckentauglichkeit allerdings konnte die Basic der kultivierteren R 1100 GS nicht das Wasser reichen. Die harte Sitzbank und der relativ kleine Tank, der bei einem Durchschnittsverbrauch von 6,5 Litern spätestens nach 300 km trocken war, zwangen zu häufigeren Stopps. Dabei machte dann der viel zu lang geratene Hauptständer Ärger: Die Weiß-Blaue war nur schwer aufzubocken, vor allem dann, wenn sie mit Tankrucksack und Koffern voll aufgerüstet war.

Mit den Bremsen konnte man sich anfreunden, solange die Fahrweise gemäßigt blieb. Bei sportlicher Gangart oder beim Befahren serpentinenreicher Pässe dagegen wünschte man sich eine zweite Bremsscheibe, weniger Handkraft und geringere Fadingneigung. Auf die gestängebetätigte Trommelbremse an der Hinterhand war indes stets Verlaß.

Alles in allem kann der Autor aufgrund eigener Erfahrungen das Fazit von Gerhard Lindner in "Motorrad" 14/96 nur bestätigen: "Man darf sich über den hohen Preis wundern, über die miesen Bremsen schimpfen, über das umständliche Aufbocken ärgern. Aber was den Fahrspaß angeht, da gibt es nichts zu nörgeln. Handlich, agil und bequem, ist die alte, 50 PS starke Gummikuh auf engen Landstraßen immer noch in der Lage, die neue Boxergeneration zu ärgern."

Straßensportmodell aus dem Baukasten:
R 80 ST von 1982 auf G/S-Basis

Zwei Jahre nach der Präsentation der R 80 G/S stellte BMW der großen Enduro ein Schwestermodell im Straßen-Trimm zur Seite — die R 80 ST. Die Fachzeitschrift »Motorrad« kommentierte: »Seit langem erwartet, besser als erhofft: Die neue R 80 ST hat die Tugenden der Enduro G/S auf die Straße gerettet.«

Mit der reich verchromten R 80 ST kam BMW dem Wunsch vieler Motorradfreunde nach, die vom Handling der R 80 G/S so angetan waren, daß sie spontan nach einer reinrassigen Straßenversion gerufen hatten. So zeigte denn auch die ST die gleichen, unverwechselbaren Merkmale wie die Enduro: Monolever-Hinterradschwinge, kompakte Leichtbauweise, drehmomentstarker 800-cm³-Boxermotor.

Nicht nur die Käufer, sondern auch die Fachjournalisten waren begeistert: »Die zierliche 800er fasziniert durch eine Handlichkeit, wie man sie sonst allenfalls in der 250er Klasse finden kann« (»auto, motor und sport«, 16/82). »Das Handling ist trotz der breiten Reifen phantastisch, das muß man der R 80 ST lassen« (»mo«, 9/82). »Die G/S ist mit dem Stapellauf der ST nurmehr die zweitbeste Straßenmaschine, die BMW jemals baute« (»Motorrad«, 16/82).

Die Komplimente kamen nicht von ungefähr, denn mit einem Trockenge-wicht von 183 Kilogramm war die R 80 ST das leichteste Motorrad ihrer Klasse. Selbst vollgetankt wog sie weniger als 200 kg. Um auf der Straße noch mehr zu können als die G/S, hatte die ST natürlich einige spezielle Geländeeigenschaften ablegen müssen. Zu den wichtigsten Modifikationen gehörte die Verkürzung der Federwege: Der Arbeitsweg des Federbeins am Monolever wurde von 170 auf 153 mm reduziert, der Federweg der Vordergabel von 200 auf 175 mm. Ganz neu der Vorbau: Das 21-Zoll-Vorderrad mußte einem 17-Zoll-Speichenrad weichen. Die Telegabel bestand aus vorhandenen Bauteilen — den Standrohren der R 100-Gabel und den Gleitrohren der R 65.

R 80 ST: kürzere Federwege, Breitreifen

Kein Wunder, daß die ST geduckter dastand als ihre Mehrzweck-Schwester G/S. Unter anderem brachte die Verkürzung der Federwege eine Absenkung der Sitzhöhe um 15 auf 845 Millimeter. Die tiefer liegende Ölwanne stammte von den Modellen R 45 und R 100 RS, der sich eng an das Vorderrad anschmiegende Kotflügel kam von der R 45/65.

Neu waren die breiten Niederquerschnittsreifen der Dimension 100/90 H 19 vorn und 120/90 H 18 hinten. Von der R 45/65 hatte man auch das Doppelinstrumenten-Cockpit mit Prallplatte und den H4-Rundscheinwerfer mit 160 Millimetern Durchmesser übernommen.

Ein wesentliches Element der R 80 ST war der hohe Lenker; er stammte von der USA-Version der R 65 und lädt gleichermaßen zu entspanntem wie dynamischem Fahren ein. Die markante Formgebung der G/S war erhalten geblieben, so daß die Linie vom Tank über die Sitzbank bis zum hoch angesetzten hinteren Kotflügel den Gesamteindruck prägte. Anders als bei der G/S war der Tank allerdings mit dem versenkten, abschließbaren Tankdeckel der übrigen Modelle ausgestattet. Beibehalten hatte BMW die hochgelegte Zwei-in-Eins-Auspuffanlage. Sie war indes hochglanz-statt schwarzverchromt und besaß eine technisch wie optisch neu gestaltete Blende.

Optisches Unterscheidungsmerkmal war neben den verchromten Zylinderschutzbügeln auch die eigenständige Farbgestaltung: Zur Auswahl standen »Sphericsilber« und »Rotmetallic« mit silberner Linierung. Verwendbar war das gesamte G/S-Zubehörprogramm bis hin zu Packtaschenhalter und Tourenkoffern. Ein geänderter Kofferboden machte jetzt — bei beiden Modellen — auch die Montage eines Koffers auf der

Von der Enduro unterschied sich die R 80 ST vor allem durch das kleinere Vorderrad.

Schon 1982 erkannte BMW, daß eine Straßenversion der Enduro gute Marktchancen haben würde. Nicht zuletzt dank der modernenNiederquerschnittsreifen ließ sich die ST recht sportlich bewegen. Tourengerecht: der breite Lenker.

linken Seite möglich. Bei einer Zuladung von über 200 Kilogramm empfahl sich die ST für sportliche Touren zu zweit und mit Gepäck.

In wesentlichen Punkten war die ST mit der G/S absolut identisch. Die torsionssteife Monolever-Schwinge garantierte hohe Spurgenauigkeit, sorgte für eine präzise Hinterradführung und ermöglichte den leichten Ein- und Ausbau des Hinterrades. Der bullige 800-cm³-Boxermotor hatte einen angenehmen Drehmomentverlauf und eine Leistung von wiederum 50 PS (37 kW). Der Durchschnittsverbrauch lag im Test bei rund sechs Litern auf 100 Kilometer (das Werk gab 5,0 Liter an), die Höchstgeschwindigkeit betrug 174 km/h. »Dieser BMW-Motor«, schrieb die Fachzeitschrift »PS« im September 1982, »ist sehr zu loben. Rund und ruhig läuft er mit dem klassischen Boxerschlag. Viel Hubraum und Schwungmasse im Ver-

hältnis zur Leistung geben diesem Motor einen kraftvollen Charakter. Nie wirkt er nervös und knapp bei Leistung.«

Der Autor selbst schrieb für die holländische Zeitschrift »Moto 73«: »Um zügig vorwärtszukommen, genügen Drehzahlen zwischen 3000 und 5000 Touren. Zwar ist auch bereits unterhalb von 3000 Umdrehungen reichlich Durchzugskraft vorhanden, doch zeigt das bullige Zweizylinder-Triebwerk dann durch unwilliges Schütteln an, daß ihm allzu niedrige Drahzahlen nicht behagen.« Den ehedem bei allen BMW-Motorrädern vorhandenen Kickstarter hatte man bei der ST leider wegrationalisiert; immerhin war er als aufpreispflichtiges Extra lieferbar.

Zu den Stärken von G/S und ST gehörten das klauengeschaltete Fünfganggetriebe, die Einscheiben-Trokkenkupplung und die Kraftübertragung. Die Gänge ließen sich nicht zuletzt dank des komplett neu entwickelten Kupplungsmechanismus butterweich und ohne Kraftanstrengung einlegen. Nach wenigen Kilometern nahm man die Schaltvorgänge nicht mehr bewußt wahr. Wesentlich kultivierter als in den 70ern auch die Kraftübertragung: Zuverlässig funktionierende Torsionsdämpfer schufen weiche Übergänge beim Gasgeben und Gaswegnehmen. Entsprechend gemildert — wenn auch nicht ganz verschwunden — waren die Lastwechselreaktionen.

Trotzdem war das für den BMW-Kardanantrieb charakteristische Aufstellmoment bei G/S und ST besonders kräftig ausgeprägt. Grund unter anderem:

die geringe Massenträgheit der leichten Monolever-Schwingenkonstruktion. Wegen des geringen Eigengewichts hatte das aus Aluminium gegossene Bauteil dem von der gekapselten Kardanwelle ausgehenden Aufstellmoment weniger Massenträgheit entgegenzusetzen als eine schwere Doppelrohrschwinge aus Stahl mit zwei normalen Federbeinen. Hinzu kam, daß bei der ST die Schwinge gegenüber der G/S leicht gekürzt worden war. Eine ausgesprochen nostalgische Note bekamen ST und G/S durch die schönen Stahlspeichenräder mit Acron-Felgen aus hochglanzpoliertem Aluminium.

Das Fahrwerk der ST erntete — vom

Elemente von Straßenboxer und Enduro vereint die schlanke R 80 von 1985 (links).

Die R 80 ST von 1982 ist inzwischen zum Klassiker herangereift (rechts).

Auch die verkleidete R 80 RT verfügt über das Monolever-Fahrwerk.

Aufstellmoment einmal abgesehen — nur Lob: »Was Straßenlage, Handling und Fahrsicherheit selbst auf rasant gefahrenen, kurvenreichen Landstraßen mit Querrillen, Sprunghügeln und Spitzkehren betrifft, ist die ST Spitze.« Verzögert wurde der Straßensportler vorn durch eine gelochte und auch bei Nässe fadingfreie Scheibenbremse. Es galt allerdings, stets kräftig zuzupacken. Der nachträgliche Einbau einer zweiten Bremsscheibe war nicht möglich. Die mechanisch betätigte Vollnaben-Trommelbremse am Hinterrad sprach — wie bei der G/S — gleichmäßig und sanft an, die Bremskraft ließ sich gut dosieren.

Billig war die R 80 ST nicht: Sie kostete 9490 Mark 1982. Dem entgegen standen — ganz BMW-typisch — die niedrigen Wartungskosten, die hohe Lebenserwartung und der überdurchschnittlich hohe Wiederverkaufswert. Eine gepfleg-

te ST gehört heute zu den gesuchten Liebhaberstücken. Daß dieses charaktervolle und schöne Motorrad schon 1985 wieder aus dem Programm genommen wurde, bedauerten Classic-Bike-Fans in aller Welt.

Monolever-Schwinge auch für die R 80

Gleichwohl hatte BMW an Ersatz gedacht: Als »logische Weiterentwicklung« wurde im Herbst 1985 die R 80 präsentiert. Sie vereinte Elemente der klassischen Boxer-Straßenmaschinen mit Grundzügen der G/S-ST-Baureihe. Herzstück war wieder der luftgekühlte, im Detail aber überarbeitete Zweizylinder-Boxer mit 800 Kubik und 50 PS. Modifikationen an den Kipphebellagern sorgten — wie bei den übrigen Boxermotoren des 85er Jahrgangs — für eine spürbare Verringerung der Ventilgeräu-

sche. Die Höchstgeschwindigkeit der vollgetankt 210 kg schweren R 80 betrug 178 km/h.

Das Besondere war, daß man auch dieses Modell mit der inzwischen bewährten Monolever-Hinterradschwinge ausgerüstet hatte. Im Gegensatz zur G/S und ST war das vierfach verstellbare Monoshock-Gasdruckfederbein mit einem Federweg von 121 mm jedoch nicht am Schwingarm, sondern direkt am Hinterachsgehäuse angelenkt. Ein Kegelrollenlager im Hinterachsantrieb nach dem Vorbild der K-Reihe (seit 1983) anstelle des bisher verwendeten Nadellagers erhöhte Belastbarkeit und Zuverlässigkeit.

Neu an der R 80 war auch die leicht ansprechende Telegabel mit 175 mm Federweg, hydraulischer Dämpfung und progressiver Federkennung. Der Standrohrdurchmesser war auf 38,5 mm gewachsen. In Verbindung mit einem in den neu gestalteten Vorderradkotflügel integrierten Gabelstabilisator wurde eine höhere Steifigkeit erreicht. 18-Zoll-Räder aus Leichtmetallguß, 285-Millimeter-Bremsscheibe am Vorderrad, verstärkter Doppelschleifenrahmen und großer 22-Liter-Tank gehörten ebenfalls zu den Merkmalen der neuen R 80. Die elegante Linie wurde durch eine konisch geformte Zwei-in-Zwei-Auspuffanlage unterstrichen. Gut ablesbar: Die konventionellen Rundinstrumente für Tempo und Drehzahl.

Technisch weitgehend mit der neuen R 80 identisch war die weiterentwickelte R 80 RT, ab 1985 ebenfalls mit dem fortschrittlichen Monolever-Fahrwerk ausgerüstet. Das Außergewöhnliche an der 227 kg schweren Maschine war die vom Vorgängermodell mit Federbeinschwinge übernommene, voluminöse Tourenverkleidung. Die Scheibe war mehrfach verstellbar, hoher Lenker und Lufteintrittsöffnungen waren serienmäßig installiert.

Nostalgie-Motorrad mit zwei Zylindern:
Neo-Klassiker BMW R 100 R

Bei der Vorstellung der Paralever-GS 1987 in Florenz tauchte die Frage auf: Warum bringt BMW nicht zusätzlich zur Enduro eine entsprechend modifizierte Straßenversion auf den Markt? Vier Jahre später war es dann doch soweit: Am 14. Oktober 1991 präsentierte Hans Glas, Vorsitzender der Geschäftsführung der BMW Motorrad GmbH, einer Handvoll Fachjournalisten in einem Hotel am Chiemsee das erste Exemplar der R 100 R. Am 23. Oktober hatte die klassisch gestylte, weitgehend auf der R 100 GS basierende Straßenmaschine ihre vielbeachtete Weltpremiere auf der 29. Tokyo Motor Show.

Der Premierenort war mit Bedacht gewählt worden. Denn die Bayern wollten mitten in der Höhle des Löwen, in Japan, Flagge zeigen. Hintergrund: Mit großem Erfolg hatten die Japaner gut ein Jahr zuvor, auf der IFMA 1990 in Köln, eine neue Klassikwelle lanciert. Trendsetter war ausgerechnet der bis dahin auf kompromißlose Sportlichkeit setzende

Hersteller Kawasaki: Mit seinen im Stil der 70er Jahre gestylten, vollkommen unverkleideten, technisch aber hochentwickelten »Zephyr«-Modellen traf das Unternehmen genau den Geschmack von Leuten, die sich zurücksehnten nach relativ einfach gebauten Motorrädern mit überschaubarer Technik. Auch die übrigen Produzenten von Honda bis Yamaha, von Suzuki bis Moto Guzzi ließen die alten Zeiten wieder aufleben und zeigten auf den großen Messen des Jahres 1991 Neo-Klassiker mit nostalgischem Design.

Mit klassischem Design voll im Trend

BMW konnte sich in seiner Politik bestätigt fühlen; schließlich haben die Bayern nicht jede Mode mitgemacht, sondern sind dem klassischen Boxer-Kardan-Konzept seit 1923 treu geblieben. Die R 100 R paßte — gewissermaßen als Höhe- und vorläufiger Schlußpunkt der Entwicklung — hervorragend in die Li-

nie. Wie die R 80 und auch die Anfang der 80er Jahre recht populäre R 80 ST gab sich die R 100 R konsequent als "Motorrad pur", zeigte sich als klassisch schlichte Maschine ohne jegliche Verkleidung und ohne überflüssige Anbauteile. Das zweite "R" in der Modellbezeichnung stand für "Roadster" und kennzeichnete damit klar den Verwendungszweck: unbeschwertes Fahren auf kurvenreichen Landstraßen. Im Folgenden die Baubeschreibung von 1991.

Als direkt von der R 100 GS abgeleitetes Straßenmotorrad verfügt die R 100 R über den weitgehend baugleichen Zweizylinder-Boxermotor mit einem Liter Hubraum und 60 PS (44 kW) bei 6500/min^{-1}. Zwei Bing-Unterdruckvergaser mit 40-mm-Durchlaß sind für die Gemischaufbereitung zuständig. Das maximale Drehmoment von 76 Nm wird bereits bei 3750 U/min erreicht. Technisch bemerkenswert: Der Ölkühler befindet sich nicht wie bei der GS am Zylinderschutzbügel, sondern ist mittig an den Vorderrohren des Rahmens angebracht. Auch die Auspuffanlage wurde abgeändert: Die R 100 R besitzt den im Übergang angepaßten, runden Edelstahl-Endschalldämpfer der 91er K 100-Modelle. Was besonders ins Auge fällt, sind die runden Ventildeckel, wie sie beispielsweise in den 50er Jahren bei der R 68 und in den 70ern bei den Boxern der

/5- und /6-Reihe verwendet wurden. Die nostalgischen Deckel geben der Roadster eine besonders reizvolle Note.

Auf modernste Großserien-Technik setzt BMW hingegen bei den Feder-/ Dämpfer-Elementen: Die R 100 R ist die erste BMW, die mit einer japanischen Teleskopgabel und einem japanischen Federbein daherkommt. Lieferant ist der renommierte Hersteller Showa. Die Telegabel hat einen Standrohrdurchmesser von 41 mm, der Federweg ist mit 135 mm deutlich kürzer als bei der geländetauglichen Marzocchi-Gabel der GS (225 mm). Die Dämpfung ist hydraulisch, die Federkennung progressiv. Auch das Show-Gasfederbein hat andere Kenndaten; so beträgt der Federweg nur 140 statt 180 mm wie bei der GS. Die Federbasis ist sechsfach, die Zugstufen-Dämpfung stufenlos verstellbar.

Unverändert von der GS übernommen wurde die Hinterrad-Einarmschwinge mit dem patentierten und an anderer Stelle hinreichend beschriebenen Paralever-System. Auch die Hinterrad-Trommelbremse mit 200 mm Durchmesser entspricht dem GS-Standard. Die gelochte Einscheibenbremse am Vorderrad hat zwar ebenfalls 285 mm Durchmesser, verfügt aber über den Vierkolben-Festsattel der Vierzylinder-K-Modelle. Wie die GS rollt auch die Roadster auf Kreuzspeichenrädern,

Eine Marktlücke entdeckte BMW 1991 mit dem Neo-Klassiker R 100 R: Schon nach sechs Monaten waren 7000 Maschinen fest bestellt. Heute ist die "Roadster" eine gesuchte Rarität.

die es erlauben, schlauchlose Reifen zu montieren. Natürlich wurden die Abmessungen dem neuen Einsatzzweck angepaßt: Vorn ist ein Pneu der Niederquerschnitts-Dimension 110/80 V 18 aufgezogen, hinten findet sich ein Reifen 140/80 V 17.

Wesentlich zum klassischen Erscheinungsbild der R 100 R tragen neben der schlichten Silhouette und den runden Ventildeckeln der von der K 75 übernommene, verchromte Rundscheinwerfer sowie die von der GS stammenden, allerdings nun in verchromte Hülsen gesetzten Rundinstrumente bei. Wer es amerikanisch-flittrig mag, kann seit März 1992 als Sonderausstattung folgende Teile in verchromter Ausführung ordern: Gabelstabilisator, Motorschutzbügel, Ventildeckel, Vergaseroberteile, Haltebügel hinten, Tankdeckel, Rückspiegel, Auspuffmuttern, Instrumententräger, Blinkergehäuse und Lenkergewichte. Nicht aus dem Baukasten, sondern neu sind bei der R 100 R

die Kunststoff-Lenkerabdeckung, die Batterie- und Seitenblenden, der Beifahrer-Haltebügel und der Hinterrad-Kotflügel. Der Vorderrad-Schmutzfänger wiederum stammt aus dem K 75-Programm. Wie bei der GS finden sich an den Lenkerenden die bunten Armaturen der K-Modelle mit getrennten Blinkerschaltern. Eine automatische Blinkerrückstellung fehlt indes.

Der Tank stammt von der GS, ist in der neuen Lackierung allerdings kaum als Enduro-Bauteil wiederzuerkennen. Er faßt 24 Liter und sorgt für Reichweiten von über 300 Kilometern. Die Sitzbank wurde nicht nur neu gestaltet, sondern auch besser abgepolstert. Die Sitzhöhe ist mit 800 mm durchschnittlich. Mit einem Gewicht von 218 kg (vollgetankt) ist die R 100 R nur zwei Kilo leichter als die R 100 GS. Die Zuladung beträgt gut 200 kg.

Wie gut die R 100 R im Trend lag, bewies die enorme Nachfrage: Bis 1996 wurden von diesem Typ 16.339 Einheiten verkauft.

Last Edition 1995:
R 100 R Classic in noblem Schwarz

Niemand hatte daran gezweifelt, daß sich die 1991 eingeführte R 100 R Roadster am Markt durchsetzen würde. Doch der im Frühjahr 1992 einsetzende Ansturm verblüffte dann selbst die Optimisten. Bis August 1994 hatten allein in der Bundesrepublik über 13.200 Boxer-Fans die Einliter-Grundversion des von der GS abgeleiteten Motorrads geordert. Zeitweise mußten die Interessenten sogar längere Lieferfristen in Kauf nehmen. Doch als Anfang 1993 mit der R 1100 RS das erste Boxermodell der neuen Vierventil-Generation erschien, war klar, daß die Zeit des klassischen Zweiventilers zu Ende gehen würde. So kam denn, was kommen mußte: Im Juli 1994 stoppte BMW die Produktion aller Zweiventil-Boxer mit 800 und 1000 cm³. Endgültig vom Band genommen wurde das erst im Herbst 1992 eingeführte kleine Roadster-Modell R 80 R mit dem bekannten 50-PS-Triebwerk und einem Drehmoment von 61 Nm, das bereits bei maßvollen 3750 U/min zur Verfügung stand. Bis Ende 1993 war die R 80 R auch mit versicherungsgünstigen 27, danach mit 34 PS lieferbar.

Der bei den Einliter-Versionen obligate Ölkühler fehlte bei der 800er, sonst gab es keine Unterschiede. Auf jeden Fall war die R 80 R eine preiswerte, aber keineswegs schmalbrüstige Alternative zur 1000er Roadster, die ab Modelljahr 93/94 serienmäßig über eine Doppelscheibenbremse am Vorderrad verfügte. Bis zum Produktionsstopp im Juli 94 verkaufte sich die R 80 R exakt 3444mal in Deutschland. Einige Roadster-Exemplare wurden von dem Stuttgarter Spezialisten Paul Wurm mit geregelten Katalysatoren ausgerüstet (s.a. großes Foto auf Seite 66/67). Eine pfiffige Elektronik überspielte die Nachteile der Vergasertechnik und sorgte in Verbindung mit Stellmotoren und Membranen für eine beispielhafte Reduzierung der Schadstoffemission.

Einiges Aufsehen erregte im Sommer 1993 die BMW Niederlassung München mit einer unter Verwendung japanischer (!) Spezialteile aufgebauten R 100 R. Unter der Zusatzbezeichnung "Mystic" sollte das recht flott gestylte Sondermodell zunächst nur über die Niederlassung vertrieben werden. Doch dann entschloß sich BMW, die zierlich wirkende Maschine auf der IAA in Frankfurt zu zeigen und zunächst für 13.350 Mark bundesweit anzubieten.

Ausgesuchte Zutaten prägten den besonderen Look der Mystic: Lackierung in rot-metallic, Schweinwerferhalter geändert und verchromt, hochglänzende Metallabdeckplatte für den Instrumentenhalter mit neuen Kontrolleuchten, verchromte Blinkerhalter, flacher Sportlenker, sportlichere und schmalere Sitzbank mit schlankem Heckbürzel, neue Batterieblenden, kürzerer Kennzeichenträger, Endschalldämpfer um drei Zentimeter nach innen gedreht.

Während die 800er Zweiventil-Boxer inzwischen Geschichte sind, gab BMW den Einliter-Modellen zum Abschied noch einmal eine letzte Chance: Auf der IFMA '94 präsentierten die Bayern im Rahmen einer Last Edition vier "Classic"-Modelle: eine speziell aufbereitete R 100 R, die R 100 R Mystic, eine aufgewertete R 100 RT und die bereits weiter

Die R 100 R Roadster war 1992 und 1993 das bestverkaufte BMW-Modell. Zum Abschied präsentierte BMW Ende 1994 die wertvolle Classic-Version.

66

vorn im Buch beschriebene R 100 GS Paris-Dakar in Schwarz und Chrom. Die Devise hieß: Kauft schnell noch einen "Abschieds-Boxer", bevor es für immer zu spät ist. Zunächst wurde betont, daß Ende 1995 unwiderruflich Schluß sein sollte mit dem klassischen Zweiventil-Boxer. Doch letztlich hing man mit der R 80 GS Basic 1996 dann noch ein Jahr dran...

Besonders hochwertige Ausstattung für die Classic-Modelle

Während die Mystic ganz dem 1993 vorgestellten Modell entsprach, zeigte die R 100 R "Classic" einige bemerkenswerte Feinheiten. Sie wurde nur in nostalgischem "Avusschwarz" mit klas-

sisch weißer Doppellinierung und speziellen "Classic"-Labels auf dem Tank geliefert. Die mit einem neuen Bezug ausgerüstete Sitzbank war ebenfalls ganz in Schwarz gehalten. In noblem Silberglanz dagegen zeigten sich Rahmen, Lampenhalter, Instrumentenverkleidung, Soziushaltegriff sowie Handbrems- und Kupplungshebel.

Serienmäßig war die Final Edition der R 100 R mit Zylinderschutzbügeln, Seitenstütze, Doppelscheibenbremse, SLS zur Abgasnachverbrennung, Warnblinkanlage und Kofferhaltern ausgerüstet. Ähnlich edel und hochwertig kam die R 100 RT Classic daher. Der elegante Tourer verfügte zusätzlich über Koffer, Topcase und Heizgriffe.

USA: Sport mit dem Classic-Boxer

Zu sportlichem Ruhm kam die R 100 R in den Jahren 1992 und 1993 während der in Daytona/Florida veranstalteten Battle of the Legends. Jeweils zehn berühmte Veteranen der amerikanischen Racingszene wie Yvon DuHamel, Jay Springsteen und Reg Pridmore ließen vor begeistertem Publikum den Classic-Boxer fliegen wie weiland Schorsch Meier die Kompressor-BMW. 1994 löste die R 1100 RS die Roadster ab - Zeichen der sich wandelnden Zeit.

Klassisch: das Cockpit der R 100 R. Sportlich: die bis 1/1996 in 3650 Einheiten produzierte "Mystic"-Version. Wer in den 90ern etwas für die Umwelt tun wollte, ließ den Boxer bei der Firma Wurm mit einem G-Kat ausrüsten (großes Bild).

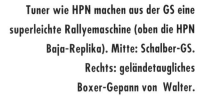

Tuner wie HPN machen aus der GS eine superleichte Rallyemaschine (oben die HPN Baja-Replika). Mitte: Schalber-GS. Rechts: geländetaugliches Boxer-Gepann von Walter.

Weiter beliebtes Tuning-Objekt: klassische Zweiventil-GS

Seit vielen Jahren stehen die klassischen GS-Modelle bei Tunern und Veredlern hoch im Kurs. Ausführlich beschäftigen wir uns mit Spezialumbauten aller Art sowie mit passendem Zubehör auf den Seiten 116 bis 129. Allerdings berichten wir dort ausschließlich über Modelle bis Baujahr 1991/92. Inzwischen gibt es natürlich schon wieder viele neue Ideen.

Beispiel HPN: Der bayerische Rallye-Spezialist setzt nach wie vor konsequent auf Leichtbau und präsentiert mit der Baja eine Replica des 1985 für BMW gebauten Werksrenners, der unter Gaston Rahier und Eddy Hau bei der Baja California zum Einsatz kam. Fahrfertig wiegt die HPN inklusive wettbewerbstauglicher Rahmenverstärkungen und verlängerter Hinterrad-Monoschwinge lediglich 196 kg. Mit 70 PS aus 1043 cm³ ist der optisch weitgehend an sein Vorbild angelehnte Geländebolide standesgemäß motorisiert.

Ebenfalls die magische 200 Kilo-Grenze soll die auf Offroad-Einsatz getrimmte GS von Richard Schalber unterschreiten; auf Wunsch ist auch eine Upside-Down-Gabel erhältlich. Der Clou: Schalbers leichtes Rahmenheck läßt sich für Fahrten mit Sozius in Minutenschnelle gegen das Originalteil wechseln. Die Leichtmetall-Gabelbrücken, eine Spezial-Vorderbremse sowie der hochgezogene Endschalldämpfer tragen deutlich zur Gewichtssenkung bei.

Die Firma Marcus Stock ("MaSto") widmet sich gezielt den kleinwüchsigen Enduristen. Durch Rahmenänderungen sowie eine abgepolsterte Bank reduziert das in Bopfingen ansässige Unternehmen die Sitzhöhe der hochbeinigen GS um satte elf Zentimeter.

Spaß im Gelände: Boxer mit Boot

Auch als Beiwagen-Zugpferde erfreuen sich die GS-Typen nach wie vor hoher Beliebtheit. Hedingham-Importeur Uwe Schmidt kreierte für den Boxer sein Geländeboot ETH ("Enduro Touring Hedingham"), das bei aller Offenherzigkeit mit einer strömungsgünstigen Frontverkleidung imponiert. Auch Helmut Walter bietet nun einen eigenen Beiwagen mit rundlicher Frontabdeckung sowie einen Lasten-Anhänger an. Peter Sauer fand dagegen an der R 100 R Enduro-Qualitäten und kombinierte die Roadster mit einem reinrassigen Offroad-Seitenwagen. Ralph Kalich modifiziert die GS gleich auf zwei Arten - einmal für einen Low-Budget-Umbau mit Telegabel, Originalrädern und dem tschechischen Velorex-Billigboot, zum zweiten als Basis für ein Schwenkergespann mit dem gleichen Pantoffel. Auf die Vierventil-GS dagegen reagieren Gespannbauer (wie Tuner) bislang eher zurückhaltend. Anfängliche Probleme mit Kupplung und Getriebe stimmten die Branche im Hinblick auf die extremen Belastungen beim Geländeeinsatz skeptisch. Inzwischen hat die Schweizer Nobelschmiede ARMEC einen Umbau samt eigenem Beiwagen entwickelt, der neben dem patentierten ALS-Lenk-System über drei identische Räder verfügt. Vorteil: Das Reserverad paßt überall.

Erfolgreicher Start 1994:
die Vierventil-Enduro R 1100 GS

Januar 1993: BMW präsentiert auf der Canareninsel Lanzarote das erste Modell der Vierventil-Boxer-Generation, den Sporttourer R 1100 RS. Alles an diesem Motorrad ist neu: Design, Fahrwerk, Motor, Ausstattung. Gleichwohl ist man den seit 1923 gepflegten Grundprinzipien treu geblieben: Zweizylinder-Boxerkonzept, Getriebe ohne kraftzehrende Umlenkung, Kardanantrieb.

Wer die Lage nüchtern und vorurteilsfrei analysierte, erkannte schon bei der RS-Vorstellung, daß dem zeitgemäßen, sehr leise laufenden und wahlweise auch mit geregeltem Katalysator lieferbaren Vierventil-Boxer die Zukunft gehören würde. Doch BMW war vorsichtig genug, die Freunde des traditionellen Zweiventilkonzepts nicht zu verprellen. So kam es, daß die Enduro-Version R 1100 GS nicht parallel zur RS auf den Markt gebracht wurde, obwohl sie damals bereits aus dem Prototypenstadium heraus und praktisch serienreif war.

Noch aus einem anderen Grund hielt BMW die Vierventil-Enduro noch eine Weile zurück: Der klassische Boxer verkaufte sich weiterhin so gut, daß es zu einer Händlerrevolte geführt hätte, wenn man die alte GS vorzeitig aus dem Programm genommen hätte. So verzögerte sich denn die Präsentation der R 1100 GS um mehr als ein halbes Jahr. Erst am 7. September 1993, dem Pressetag der 59sten IAA in Frankfurt, war dann der Zeitpunkt gekommen, die fertige Super-Enduro der Öffentlichkeit vorzustellen.

In den Handel kam die R 1100 GS im Frühjahr 1994 - und löste dort ein mittleres Erdbeben aus: Allen skeptischen Einschätzungen zum Trotz standen die Kunden Schlange nach dem imposanten und kühn gestylten Fernreisemotorrad und machten die neue BMW in wenigen Monaten zum Verkaufsschlager. Bis En-

de 1994 wurden von dem neuen Modell allein in der Bundesrepublik 3554 Exemplare verkauft, während es die R 100 GS im gleichen Zeitraum nur noch auf 3224 Einheiten brachte. Auf Anhieb wurde die R 1100 GS die bestverkaufte Enduro.

In der Gesamt-Zulassungshitliste nahm die (inklusive Nebenkosten) 17.910 Mark teure Maschine den vierten Platz ein - weit vor deutlich billigeren Einzylindermodellen aus Japan wie der Honda Dominator oder der Yamaha XT 600. Nicht unerwähnt bleiben darf in diesem Zusammenhang die Tatsache, daß BMW mit der Einzylinder-"Funduro" F 650 im gleichen Jahr mit 3783 Einheiten den zweiten Platz belegte. Drei BMW-Modelle unter den ersten fünf -

Einen ersten Vorgeschmack auf die neue GS lieferte im Januar 1993 diese von BMW herausgegebene Zeichnung.

das war schon eine Sensation. Insgesamt legten die Bayern 1994 um 28,8 Prozent zu, während die meisten Japaner tief ins Minus rutschten. Gleichzeitig wurden weltweit so viele BMW-Motorräder verkauft wie nie zuvor: 46.500 Einheiten.

Was ist dran an diesem Motorrad, das eigentlich viel zu schwer fürs Gelände ist? Zweifellos haben viele Käufer ihren Spaß an dem gewaltigen Aufsehen, das

sich mit der Jumbo-BMW erregen läßt. Die R 1100 GS ist imposant, unkonventionell, gewichtig, stellt einfach etwas dar. Und sie ist schnell: Auf der Autobahn ermittelten wir im Test eine Spitze von 202 km/h. Abgesehen von der Geländetauglichkeit schlägt die Vierventil-GS das alte Modell in jeder Disziplin. Komfort und Straßenlage sind besser, das Handling ist dank des niedrigen Schwerpunktes erstaunlich gut.

Sehen wir uns die Technik näher an. Im Prinzip basiert die GS komplett auf der R 1100 RS, zeigt nur in der Fahrwerksabstimmung, in der Leistungscharakteristik und natürlich in Design und Ausstattung klare Eigenständigkeit. Herzstück ist der luft-/ölgekühlte 1100 cm³-Zweizylinder-Boxermotor mit vier Ventilen pro Zylinder und je einer in jeden Zylinderkopf verlegten Nockenwelle (HC-Steuerung). Für den Einsatz im Enduromodell wurde das Triebwerk allerdings stärker auf Drehmoment und Durchzug ausgelegt. So leistet der Boxer R 259 bei der R 1100 GS statt 90 nur 80 PS (59 kW) und das bereits bei 6750 U/min gegenüber 7250 U/min. Das maximale Drehmoment stieg von 95 auf 97 Nm schon bei 5250 U/min gegenüber 5500 U/min bei der R 1100 RS.

Erzielt wurde die auffallend bullige Leistungscharakteristik durch geänderte Nockenwellen, andere Kolben, modifizierte Steuerzeiten und ein von 10,7 auf 10,3 : 1 verringertes Verdichtungsverhältnis. Die zentrale Regelelektronik für Zündung und Einspritzung wurde der neuen Auslegung ebenso angepaßt wie Auspuffkrümmer und Schalldämpfer. Schon bei niedrigsten Drehzahlen ist jede Menge Dampf vorhanden, der GS-Motor (der seit Ende 1994 auch im neuen Roadster-Modell R 1100 R zu finden

Als Touren- und Fernrei-
semotorrad par excellence
hat sich die R 1100 GS
bereits viele Freunde in
aller Welt geschaffen. Auf
kurvenreichen Straßen,
wie sie im Gebirge oder in
Küstenregionen zu finden
sind, ist die Jumbo-BMW
ganz in ihrem Element.
Natürlich liefert BMW
auch für dieses Modell die
passenden Reiseutensilien
wie Tankrucksack und
Kofferset.

ist) verträgt eine sehr schaltfaule Fahrweise. In Deutschland ist die R 1100 GS aus versicherungstechnischen Gründen wahlweise auch mit 78 PS (57 kW) bei 6500 U/min zu haben. Auf jeden Fall ist sie derzeit nicht nur die Enduro mit dem größten Hubraum, sondern auch mit dem größten Drehmoment.

Wie die R 1100 RS besitzt auch die R 1100 GS einen dreiteiligen Rahmen mit Motor- und Getriebegehäuse als mittragender Einheit. Die Vorderradführung übernimmt hier ebenfalls der neuartige BMW Telelever, dessen Vorzüge nach

Eine imposante Erscheinung ist die und fünf Zentner schwere Vierventil-GS zweifellos. Gottlob läßt sich der Fahrersitz in der Höhe verstellen...

unseren Erfahrungen beim Enduromodell noch stärker zum Tragen kommen. So ist die Enduro fahrstabil bis jenseits von 170 km/h, erst danach zeigen sich infolge der schlechten Aerodynamik leichte Unruhen. Die Bodenhaftung selbst auf rauhen Pisten und schadhaften Straßen ist vorbildlich, es tritt auch bei harter Beanspruchung kein Lenkerflattern auf.

Als sinnvolle Änderung gegenüber der RS hat sich im Test die "Kippentkoppelung" des stark verbreiterten Lenkers erwiesen: Die obere Gabelbrücke dreht sich nicht in einem Kugelkopf, sondern in einem breiten Präzisions-Wälzlager, die Enden der Standrohre sind zum Ausgleich der beim Federn eintretenden Winkeländerungen in beweglichen Silentblöcken gelagert. So machen Lenker und Brücke die Schwenkbewegungen des Telelever nicht mit, was sich äußerst positiv auf die Lenkstabilität auswirkt. Vor allem auf rauhem Untergrund läuft die GS deutlich ruhiger als die RS.

Zu den Telelever-Vorzügen zählen das hervorragende Ansprechverhalten sowie die Anti-Dive-Wirkung der neuartigen Gabel, die dafür sorgt, daß auch beim Bremsen stets ein ausreichender Restfederweg vorhanden ist. Durch den Bremsnickausgleich und die hohe Längssteifigkeit bietet der Telelever nicht zuletzt ideale Voraussetzungen für den ABS-Einsatz. Denn auch für die R 1100 GS ist auf Wunsch das weiterentwickelte ABS II erhältlich.

Für die Enduro wurde es allerdings modifiziert: Im Gelände oder auf losem Untergrund kann es unter bestimmten Bedingungen sinnvoll sein, vornehmlich das Hinterrad gezielt zu blockieren; daher ist das ABS II bei der R 1100 GS abschaltbar, aus Sicherheitsgründen allerdings nicht während der Fahrt, sondern nur vor dem Start durch Betätigen des ABS-Quittierschalters und gleichzeitiges Einschalten der Zündung. Weil eine Enduro bekanntlich unter sehr unterschiedlichen Bedingungen eingesetzt wird, ist das vordere zentrale Federbein - anders als bei der R 1100 RS - in der Federvorspannung in fünf Stufen mit einem Hakenschlüssel aus dem Bordwerkzeug einstellbar.

Das Hinterrad wird auch bei der GS von einer Paraleverschwinge mit zentralem Federbein geführt. Neu gegenüber der RS: Das Federbein ist in der Federvorspannung über ein gut zugängliches Handrad hydraulisch stufenlos verstellbar. Die Zugstufendämpfung läßt sich über eine Einstellschraube stufenlos justieren. Wir stellten allerdings fest, daß sich selbst mit diesen Maßnahmen noch keine optimale Abstimmung finden läßt, vor allem im Hinblick auf den Komfort.

Die Federwege sind mit 190/200 mm vorn/hinten deutlich größer als der der RS (120/135 mm). Der Radstand wuchs bei gleichem Nachlauf (111 mm) von 1473 auf 1499 mm. Wie die GS-Modelle herkömmlicher Bauart läuft auch die R 1100 GS auf den sehr stabilen, patentierten Kreuzspeichenrädern, vorne mit 19, hinten mit 17 Zoll Durchmesser. Die Spezialfelgen erlauben das Aufziehen schlauchloser Reifen mit den Größen 110/80-19 und 150/70-17.

Am Vorderrad sorgt die von der RS her bekannte Zweischeibenbremse mit Vierkolbenfestsätteln und schwimmend gelagerten, im Durchmesser 305 mm großen Scheiben für angemessene Verzögerung. Am Hinterrad findet sich eine verkleinerte Einscheibenbremse (Durch-

Handlichkeit und Beherrschbarkeit selbst auf lockerem Untergrund werden allgemein gelobt. Im Bild eine R 1100 GS der ersten Serie.

messer 276 statt 285 mm) mit Zweikolbenschwimmsattel. Die R 1100 GS besitzt wie die RS einen Kunststofftank, der hier allerdings 25 statt 23 Liter faßt und damit - bei einem durchschnittlichen Verbrauch von 6,5 l/100 km - Reichweiten von rund 380 km garantiert. Die vordere Radabdeckung ist rahmenfest als

Verlängerung der Cockpitverkleidung angebracht und trägt mit dem integrierten Ölkühler zum markanten Erscheinungsbild wesentlich bei. Der kleine Spritzschutz unten am Vorderrad wurde zum Modelljahr 1995 verlängert, weil er seiner Aufgabe in der ersten Version nicht ganz gerecht wurde.

Ähnlich wie die R 1100 RS verfügt auch die R 1100 GS über ein Ergonomiepaket, das hier ein um 13° stufenlos einstellbares Windschild und eine für den Fahrer auf 860 oder 840 mm Sitzhöhe einstellbare Sitzbank umfaßt. Ansonsten entsprechen Ausstattung sowie Instrumente und Armaturen dem, was die R 1100 RS zu bieten hat.

Serienmäßig sind bei der R 1100 GS zusätzlich der Zylinderschutz aus Kunststoff, der Unterfahrschutz aus Aluminium sowie die Gepäckbrücke. Besonderer Clou dabei: Nach Abnahme des hinteren Teils der zweigeteilten Sitzbank vergrößert sich die Fläche des Gepäckträgers entsprechend. In puncto Design setzt sich die R 1100 GS klar von anderen Enduros ab. Sie ist eigenwillig, ausdrucksstark, unverwechselbar. Auch die Unterschiede zu den herkömmlichen GS-Modellen von BMW sind beträchtlich. Man sieht der R 1100 GS aber auch ihr hohes Gewicht an: 243 kg vollgetankt, das sind sogar noch 4 kg mehr als bei der RS.

Katalysator, ABS und Zubehör wie Packtaschen treiben das Gewicht schnell über die 250-kg-Marke. Dann bleiben noch rund 200 kg für Zuladung und Gepäck: Das zulässige Gesamtgewicht beträgt wie bei der RS 450 kg.

Insgesamt hat die bis 1999 produzierte R 1100 GS - wie die zweiventiligen Vorläufermodelle - Maßstäbe in der Klasse der großen Fernreise-Enduros gesetzt.

Drehmomentstark und umweltverträglich: der Vierventil-Boxermotor der R 1100 GS

150 Millionen Mark hat BMW in die sechs Jahre während Entwicklung der neuen Boxergeneration gesteckt. Ein Großteil des Geldes floß in die Entwicklung des Vierventil-Motors R 259, der zum ersten Mal auf der IFMA 1992 gezeigt wurde, im Januar 1993 seine Premiere mit der R 1100 RS hatte und in leicht modifizierter Form seit März 1994 auch die Enduro R 1100 GS antreibt. Vierventiltechnik, digitale Motorelektronik mit Benzineinspritzung und - auf Wunsch - geregelter Katalysator sind die wesentlichen Merkmale des modernen Boxerkonzepts. Während alle seit 1923 produzierten Zweiventil-Boxer lediglich Weiterentwicklungen von Vorgänger-Triebwerken waren, handelt es sich beim R 259 um eine grundlegend neue Konstruktion.

Gleichwohl blieb man alten Prinzipien treu. Daß BMW dem Boxer so konsequent die Treue hält, hat viel mit dem Selbstverständnis der Marke zu tun. Pressesprecher Hans Sautter: "Der Boxer hat wohl mehr Seele in sich als alle anderen BMW-Fahrzeuge auf zwei oder vier Rädern." Die Vorzüge des Boxerkonzepts sind seit den Tagen der R 32 bekannt: sehr guter Massenausgleich auch ohne Ausgleichswelle, gute Kühlung der voll im Fahrtwind liegenden Zylinder, direkte Kraftübertragung von der längs liegenden Kurbelwelle zum Getriebe und zur Kardanwelle, tiefer Schwerpunkt, beste Zugänglichkeit der Komponenten, hohe Wartungsfreundlichkeit, geringes Gewicht, lange Lebensdauer.

Doch für einen Motor, der auch künftig Bestand haben will, genügt dies alles inzwischen nicht mehr. Weil Gesetzgeber, aber auch das kritischer gewordene Publikum die Latte in puncto Umweltverträglichkeit und Wirtschaftlichkeit immer höher anlegen, mußte sich BMW etwas einfallen lassen, um den geliebten Boxer in die späten 90er Jahre und darüber hinaus retten zu können. Mit Detailänderungen am herkömmlichen Triebwerk war es nicht mehr getan; der alte Boxer ließ sich beim besten Willen nicht mehr leiser, sparsamer und umweltverträglicher machen. Daher mußte

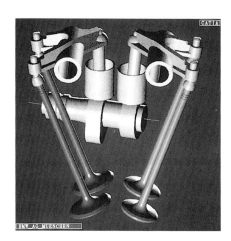

Vier Ventile pro Zylinder - das ist neu am Boxer. Die Betätigung erfolgt über Tassen, Kurzstößel und Gabelkipphebel mit Einstellschrauben.

man mit Planung und Konstruktion am Nullpunkt beginnen.

Das Resultat ist ein Boxermotor, der selbst rein äußerlich nur noch entfernt mit dem gewohnten BMW-Zweizylinder verwandt ist. Ein unmißverständliches "4 Valve" ziert die Zylinderdeckel, die Zylinder neigen sich um ihre Längsachse stark nach vorn, Ansaugrohre und Einspritzdüsen haben die altmodischen Bing-Vergaser abgelöst, ein schwarzer Deckel strebt kirchturmartig hinauf zur Auto-Lichtmaschine.

Eine hochgelegte Nockenwelle pro Kopf

Die Revolution fängt beim Motorgehäuse an. Es handelt sich nicht mehr um eine einteilige Tunnelkonstruktion mit angeschraubter Ölwanne, sondern um zwei sehr steif ausgelegte Aluminiumteile mit integrierten, im Druckgußverfahren hergestellten Ölwannenhälften. Die linke Wannenhälfte trägt ein großes Ölschauglas, das allerdings erst genau anzeigt, wenn das Fahrzeug längere Zeit gestanden hat. Weil beim neuen Boxer Öl auch zum Kühlen des Auslaßbereichs gebraucht wird, faßt der Ölraum stattliche 4,5 Liter. Den vorderen Abschluß bildet ein Gehäuse- und Gene-

ratordeckel aus Aludruckguß, der unten die Steuerkette abdeckt und oben als Lichtmaschinenhalter fungiert. Zu den Besonderheiten des R 259 zählen die Spezial-Zündkerzen mit jeweils drei Masseelektroden; sie beziehen ihren Strom über eine computergesteuerte Kennfeldzündanlage.

Sehr eigenwillig ist der Ventiltrieb des neuen Motors. Zeitgemäß im Sinne effizienter Verbrennung ist es sicherlich, daß jeder Zylinderkopf mit zwei Einlaß- und zwei Auslaßventilen ausgerüstet ist. Diese werden allerdings weder durch obenliegende Nockenwellen, noch Königswellen betätigt, sondern auf höchst komplizierte Weise folgendermaßen: Von der Kurbelwelle führt eine Kette zu einer im Verhältnis 2 : 1 untersetzten Nebenwelle; die sitzt da, wo sich früher die Nockenwelle drehte - unterhalb der Kurbelwelle. Diese Nebenwelle treibt jeweils eine, neben den Einlaßventilen angeordnete Nockenwelle pro Zylinderkopf an (HC-Prinzip); zwei lange Ketten übertragen die Kraft. Mit dem jeweiligen Zylinderkopf verschraubt ist ein Träger aus Leichtmetall, der den gesamten Ventiltrieb aufnimmt. Die hochgelegte Nockenwelle wirkt auf zwei Tassenstößel, die ihrerseits über kurze Stößelstangen zwei geschmiedete Gabel-Kipphebel bewegen; jeder Kipphebel betätigt zwei Ventile gleichzeitig. Praktisch und altbewährt: Einstellschrauben (vier auf jeder Seite) erleichtern das Einstellen des Ventilspiels. Resultat konstruktiver Feinarbeit: Die Einstellintervalle konnten von 7500 auf 10.000 km verlängert werden.

Die Begründung dafür, daß BMW beim neuen Boxer auf einen OHC- oder DOHC-Ventiltrieb (wie bei den Auto- oder K-Motoren) verzichtete, klingt einigermaßen einleuchtend: Der Boxer hätte insgesamt vier Zentimeter breiter gebaut und daher nicht die im Lastenheft geforderte Schräglagenfreiheit von 49 Grad garantieren können - es sei, er wäre höher gelegt worden; das aber hätte das gesamte Konzept verändert.

Aus Leichtmetall gegossen sind die charakteristischen Zylinder. Steife Stege verhindern das lästige Schwirren der

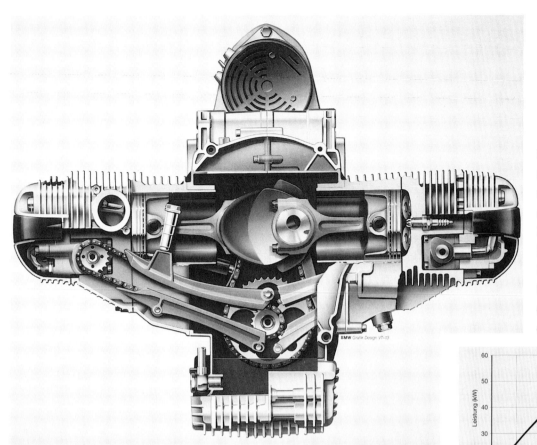

Klassisches Prinzip, moderne
Ausführung: der neue Vierventilboxer. Eine Spezialtät
sind die im Crackverfahren
hergestellten Pleuel.
Die Kurbelwelle treibt die
Nebenwelle an.
Sorgt für guten Durchzug:
der Drehmomentverlauf
der R 1100 GS.

dicht stehenden Kühlrippen. Eine rei-
bungssenkende Nickel-Silizium-Be-
schichtung ("Gilnisil") soll die Zylinder
vollgasfest und verschleißarm machen.
Die gegossenen Leichtmetallkolben haben immerhin einen Durchmesser von
99 mm, wiegen aber ein Drittel weniger
als die alten 1000er Kolben. Dies erlaubt
hohe Drehzahlen mit minimalen Vibrationen. Eine Weltneuheit im Motorrad-
motorenbau sind die gecrackten Pleu-
elaugen: Wie bei den V8-Motoren der
großen BMW-Limousinen wird bei der
Fertigung das Pleuelauge nicht mehr
zersägt, sondern gebrochen. Paßstifte
werden so überflüssig. Die Kurbelwelle
des R 259 ist einteilig und dreht sich in
zwei Gleitlagern. Unter anderem treibt

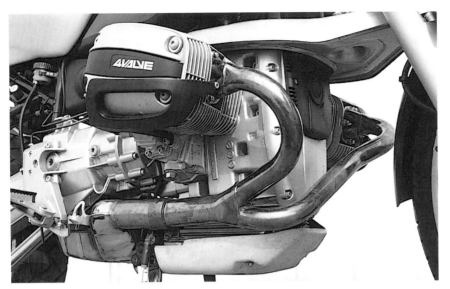

Basismotor der neuen Boxer-Generation ist das 90 PS starke Aggregat der R 1100 RS (rechts). Zahlreiche Details wie Crack-Pleuel und Lichtmaschine haben Parallelen im BMW-Automobilbau. Oben: GS-Triebwerk mit Zylinder- und Ölwannenschutz.

Aufwendig ist der Ventiltrieb des Boxers R 259. Für die Nockenwellenaufnahme und die Kipphebelführung wurden besondere Lagerböcke konstruiert. Wartungsfreundlich: die Einstellschrauben für die jeweils vier Ventile.

die Welle zwei Ölpumpen an, eine für die Schmierung, eine für die Innenkühlung vornehmlich des Bereichs rund um die Auslaßventile. Beide Pumpen sitzen in einem separaten Gehäuse vorn auf der Nebenwelle. Zusätzliche Kühlung erfährt die heiße Auslaßpartie durch die betont starke Neigung der Zylinder nach vorn. Eine weitere Finesse ist ein externer Ölabscheider, der dem sogenannten "Blowbygas"-Ölnebel im Kurbelgehäuse die letzten Ölreste durch Absonderung und Nachverbrennung entzieht.

Zukunftssicher: Motorelektronik

Die gewünschte Steigerung von Leistung und Drehmoment bei gleichzeitiger Reduzierung von Verbrauch und Schadstoffemission wäre ohne elektronisches Motormanagement nicht möglich. So ist denn der neue Boxer mit den von K-Modellen her bekannten Bosch-Motronic MA 2.2 ausgerüstet. Die integrierte Schubabschaltung unterbricht die Benzinzufuhr bei Drehzahlen im Schiebebetrieb unterhalb von 2000 U/min. Bei 8000 Touren regelt die Elektronik ab, um Überdrehzahlen zu verhindern.

Herz der Motronic ist das Steuergerät, das von Sensoren permanent mit allen wichtigen Daten gefüttert wird und dem jeweiligen Bedarf entsprechend Benzinmenge und Einspritzdauer variiert. Zum System gehören eine elektrische Benzinpumpe und elektronisch geregelte Einspritzventile. Leider zwingt die hohe Verdichtung von 10,3 : 1 (R 1100 GS) zum Tanken von Superbenzin. Erfreulicherweise schafft die Elektronik die Voraussetzungen für den Einbau eines geregelten Dreiwege-Katalysators. Bei allen Modellen der seit 1993 produzierten Vierventil-Boxergeneration ist die Antriebseinheit als tragendes Element in die Rahmenkonstruktion integriert.

Gegenüber der RS besitzt der GS-Motor eine stärker Richtung Drehmoment orientierte Leistungscharakteristik. Im Gegenzug verzichtet er auf zehn oder zwölf PS (78- oder 80-PS-Version).

Telelever, Paralever, abschaltbares ABS: das High Tech-Fahrwerk der Vierventil-GS-Modelle

Voderradführung per Telegabel: Das war bei BMW die Norm seit 1929 (R 16) und ist immer noch Standard bei über 90 Prozent aller Serienmotorräder. Der Tourensportboxer R 1100 RS brach 1993 mit dieser Tradition und präsentierte eine geradezu revolutionäre Fahrwerkstechnik: das BMW Telelever-System. Ein Jahr später erhielt als zweites Modell die R 1100 GS die fortschrittliche Vorderradführung. Inzwischen sind alle BMW-Boxermodelle mit Telelever ausgerüstet.

Beim Telelever handelt es sich gewissermaßen um eine Synthese aus Teleskopgabel und Schwingenkonstruktion. Sofort ins Auge springen die extrem langen Tauchrohre und der dreieckige Längslenker. Der Aufbau ist verblüffend einfach: Denn im wesentlichen besteht der Telelever lediglich aus einer Telegabel ohne die üblichen Innereien, die nicht über Kugellager und Lenkkopf, sondern wie im Automobilbau über zwei Kugelgelenke (GS: Kugelgelenk unten, Wälzlager oben) und einen Längslenker mit dem Rahmen verbunden ist.

Das mit einem Hakenschlüssel in der Vorspannung einstellbare vordere Federbein ist eine Spezialität der R 1100 GS. Mit 190 mm Federweg sehr langhubig: der GS-Telelever.

Sehen wir uns das neuartige System im Detail an: Zunächst haben wir zwei Standrohre mit einem Durchmesser von nur 35 mm. Die untere Gleitrohrbrücke ist über ein kräftiges Kugelgelenk mit dem Längslenker verbunden. Die obere Gabelbrücke ist bei der RS über ein zweites Kugelgelenk, bei der GS über ein Spezial-Wälzlager drehbar am Vorderteil des Fahrzeugrahmens gelagert. Ein zentrales Federbein, das bei der GS einen Federweg von 190 mm ermög-

licht, stützt den Längslenker gegen das Rahmenvorderteil ab. Anders als bei der RS ist das Federbein in der Vorspannung einstellbar (fünf Stufen, Hakenschlüssel). Der bei den neuen Roadster-Modellen verwendete Lenkungsdämpfer fehlt allerdings.

Innovativ am Telelever ist unter anderem, daß die Holme der Teleskopgabel keinerlei Feder- und Dämpferelemente mehr enthalten, sondern nur noch Öl zur Schmierung zwischen Stand- und Gleit-

Lenkung/Radführung. Mit anderen Worten: Beim BMW Telelever-System dient die Teleskopgabel nur noch zur Radführung und Lenkung, während Federung und Dämpfung unabhängig vom zentralen Federbein besorgt werden.

Sinnvoll ist die "Kippentkoppelung" des GS-Lenkers: Der obere Kugelbolzen ist hier durch ein stabiles Wälzlager ersetzt, zwei elastische Silentblöcke fixieren die Standrohrenden in der oberen Gabelbrücke (s.a. Seite 74).

Die Komponenten des abschaltbaren ABS II der GS: zentraler Druckmodulator, Steuergerät, je ein Zahnkranz und ein Sensor am Vorder- und Hinterrad. Unten: Vorspannungs-justierung hinten, Paralever-Schwinge.

rohren. Logisch, daß eine derartige Gabel besonders feinfühlig anspricht. Die Standrohre werden in Gleitbuchsen geführt, die mit Teflon beschichtet sind.

Die Lenkbewegungen laufen bei der fortschrittlichen Teleskopgabel nicht mehr über herkömmliche Kugel- oder Kegelrollenlager, sondern - wie bei einer Automobil-Radaufhängung - über das spiel- und wartungsfreie Gelenk-/Lagersystem an Gleitrohr- und Gabelbrücke. Über das untere, mit dem Längslenker verschraubte Kugelgelenk wird der größte Teil der beim Bremsen auftretenden Kräfte in das stabile, mittragende Motorgehäuse eingeleitet. Das Längslenkerdreieck ist an den Enden seiner beiden rechts und links liegenden Schenkel schwenkbar am Motorgehäuse gelagert. Das Ergebnis ist eine völlige Entkoppelung von Federung/Dämpfung und

Beim Fahren zeigt sich, daß die R 1100 GS aufgrund der besonderen fahrzeuggeometrischen Verhältnisse beim Bremsen gegenüber konventionellen Radführungssystemen vorn nur unmerklich eintaucht. Das Ganze wirkt praktisch wie ein mechanisches Anti-Dive-System. Auch beim Bremsen ist stets ein ausreichender Restfederweg vorhanden. Zur enormen Stabilität des Telelevers trägt auch die hohe Überdeckung zwischen den Standrohren und den auffallend langen Gleitrohren bei.

Einen vertrauten Anblick bietet die Hinterradführung. Hier kommt das bewährte BMW Paralever-System zum Einsatz. Die 520 mm lange Doppelgelenkschwinge aus Leichtmetall reduziert die Lastwechselreaktionen des Kardanantriebs weitgehend und sorgt so für eine zuverlässige Bodenhaftung des Hinterrads. Beim Paralever der Vierventil-Boxer gibt es spezifische Besonderheiten: Das Federbein ist hier nicht seitlich, sondern zentral positioniert. Es besitzt eine Schraubendruckfeder und einen Einrohrgasdruckdämpfer. Zugstufendämpfung und die Federvorspannung sind stufenlos verstellbar, letztere praktischerweise über ein Handrad und eine Hydraulik auf der linken Fahrzeugseite. Der Federweg beträgt hinten gelände- und soziustaugliche 200 mm.

Gitterrohrrahmen, Motor mittragend

Auch beim Rahmen ging BMW neue Wege: Im Prinzip gibt es nur Rahmensegmente, die an den Motor-/Getriebe-Block angeschraubt sind. Der Vorderrahmen ist als stabiles und sehr leichtes Kokillengußteil aus Aluminium ausgeführt. Er ist vorn am Motorgehäuse fixiert und dient zur Aufnahme des Zentral-Federbeins und des oberen Kugelgelenks. Zwei Stahlrohr- streben stützen den Vorderrahmen hinten am Motorgehäuse ab. Der Hinterrahmen ist als Stahlrohrkonstruktion aufgebaut und sowohl am Getriebe- als auch am Motorgehäuse fixiert. Eine Querbrücke zwischen den Rahmenoberzügen nimmt das obere Federbeinauge auf.

Während die R 1100 RS Leichtmetall-

gußräder im Dreispeichen-Design besitzt, ist die Enduro mit Kreuzspeichenrädern ausgerüstet, wie sie erstmals mit der R 100 GS 1987 eingeführt wurden. Die Durchmesser sind mit 19 und 17 Zoll endurogerecht, die Bereifung bietet mit 110/80-19 und 150/70-17 zweckmäßige Größen. Mit Rücksicht auf die erforderliche Hochgeschwindigkeits-Tauglichkeit konnten die Geländeeigenschaften der serienmäßigen GS-Pneus nur durchschnittlich ausfallen.

Die von Brembo stammende Dreischeiben-Bremsanlage wurde nur an der Hinterhand modifiziert. Das Vorderrad wird von der gleichen Doppelscheibenbremse mit 305 mm großen Scheiben wie bei den K-Modellen und der RS verzögert. Hinten reduzierte man den Scheibendurchmesser von 276 auf 285 mm. Die Bremssicherheit ist durch das auf Wunsch lieferbare und bei der Enduro nach Bedarf im Gelände (s.a. Seite 73) auch abschaltbare ABS II nochmals steigerungsfähig. Das gemeinsam mit FAG Kugelfischer entwickelte, nur 6,9 kg schwere ABS II überzeugt durch seinen überragenden Regelkomfort, die hohe Bremssicherheit auch bei niedrigen Fahrbahnreibwerten und die gute Servicefreundlichkeit durch das Eigendiagnosesystem.

Am Beispiel der R 1100 RS läßt sich der Aufbau von Telelever und Paralever gut verdeutlichen. Die Unterschiede zur GS bestehen in der Verstellbarkeit der Federbeine und der Federweglänge.

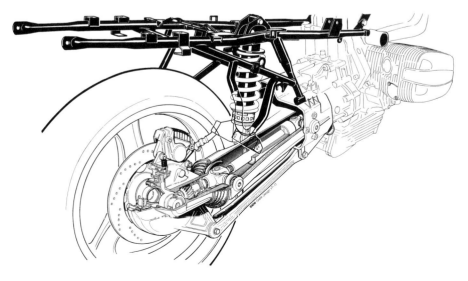

1998: GS-Jubiläumsmodell und preisgünstige R 850 GS

Was den Vierventil-Boxer betraf, fuhr BMW bereits 1994 zweigleisig: Mit den damals erstmals gezeigten Roadster-Modellen stellten die Bayern dem bereits von der RS und der seinerzeit brandneuen GS her bekannten 1100er Triebwerk eine drehfreudig und sportlich ausgelegte 850er Version zur Seite. Der in der Bohrung von 99,0 auf 87,8 mm zurückgenommene, ansonsten aber unveränderte Motor brachte es auf 70 PS (52 kW) bei 7000/min^{-1} und war damit von der Literleistung (82,5 PS) her genauso stark wie das 1100er Aggregat. Logisch, daß die kleineren Kolben über den gesamten Drehzahlbereich hinweg ruhiger liefen.

Es dauerte vier Jahre, bis BMW der großen R 1100 GS ein im Hubraum auf gleiche Weise reduziertes Schwestermodell zur Seite stellte, die R 850 GS. Sie hatte auf der Münch'ner INTERMOT im September 1998 Premiere. Der unverändert von der R 850 R übernommene Motor stand ebenfalls in einer offenen 70- oder einer gedrosselten 34 PS-Version zur Verfügung. Ansonsten war die etwas preisgünstigere R 850 GS technisch, optisch und ausstattungsmäßig mit der bulligen R 1100 GS identisch.

Im Zuge der Modellpflege verbesserte BMW die GS immer wieder in wichtigen Details (Näheres s. Kapitel "Gebrauchtkauf"). Ansonsten war die von 1994 bis 1999 produzierte R 1100 GS eines der erfolgreichsten BMW-Motorräder und der seit 1923 meistverkaufte Boxer überhaupt. Bis Sommer 1999 und damit in nur fünf Jahren konnten 43.535 Einheiten ausgeliefert werden. Schnell vergriffen war ein Jubiläumsmodell, das 1998 als Hommage an "75 Jahre BMW-Motorräder" in den Handel kam. Es kostete 22.100 Mark inklusive ABS, Fahrerinformations-Display, heizbaren Griffen und Kofferhaltern. Mit Erscheinen des Nachfolgemodells R 1150 GS im August 1999 wurde die Produktion beider Alt-Modelle eingestellt. Während die R 1100 GS ausverkauft war, gab es von der R 850 GS noch Restbestände, die im Laufe des Jahres 2000 abgesetzt wurden - zum Stückpreis von 18.950 DM.

650 Mark weniger als die R 1100 GS kostete die 1998 bis 2000 lieferbare R 850 GS (oben). Nur 1954 Exemplare wurden hergestellt. Das in knalligem Rot-Weiß lackierte Jubiläumsmodell der R 1100 GS von 1998 (links) hat heute bereits Liebhaberwert.

Technik-Meilenstein C 1: der Autoscooter von BMW

Einen Airbag hat er - noch - nicht, doch ansonsten ist der C 1 das erste motorisierte Zweirad, das es in puncto Sicherheit mit einem modernen Automobil aufnehmen kann. Denn dieses wahrhaft innovative Vehikel besitzt eine Sicherheitszelle mit Überroll- und Schulterbügeln, zwei gekreuzte Gurte, einen Spezialsitz mit Kopfstütze, eine Windschutzscheibe aus Verbundglas, einen Scheibenwischer und ein Crash-Deformationselement oberhalb des Vorderrades, das bei einem Unfall einen Teil der Aufprallenergie verzehrt.

Technisch betrachtet hat das "Motomobile", wie es die Franzosen nennen, mehr mit Roller und Motorrad gemein, als es der erste Blick vermuten läßt. Vor allem zur neuen Enduro F 650

zwei obenliegende, kettengetriebene Nockenwellen und vier Ventile steuert. Damit nicht genug: Der 125 cm³ große C 1-Motor ist wie das einzylindrige GS-Triebwerk mit einem geregelten Dreiwege-Katalysator ausgerüstet (bislang einmalig in dieser Klasse) und verfügt über die gleiche digitale Motorelektronik - das von BMW entwickelte BMS Compact für die Steuerung von Benzineinspritzung und Zündung.

Mit einem Verbrauch von nur 2,9 l/100 km bei Tempo 90 konstant und seinem geringen Platzbedarf ist der C 1 ein sehr zeitgemäßes Fahrzeug. Herkömmliche Zweitaktroller konsumieren bis zu 6 l/100 km Benzin-Öl-Gemisch, dessen giftige Verbrennungsrückstände zudem unbehandelt in die Luft geblasen werden.

Dank Sicherheitszelle mit Alu-Space-Frame, Gurten und Shockabsorber darf beim C 1 auf den Helm verzichtet werden. In der Stadt ist die Wendigkeit seine Stärke.

GS gibt es bemerkenswerte Parallelen: Telelever für die Vorderradführung hier wie da, nahezu gleich großer Radstand und vor allem ein Motor, der ebenfalls von Bombardier-Rotax kommt, nach dem Viertaktprinzip arbeitet, flüssigkeitsgekühlt ist und den Gaswechsel über

Daß der C 1 auch mit dem Roller verwandt ist, zeigt sich am ehesten noch beim Antrieb: Die Kraft wird über eine Keilriemenautomatik mit Fliehkraftkupplung und Zweiganguntersetzung auf das Zwölf-Zoll-Hinterrad übertragen. Vorne verbessert ein großes 13-Zoll-Rad

die Spurhaltung. Zwei handhebelbetätigte Bremsscheiben sorgen für Verzögerung, und gegen Aufpreis gibt es - wie bei den Motorrädern von BMW - sogar das bewährte ABS II. Gebaut wird der C 1 bei Bertone in Italien, was dem Renommée sicher nicht abträglich ist.

Sommer 1999: R 1150 GS als neuer Höhepunkt der Boxer-Entwicklung

In unserer schnellebigen Zeit, in der nicht nur Computerhersteller, sondern auch manche Motorradbauer ihr Programm jährlich erneuern, ist eine Produktionsdauer von sechs Jahren eine lange Strecke. So war denn im Juli 1999 die mit fast 44.000 verkauften Einheiten extrem erfolgreiche R 1100 GS, im September 1993 präsentiert und ab Frühjahr 1994 im Handel, am Ziel ihrer Reise angelangt. Man nahm sie vom Band und löste sie ab - durch eine würdige Nachfolgerin natürlich, die R 1150 GS. Mit einem noch größeren und stärkeren Motor, einem Sechsganggetriebe und aufgefrischtem Design setzte sich das neue Modell sofort an die Spitze seiner Kategorie. Nach ersten Tests lobte die Fachpresse: "Die R 1150 GS ist die Fahraktivste ihrer Klasse. Ihr Design polarisiert nicht mehr ganz so stark wie früher und - sie kostet kaum mehr als ihre Vorgängerin. Eine Überarbeitung nach Maß."

Die Ablösung kam im richtigen Augenblick. Denn die Konkurrenz, allen voran Triumph mit der verbesserten Tiger 900 und Honda mit der vielseitigen und komfortablen Varadero 1000, hatte mächtig aufgerüstet mit dem klaren Ziel, BMW im Groß-Enduro-Gehege das Wasser abzugraben. Mit der R 1150 GS jedoch konnten die Bayern den Angriff äußerst erfolgreich abwehren: Die neue GS war in Deutschland mit 4370 Neuzulassungen im ersten Halbjahr 2000 das meistverkaufte Motorrad aller Klassen.

Mehr Leistung, mehr Drehmoment

Daß im serienmäßigen Vierventil-Boxer große Reserven schlummern, haben der Sport-Boxer R 1100 S sowie diverse Rennsport-Versionen wie die 123 PS starke R 1100 RSR des "Boxer-Teams" hinreichend bewiesen (alle Details dazu in unserem Buch "Faszination BMW Boxer"). So wirkt der Motor der R 1150 GS trotz der spürbar angehobenen Leistungs- und Drehmomentwerte keineswegs überanstrengt. Er schüttelt die Kraft praktisch aus dem Ärmel und ermöglicht der inklusive ABS immerhin 264 kg schweren Enduro eine Höchstgeschwindigkeit von 195 km/h im Solobetrieb (Meßwerte: "Motorrad").

Gegenüber dem alten GS-Motor hob BMW die Leistung von 80 PS (59 kW) auf 85 PS (62,5 kW) an. Bemerkenswert dabei: Die Leistungsspitze wird unverändert bei 6.750/min^{-1} erreicht. Das maximale Drehmoment wuchs geringfügig von 97 auf 98 Nm bei ebenfalls unverändert 5.250/min^{-1}. Insgesamt wirkt der Motor noch bulliger, was seine Ursache vor allem darin hat, daß der Drehmomentverlauf über den gesamten Drehzahlbereich, vor allem aber zwischen 3.000 und 5.000/min^{-1}, fülliger geworden ist. Und weil jetzt zwischen 3.000 und 6.500/min^{-1} ständig mehr als 90 Nm zur Verfügung stehen, erfreut die R 1150 GS mit einem hervorragenden Durchzugs-

Selbstbewußter Auftritt: Mit ihrem Doppelscheinwerfer und dem Cockpit im Alu-Look wirkt die R 1150 GS sportlich und modern.

vermögen: 6,2 sek. von 60 bis 100 km/h und 7,9 sek. von 100 bis 140 km/h.

Was haben die Ingenieure getan, um Leistung und Drehmomentverlauf derart eindrucksvoll zu optimieren? Nun, sie haben das Beste aus der gesamten Vierventil-Modellreihe zusammengetragen und für die GS neu gemixt: Die Zylinder kommen vom Cruiser R 1200 C (unter Verzicht auf das Schleifen der Rippen), Zylinderköpfe und Kurbelwelle stammen von der R 1100 S.

Demnach beträgt die Bohrung jetzt wie beim Cruiser 101 statt 99 mm, der Hubraum wuchs von 1085 auf 1130 cm^3. So wie der Sport-Boxer besitzt auch die R 1150 GS (wie übrigens seit 1999 auch alle anderen Boxermodelle) Zylinderkopfhauben aus superleichtem Magnesium. Spezialteile sind die beiden hochgelegten, in den Zylinderköpfen liegenden und kettengetriebenen Nockenwellen der GS; sie sind besonders hinsichtlich des Drehmomentverlaufs abgestimmt.

Hydraulische Kupplung, Sechsganggetriebe

Auf dem technisch neuesten Stand ist das digitale Motormanagement. Zündung und Benzineinspritzung werden wie beim Cruiser und beim Sportboxer von der weiterentwickelten Bosch-Motronic MA 2.4 gesteuert (alte GS: MA 2.2). Selbstverständlich werden auch bei diesem Modell die Abgase durch einen geregelten Dreiwege-Katalysator entgiftet. Der gesteigerten Leistung und dem entsprechend höheren Kühlungsbedarf ist die GS 1150 mit dem großen Ölkühler der R 1100 RT ausgerüstet.

Daß die Gestaltung der Auspuffanlage generell starken Einfluß auf die Leistung hat, ist vom Motorsport her bestens bekannt. So sind denn 50 Prozent der Leistungssteigerung der komplett neu konstruierten, aus verchromtem Edelstahl bestehenden Abgas- und Schalldämpferanlage zu verdanken. Der Motorölwannenschutz aus Leichtmetall mußte leicht modifiziert werden. Während die alte GS mit einer Zwei-in-eins-Auspuffanlage ausgerüstet war, besitzt die R 1150 GS - wie auch die R 1100 S - eine Zweirohranlage, bei der die von 38 auf 45 mm Durchmesser vergrößerten und

über ein Interferenzrohr miteinander verbundenen Auspuffkrümmer direkt zum Vorschalldämpfer führen.

Tiefer Griff in den System-Baukasten auch in puncto Kupplung und Getriebe: Wie beim Sportboxer und beim Cruiser wird die Kraft auch bei der neuen Top-Enduro über eine hydraulisch betätigte Einscheiben-Trockenkupplung und ein Sechsganggetriebe auf das Hinterrad übertragen. Die gesamte Kupplung, damit auch die nur 165 mm große Kupplungsscheibe (R 1100 GS: 180 mm) stammt von der R 1200 C.

Während die ersten fünf Gänge genauo übersetzt sind wie bei der R 1100 S, ist der sechste Gang als Overdrive ausgelegt. Ergebnis: niedrigere Drehzahl, weniger Geräusch, geringere Schwingungen, abgesenkter Verbrauch - alles in allem also mehr Komfort und Wirtschaftlichkeit auf der Autobahn, wo der "Sechste" ja hauptsächlich zum Einsatz

kommt. Daß auch die neueste GS Kardanantrieb hat, ist selbstverständlich.

Gute Noten gibt der R 1150 GS Ulf Böhringer in der Zeitschrift "Tourenfahrer": "Die 1150er kann nichts schlechter, aber vieles besser als die 1100er, auch im Gelände. Ihr Leistungseinsatz ist trotz nominell höherer PS-Kraft weitaus leichter dosierbar, als dies beim 1100er Triebwerk der Fall war. Die R 1150 GS

Die R 1150 GS ist gemacht für die Flucht aus dem Alltag. Typisch BMW: das aufgeräumte Cockpit und die bunten Lenkerarmaturen.

hat durch die Überarbeitung stärker gewonnen, als anzunehmen war..."

Um Gewicht zu sparen, haben die Konstrukteure der GS 1150 die leichte 600-Watt-Lichtmaschine der R 1100 S sowie die etwas schmalbrüstige 14-Ah-Batterie mitgegeben. Wer die kräftigere 19-Ah-Batterie und den großen 700-Watt-Generator haben möchte, muß Aufpreis zahlen. Maschinen mit ABS und

Dank verfeinertem Telelever und solidem
Paralever auf der Straße wie im Gelände
gleichermaßen überzeugend: die R 1150 GS.

Heizgriffen sind indes ab Werk mit der stärkeren Stromversorgung ausgerüstet.

Vom Bauprinzip her unverändert blieb das bewährte Rahmen- und Fahrwerkskonzept der Vierventil-Boxer-Reihe, bei dem Motor- und Getriebegehäuse als mittragende Bestandteile in Vorder- und Heckrahmen integriert sind. Im Detail allerdings wurde fast alles modifiziert. Den Heckrahmen hat man optimiert und so an das verstärkte Getriebegehäuse angebunden, daß sich eine optimale Steifigkeit ergibt. Die neu gestalteten Fußrastenplatten stabilisieren zusätzlich.

blieben unverändert. Weil die ungefederten Massen reduziert wurden, spricht der Telelever feiner an als bei der alten GS. Nach wie vor findet sich vorne das zentrale, in der Federvorspannung mit einem Hakenschlüssel aus dem Bordwerkzeug fünffach einstellbare Federbein mit einem Federweg von unverändert 190 mm. Auch das hintere Zentral-Federbein mit seinen 200 mm Federweg wurde übernommen. Es ist in der Federvorspannung stufenlos über ein Handrad und in der Zugstufendämpfung über eine Einstellschraube verstellbar.

ge von der R 1100 GS. Das Vorderrad wird demnach wieder von einer Zweischeibenbremse mit Vierkolben-Festsätteln und schwimmend gelagerten Edelstahlscheiben (Durchmesser 305 mm) verzögert. Hinten arbeitet die bewährte Einscheibenbremse mit Zweikolben-Schwimmsattel und 276 mm Scheibendurchmesser. Die bislang organischen Bremsbeläge an der Vorderradbremse sind jetzt aus Sintermetall. Für 1.995 DM Aufpreis ist das - für den Geländeeinsatz weiterhin abschaltbare - ABS II erhältlich. Bei einem maximalen Gesamtgewicht von unverändert 450 kg kann die R 1150 GS je nach Ausstattung bis zu 200 kg Zuladung verkraften.

Sportliches Erscheinungsbild, fließende Linien

Die alte R 1100 GS war in puncto Design unverwechselbar, auch wenn der etwas bizarre Vorbau mit dem recht klobigen Rechteckscheinwerfer nicht jedermanns Geschmack war. Die Nachfolgerin wirkt zweifellos zierlicher und gefälliger, ohne daß BMW auf Eigenständigkeit verzichten mußte. Das zweite Gesicht der Vierventil-GS ab Sommer 1999 ist mit seinen beiden asymmetrischen Scheinwerfern motorradmäßiger und aggressiver als die Urform, die ein bißchen an Playmobil-Spielzeuge erinnerte. Die Ähnlichkeit zur R 1100 S ist gewollt: Die neue GS soll sportlicher wirken, und sie wird diesem Anspruch ja auch tatsächlich gerecht.

Der größere Scheinwerfer ist eine "Ellipsoid"-Konstruktion mit H 7-Lampe; er fungiert als Abblendlicht und leuchtet die Fahrbahn besser aus als das alte Rechteck. Das Fernlicht wird von einem "Freiformflächen"-Scheinwerfer mit H 1-Lampe ausgestrahlt.

Ähnelte die obere Vorderradabdeckung bisher eher einem Entenschnabel, verleiht das vollständig neu gestaltete Teil der GS jetzt etwas Raubvogelartiges, von vorn und auch von der Seite her betrachtet. Die Übergänge zum Tank sind wesentlich fließender geworden, die ganze Maschine wirkt leichtfüßiger und graziler. Die Funktionalität hat nicht gelitten: Weiterhin dient die Abdeckung als zusätzlicher Spritzschutz, als Luftzu-

Höhenverstellbare Sitzbank, einstellbare Federbeine und kippentkoppelter Lenker sind wie bei der Vorläuferin serienmäßig.

Das Vorderrad wird wie bei der R 1100 S von einer verbesserten und leichteren Ausführung der BMW-Telelever-Gabel geführt. Durch ein spezielles Fertigungsverfahren mit aus Einzelteilen gebauten Gleitrohren ließ sich rund ein Kilogramm Gewicht sparen. Nachlauf (115 mm) und Lenkkopfwinkel (64°)

Bei der Überarbeitung der Paralever-Hinterradschwinge stand abermals der Sportboxer Pate. Weil der Paralever anders im Getriebegehäuse gelagert ist, reduzierte sich die Schwingenlänge von 520 auf 506 mm. Gleichwohl blieb der Radstand mit 1509 mm gleich; denn das Sechsganggetriebe ist um jene 14 mm länger, die der Schwinge fehlen.

Im Bereich Räder/Bremsen waren keine Änderungen erforderlich, sieht man von einer Anpassung der hinteren Radnabe ab. So stammen die bekannten Kreuzspeichenräder und die Bremsanla-

Leicht modifiziert wurden Rahmen und Radaufhängung. Motor und Getriebe haben wiederum mittragende Funktion.

890 auf 903 mm nötig. Handbrems- und Kupplungshebel sind jeweils vierfach einstellbar.

Optisch unverändert präsentiert sich der 22 Liter fassende Benzintank. Neu ist ein sogenanntes, dem Motorsport entlehntes "Roll-Over-Ventil", das beim Umkippen des Fahrzeugs oder nach einem Unfall das Austreten von Kraftstoff und die daraus resultierende Brandgefahr verhindert. Beibehalten wurden die zweiteilige, im Fahrerbereich zweistufig auf 840 oder 860 mm Sitzhöhe einstellbare Sitzbank sowie die stabile Gepäckbrücke.

Die erste Serie der R 1150 GS ist in drei Farbkombinationen lieferbar: in klassischem Nachtschwarz mit "trinida-roter"oder schwarzer Sitzbank, in technisch-kühlem Titansilber-Metallic (glei-

fuhrkanal für den Ölkühler und als Spoiler, der bei höherem Tempo für Abtrieb sorgt. Die untere Radabdeckung wurde fast 20 cm weiter nach vorn gezogen, was einerseits die Optik, andererseits den Spritzschutz verbessert.

Gestalterisch perfekt gelöst ist die Form der alusilbern lackierten Cockpitabdeckung über dem Doppelscheinwerfer. Sie bildet optisch eine harmonische Einheit mit dem neu entworfenen, aerodynamisch verbesserten und dreifach verstellbaren Windschild. Neu ist, daß die Scheibe abgenommen werden kann; das bringt Vorteile im Gelände.

Ob es auch sinnvoll war, das Cockpit zu ändern, darüber läßt sich streiten. Während bei der alten GS die Instrumente als schöne Solitäre über dem Tableau thronten, sind jetzt alle Elemente einschließlich Drehzahlmesser und Tachometer in einem schmucklosen Block zusammengefaßt. Die Kontrolleuchten befinden sich unterhalb der Rundinstrumente, das gegen Aufpreis lieferbare Informationsdisplay mit Digitaluhr sowie Anzeigen für Benzinstand, eingelegten

Gang und Öltemperatur wanderte von der rechten auf die linke Seite.

Was die Lenkerarmaturen betrifft, ist die GS 1150 nach R 1200 C und R 1100 S die dritte Boxer-BMW, bei der alle Bedienschalter in die Griffeinheiten integriert sind. Die neuen Armaturen machten eine Verbreiterung des - ebenfalls wieder "kippentkoppelten" - Lenkers von

che Sitzbankfarben wie oben) und in knalligem Mandarin-Gelb mit schwarzer Bank. Ein BMW-Sprecher: "Mit dieser Farbe wollten wir den Zeitgeist treffen."

Zur Serienausstattung der R 1150 GS gehören das kombinierte Zünd- und Lenkschloß, Haupt- und Seitenständer, Gepäckbrücke, Warnblinkanlage, G-Kat und elektrische Steckdose.

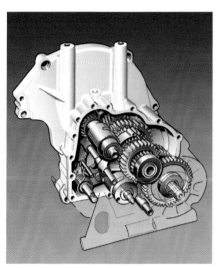

Die Leistung des Vierventil-Boxers wurde von 80 auf 85 PS angehoben. Für die Ventil-steuerung ist pro Zylinder unverän-dert eine hochge-legte Nockenwelle zuständig. Die Kraft wird über hydraulische Kupplung, Sechs-gang-Getriebe und natürlich Kardanwelle aufs dicke 17-Zoll-Hinterrad übertragen. Problemlos sind im Straßenbetrieb hohe Schräglagen möglich.

Frühjahr 2000: Familienzuwachs mit Einzylindern F 650 GS und F 650 GS Dakar

Als BMW 1993 die F 650 präsentierte, war dies allenfalls ein halbherziger Schritt in Richtung Enduro und gar keiner Richtung "GS" im Sinne von "Geländesport". Denn das Einzylinder-Motorrad, das als erste BMW mit Kettenantrieb auf die Welt kam, taugte mehr für den Straßen-, als für den Geländeeinsatz und wurde daher ganz folgerichtig als "Funduro" apostrophiert, als Spaßmaschine also für harmlose Zwecke.

Sechs Jahre später war Schluß mit lustig: Das Design der ersten F 650-Generation wirkte überholt, die Technik befand sich nicht mehr in allen Details auf dem neuesten Stand, der Markt wollte Reinrassiges. Und das bekam er dann auch - in Form der neuen F 650 GS und der besonders geländetauglichen F 650 GS Dakar. "Faszination BMW GS" also endlich auch im Hinblick auf die ehedem so biederen Einzylinder-Modelle.

Die Katze aus dem Sack ließen die Bayern im Januar 2000 und damit zu einem Zeitpunkt, der nicht besser hätte gewählt werden können: Soeben hatte der Franzose Richard Sainct zum zweiten Mal auf der Werks-Einzylinder-BMW die spektakulärste Wüstenrallye der Welt gewonnen, diesmal auf der Strecke von Dakar nach Kairo. Geschickt hatten die BMW-Designer den Nachfolgetypen der

hausbackenen Ur-F 650 ein Outfit verpaßt, das optisch starke Nähe zum ein halbes Jahr zuvor herausgebrachten Boxermodell R 1150 GS erkennen ließ. Erste Tests zeigten zudem, daß die Ähnlichkeit nicht nur rein äußerlich war, sondern daß die kleine GS auch in puncto Gelände- und Reisetauglichkeit bemerkenswerte Parallelen zu den bwährten Zweizylinder-GS-Modellen aufwies. Das auch technisch gründlich überarbeitete Motorrad trug damit das legendäre Kürzel "GS" zu Recht.

Erster Serien-Einzylinder mit G-Kat

Das allein wäre schon Rechtfertigung genug gewesen, die neue F 650 GS in dieses Buch aufzunehmen. Doch es gibt noch einen zweiten Grund: Der aufwendig konstruierte Single ist unstrittig ein "Meilenstein der Motorradtechnik" und genügt damit den Anforderungen, die der Serientitel unserer Buchreihe stellt. Und es ist diesmal keine hohle Floskel, wenn BMW davon spricht, die F 650 GS setze "neue Maßstäbe in ihrer Klasse". Sie tut es wirklich. Denn sie ist als erstes Serien-Einzylindermotorrad serienmäßig mit einer digitalen Motorelektronik und einem geregelten Dreiwege-Katalysator ausgerüstet. Und auf Wunsch gibt's sogar

ABS. Umwelt- und sicherheitstechnisch liegt der renovierte Single damit auf dem Niveau der modernen Zwei- und Vierzylindermodelle von BMW. Der Markt nahm die neue GS begeistert auf: Sie war im ersten Halbjahr 2000 mit 3073 Neuzulassungen allein in Deutschland die meistverkaufte Einzylinder-Enduro, lag insgesamt auf Platz vier der Hitliste - hinter der R 1150 GS und zwei Suzuki-Straßenmodellen.

Anders als die Vorläufertypen wird die F 650 GS nicht mehr bei Aprilia im italienischen Noale, sondern - wie die Zwei- und Vierzylindermodelle - im BMW Motorradwerk Berlin-Spandau produziert. Ob die Italiener über die Kündigung des Vertrages begeistert waren, darf bezweifelt werden, lastete die F 650 doch die Fertigungsanlagen prächtig aus.

Produktion in Berlin statt in Noale

Aber Aprilia-Besitzer Ivano Beggio hat rechtzeitig für Ausgleich gesorgt: Im Frühjahr 2000 kaufte er für 85 Millionen Mark die angeschlagene und hochverschuldete Traditionsfirma Moto Guzzi. Mit modernisierten Guzzi-Modellen will Beggio unter anderem BMW Konkurrenz machen: "Ich kann mir vorstellen, daß Guzzi sich in einiger Zeit in der Nähe von BMW wiederfindet", sagte der Italiener in einem Interview mit der Zeitschrift "Motorrad." Womit dann die Beziehungen wiederhergestellt wären, wenn auch unter umgekehrten Vorzeichen.

Für die Fertigung der F 650 GS im Werk Berlin richtete BMW eine komplett neue Montagelinie ein und schuf damit rund 60 neue Arbeitsplätze. Von Grund auf produziert wird die neue F 650 indes nicht in Berlin; sie wird - anders als die Zwei- und Vierzylinder - nur zusammengeschraubt. Insgesamt 35 vorwiegend europäische Firmen liefern die Einzelkomponenten an die Spree. Die beiden einzigen im Werk gefertigten Teile sind

Das Styling der F 650 GS ist aus einem Guß. Der Tank liegt unter der Sitzbank; gut zu erkennen der seitlich angeordnete Verschluß.

Vor allem für den ABS-Einsatz wurde die Telegabel verstärkt. Vom Vorläufermodell stammt die standfeste Scheibenbremsanlage.

die Nockenwellen: Sie werden in der zentralen Produktionsanlage für Automobil- und Motorradnockenwellen hergestellt, bearbeitet und dann ins österreichische Gunskirchen zu Motorenproduzent Bombardier-Rotax transportiert. Anschließend wandert das komplette Triebwerk zurück nach Berlin zur Endmontage ins Motorrad.

Der Motor der F 650 GS ist natürlich keine vollständige Neuentwicklung, sondern eine Verfeinerung auf Basis des bewährten Rotax-Motors. Es ging vor allem darum, das Aggregat noch kräftiger, kultivierter und umweltverträglicher zu machen. So leistet der weiterhin flüs-

Der weiterentwickelte Vierventil-Single von Rotax; neu sind Einspritzung, Zentralzündkerze und achte Kupplungsscheibe.

digitale Motorelektronik, die BMS heißt (für "BMW Motor-Steuerung") und auch im Motomobil C1 von BMW Verwendung findet. Das System regelt die Zündung und die Kraftstoffversorgung aus der Einspritzanlage. Resultat: besonders niedrige Verbrauchs- und Emissionswerte. Tatsächlich war die F 650 GS beim Enduro-Vergleichstest von "Motorrad" (Heft 10/2000) mit einem durchschnittlichen Landstraßenverbrauch von nur 4,9 L/100 km die Sparsamste. Bei Dauertempo 140 strömten 5,8 L/100 km in den Brennraum; die vergaserbestückte Aprilia Pegaso schluckte mit 6,9 L/100 km mehr als einen Liter mehr.

Elektronisches Motormanagement BMS

Prinzipbedingt läuft ein Einzylindermotor nun mal nicht so schön rund wie ein Vierzylinder. Um ihm die nötige Laufkultur beizubringen, griffen die Ingenieure tief in Trickkiste und entwickelten BMS. Zu den Komponenten dieses Steuerungssystems gehören ein Hochleistungsrechner, eine präzise Kurbelwinkelerfassung und eine elektrische Benzinpumpe mit 3,5 bar Druck. Die BMS erfaßt als sogenannte "alpha-n"-Steuerung laufend die Motordrehzahl, den Öffnungswinkel der Drosselklappe, den Lambdawert sowie die Rahmenbedingungen Ansauglufttemperatur, Luftdruck und Kühlmitteltemperatur.

Da die BMS sofort nach dem Motorstart und in der Warmlaufphase über eine Luftmengensteuerung die Leerlaufdrehzahl reguliert, konnte das übliche Chokesystem mit Hebel und Seilzug komplett entfallen. Last but not least ermöglicht die Lambdaregelung der BMS den Einsatz des eines geregelten Dreiwege-Katalysators.

Bei Messungen von "Motorrad" stellte sich allerdings heraus, daß die Abgasentgiftung offenbar nur dann optimal funktionierte, wenn der Motor im streng vorgeschriebenen Prüfzyklus nach Euro-1-Norm lief. Bei Vollgas dagegen emittierte er mehr Schadstoffe als vergleichbare Triebwerke ohne Kat. Die Vermutung lag nahe, daß die Schadstoff-entgiftung bei Vollast elektronisch außer Kraft gesetzt wurde. Wie dem auch ge-wesen sein

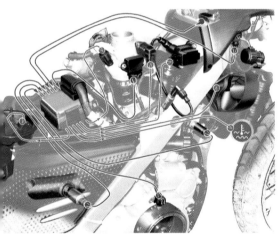

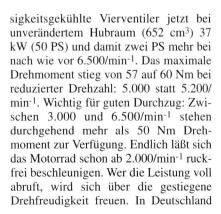

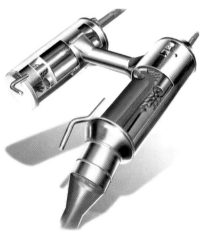

Die BMS-Elektronik derkleinen GS arbeitet mit zahlreichen Sensoren. Der geregelte Katalysator sitzt im linkenSchalldämpfer.

sigkeitsgekühlte Vierventiler jetzt bei unverändertem Hubraum (652 cm^3) 37 kW (50 PS) und damit zwei PS mehr bei nach wie vor 6.500/min^{-1}. Das maximale Drehmoment stieg von 57 auf 60 Nm bei reduzierter Drehzahl: 5.000 statt 5.200/min^{-1}. Wichtig für guten Durchzug: Zwischen 3.000 und 6.500/min^{-1} stehen durchgehend mehr als 50 Nm Drehmoment zur Verfügung. Endlich läßt sich das Motorrad schon ab 2.000/min^{-1} ruckfrei beschleunigen. Wer die Leistung voll abruft, wird sich über die gestiegene Drehfreudigkeit freuen. In Deutschland

und Italien ist die F 650 GS wahlweise auch mit 25 kW (34 PS) bei 6.000/min^{-1} und einem Maximal-Drehmoment von 51 Nm bei 3.750/min^{-1} zu haben. Die Drosselung erfolgt über einen reduzierten Öffnungswinkel der Drosselklappe.

Als erstes Motorrad-Einzylinder-Triebwerk verfügt der Single über eine mag: Die erzielte Höchst-geschwindig-keit war mit 168 km/h recht beachtlich...

Daß BMW-Motorradmotoren in vielen Punkten Ähnlichkeiten zu Automotoren zumindest von BMW aufweisen, ist hinreichend bekannt. So kam denn das geballte Know-how der blauweißen Motorenentwickler auch dem Triebwerk der neuen F 650 GS zugute. Der neu durchkonstruierte Zylinderkopf zum Beispiel ist direkt vom Hochleistungstriebwerk der BMW-Sportlimousine M 3 abgeleitet. Computergestützte Feinarbeit führte zu nutzbringenden Modifikationen. Man ordnete die Drosselklappe im Fallstrom sehr nahe bei den Einlassventilen an und gestaltete Ansaugkanäle und Brennraum so strömungsgünstig, daß eine jederzeit optimale Zylinderfüllung garantiert war.

DOHC und Trockensumpfschmierung

Besaß die alte F 650 zwei Zündkerzen, kehrten die Ingenieure bei der neuen GS zur zentral angeordneten Zündkerze zurück. Das elektronische Motormanagement erlaubte es, das Verdichtungsverhältnis von ehedem 9,7 : 1 auf satte 11,5 : 1 anzuheben. Ziel: hohe Leistungsausbeute bei geringem Verbrauch. Gesteuert wird der Gaswechsel durch zwei kettengetriebene, obenliegende Nockenwellen, die sorgfältig drehmomentoptimiert wurden. Die Nocken wirken über Tassenstößel auf die vier Ventile.

Wie gehabt kümmern sich eine Saugpumpe und eine Hochdruckpumpe um die Ölversorgung. Übernommen hat man auch die bewährte Trockensumpfschmierung ohne Ölwanne. Im gesamten Ölkreislauf zirkulieren mit 2,3 Liter Schmierstoff 0,2 Liter mehr als bisher. Während beim Ur-F-Modell der Rahmen als Ölreservoir diente, besitzt die GS einen separaten Ölbehälter aus Aluminiumdruckguß, der sich auf der linken Rahmenseite neben dem Lenkkopflager befindet. Mußte der Ölstand früher umständlich mit einem Peilstab geprüft werden, läßt er sich nun komfortabel durch ein Schauglas kontrollieren.

Eine Überarbeitung mußte sich auch das Kühlsystem gefallen lassen. Eine leistungsfähigere Kühlmittelpumpe verkürzt jetzt zusammen mit den reduzierten

Strömungswiderständen und einem verkleinerten Kühlmantel die Warmlaufphase des Motors; dies mindert Verschleiß und Schadstoffemission.

Um den höheren Strombedarf für die BMS und die Sonderausstattung ABS abdecken zu können, erhielt die F 650 GS eine größere Lichtmaschine mit einer Leistung von 400 Watt (bisher: 280 Watt). Die Ölbadkupplung wurde um eine achte Stahl-/Reibscheibeneinheit verstärkt.

Auf Wunsch ist die F 650 GS mit ABS lieferbar. Der Zwei-Kanal-Druckmodulator und das Steuergerät sind in einer zentralen Baugruppe zusammengefaßt. Eine Neukonstruktion ist der Brückenrohrrahmen, der jetzt nicht mehr als Ölreservoir dient.

Stärkere Ölbadkupplung, Fünfganggetriebe

Komplett neu entwickelt hat BMW die Auspuffanlage. Sie besteht wieder aus Edelstahl, verfügt aber jetzt über zwei Endschalldämpfer, die modisch rechts und links vom Heck ins Freie münden und untereinander mit einem Rohr verbunden sind. Serienmäßig installiert sind beheizte Lambda-Sonde und Dreiwege-Katalysator, der direkt vor dem linken Schalldämpfer in den Auspuff integriert ist. Vom Vorgängermodell vollkommen unverändert übernommen wurden das Fünfganggetriebe; selbst die Untersetzungen und die Sekundärübersetzung änderten sich nicht.

Unangetastet blieben auch Kurbeltrieb und Ausgleichswelle. Die Kraftübertragung zum Hinterrad erfolgt wieder über eine O-Ring-Kette, diesmal mit verbesserter Antriebsruckdämpfung zwischen Kettenradträger und Hinterradnabe. Wie bisher und wie bei allen anderen BMW-Motorrädern betragen auch bei der F 650 GS die Service-Intervalle 10.000 km.

Neuer, hochsteifer Brückenrohrrahmen

Komplett neu konstruiert wurde das Chassis der F-Modelle. Besaß die Urversion noch einen relativ primitiven Einschleifenrahmen aus Vierkantrohren und Blechformteilen, ist die neue F 650 GS mit einem modernen Brückenrohrrahmen aus Rechteck-Stahlrohren, einem starken Unterzug und einem angeschraubten Heckrahmen ausgerüstet. Eine Querstrebe vor dem Zylinderkopf gibt der Konstruktion zusätzliche Festigkeit. Der Rahmenunterzug ist mit dem Hauptrahmen verschraubt und umschließt den Motor mit einer schützenden, mehrteiligen Stahlrohrkonstruktion. Der vom Steuerkopf zur Schwingenlagerung geradlinig abfallende, gegabelte Hauptrahmen gewährleistet eine Verwindungsfestigkeit, wie man sie von einem Motorrad für 12.950 bzw. 13.950 Mark (Dakar-Version) durchaus erwarten kann.

Verstärkte Telegabel, Stahl-Kastenschwinge

Das 19 Zoll große Speichen-Vorderrad wird wieder von einer Showa-Telegabel mit 41 mm dicken Standrohren und einem unverändert 170 mm langen Federweg geführt. Neu ist ein zusätzlicher Stabilisator. Er hat die Aufgabe, die Belastung der beiden Gabelholme beim ABS-Einsatz abzufangen.

Das wie gehabt 17 Zoll große Hinterrad wird von einer Zweiarm-Kastenschwinge aus Stahl geführt, die gegenüber dem Vorgängermodell leicht modifiziert und verstärkt wurde. Zur Realisierung der notwendigen Progression ist das

Ansprechendes Design zeigt auch das Cockpit. Motorschutz und hochgezogene Kotflügel sind unverzichtbare Enduro-Elemente.

zentrale Federbein am unteren Befesti-
gungsauge über ein Hebelsy-stem mit der
Hinterradschwinge verbunden. Wie bisher ist das Federbein in Federvorspannung und Zugstufendämp-fung stufenlos
verstellbar. Die Federvor-spannung
erfolgt hydraulisch über das bekannte
Einstellrad, die Zugstufe der Dämpfung
läßt sich über eine Schlitz-schraube einstellen. Unverändert beträgt der Federweg 165 mm.

An der bewährten Bremsanlage war
praktisch nichts zu verbessern. So ist die

Die Funktionsweise des ABS in der F
650 GS unterscheidet sich in einem
wesentlichen Punkt vom ABS II der
Zwei- und Vierzylindertypen: Die Druck-
regelung wird digital per Ventilsystem
gesteuert (beim 1993 eingeführten ABS
II dagegen analog mittels Tauchkolben).
Der Fahrer der F 650 GS merkt den
Unterschied am Pulsieren im Hand- und
Fußbremshebel.

Der Zwei-Kanal-Druckmodulator und
das Steuergerät sind in einer kompakten
Baugruppe zusammengefaßt, zusätzlich

Design und Ausstattung: moderner Auftritt

Bei der Gestaltung der F 650 GS haben
sich die Designer einerseits am Boxer-
Modell R 1150 GS, andererseits an der
erfolgreichen Wettbewerbsversion F 650
RR orientiert. BMW sagt dazu: "Alle far-
bigen Verkleidungsteile bilden – ähnlich
wie bei der R 1150 GS – von der hochgesetzten und mitschwenkenden Vorderradabdeckung über Tankattrappe und Sitzbank bis zu den Seitenverkleidungen
eine dynamische Wellenlinie, in deren
Mitte der Fahrer in das Motorrad integriert ist." Verkleidung und Sitzbank sind
nach BMW-Art wieder so geformt, daß
der Fahrer mit den Beinen schlüssigen
Kontakt zum Motorrad hat.

Die technischen Elemente sind klar
und funktionsbezogen gezeichnet, auf
Schnörkel wurde weitgehend verzichtet.
Während die Fahrwerks- und Motorkom-
ponenten eine natürliche Aluminium-
Oberfläche haben oder silbern lackiert
sind, zeigen Anbauteile wie Fußrasten,
Brems- und Schalthebel, Haupt- und Seitenständer sowie Kettenschutz nüchter-
nes Mattschwarz.

Benzintank unter der Sitzbank

Von vorn läßt die F 650 GS keine Ähnlichkeit mehr mit dem Vorläufermodell
erkennen. Sie wirkt aggressiver, dynami-
scher, auch zierlicher. Dominiert wird die
betont schlanke Front von einem Scheinwerfer im modischen New-Edge-Design.
Wer sich die Mühe macht, die Federvorspannung hydraulisch und per Handrad
der Beladung anzupassen, sorgt damit
automatisch auch dafür, daß die Leucht-
weite korrekt bleibt. Ein schwar-zes
Kunststoffgehäuse, das zugleich als
Cockpitgehäuse dient, faßt den Scheinwerfer ein. Windabweiser und Blinker-
träger sind, wie bei der R 1150 GS, silbern lackiert.

Im Heckbereich finden sich interessante Detaillösungen. Weil die Schalldämpfer unter der Sitzbank liegen, konnte die
Breite des Hecks im Vergleich zum Vorgängermodell um satte zwölf Zenti-meter
reduziert werden. Das verbessert die
Optik und hat den positiven Effekt, daß
endlich zwei gleich große Touren-koffer
befestigt werden können.

Motorradtanks sind auch nicht mehr
das, was sie mal waren - markante Sprit-
behälter hinter dem Lenker mit bester
Knieschlußmöglichkeit. Das, was bei der
kleinen GS wie der Tank aussieht, ist
nichts als schön geformtes Plastik. Und

F 650 GS vorne mit einer Einscheiben-
bremsanlage (Scheiben-Durchmesser
300 mm), Zweikolbenschwimmsattel
und Sintermetall-Bremsbelägen ausgerüstet. Das Hinterrad wird von einer Einscheibenbremse (Scheiben-Durch-mes-
ser 240 mm) mit Einkolben-schwimmsattel verzögert.

Einzylindermotorräder mit ABS?
Gab's bisher nicht. Die F 650 GS ist das
erste Motorrad seiner Kategorie, das für
980 Mark Aufpreis mit dieser Sicher-
heitstechnik geliefert werden kann. Das
hochentwickelte BMW-Baukastensystem
war auch hier wieder hilfreich: Das ABS
der F arbeitet auch im Autoscooter C 1.
Es wurde von BMW und "Bosch Braking
Systems" entwickelt und zeichnet sich
durch besonders niedriges Gewicht (2,1
kg), geringen Platzbedarf und reduzierten
Stromverbrauch aus.

**Mit fast 190 kg Zuladung eignet sich die kleine
GS gut fürs Fahren zu zweit. Leer ist sie mit
193 kg schwerer als die Boxer-G/S von 1980.**

ist am Vorderrad ein Sensor zur Erfas-
sung der Raddrehzahl montiert. Der Hin-
terradsensor steuert das ABS an, aber
auch den elektronischen Tachometer. Die
beiden in sich geschlossenen und für Vor-
der- und Hinterrad getrennten Brems-
kreise besitzen jeweils ein elektrisch-
hydraulisches Einlaß- und Auslaßventil,
ein Reservoir und eine Hydraulikpumpe.

Wie bei den GS-Modellen der Boxer-
Baureihe läßt sich das ABS der F 650 GS
im Geländeeinsatz abschalten. Während
das ABS außer Betrieb ist, blinkt eine
rote Kontrolleuchte.

was aussieht wie Seitendeckel rechts und links, ist der Tank. Sachlich ausgedrückt: Der Treibstoffbehälter befindet sich im Rahmendreieck unter der Sitzbank, schließt sich optisch an Sitzbank und Seitenverkleidungen an, besteht aus widerstandsfähigem Kunststoff und faßt 17,5 Liter. Die seitlich sichtbaren Tankoberflächen zeigen interessante Muster und besitzen auf jeder Seite zwei farbige Scheuerschutzleisten für den Geländeeinsatz mit stehendem Fahrer. Der Einfüllstutzen für den Kraftstofftank liegt bedienungsfreundlich auf der rechten Sitzbankseite. Die Vorteile der ungewöhnlichen Tankplazierung liegen auf der Hand: bessere Gewichtsverteilung, Absenkung des Schwerpunkts, dadurch bessere Handlingeigenschaften.

Wo normale Motorräder den Tank haben, trägt die F 650 GS eine Verkleidung in Tankoptik mit charakteristischen Lufteinlässen. Unter der Kunststoffschale befinden sich Luftfilterkasten, Kühlwasserausgleichsbehälter, Ölbehälter, Elektrikbox und Batterie. Die Sitzhöhe wurde gegenüber der alten F um 20 auf 780 mm gesenkt.

Rallye-Cockpit, digitale Kilometeranzeige

Moderne Zeiten auch in puncto Cockpit und Bedienung. Das in rallye-mäßigem Aluminiumsilber gehaltene und völlig neu entworfene Cockpit enthält in asymmetrischer Anordnung Ta-chometer und Drehzahlmesser. Gesamt-kilometer- und Tageskilometerstand werden digital angezeigt, der Wechsel erfolgt per Knopfdruck. Zwischen den beiden elektronisch arbeitenden Instrumenten befinden sich die Kontrolleuchten für Blinker, Fernlicht, Leerlauf, Kühlmitteltemperatur, Öldruck und ABS. Sind nur noch vier Liter Sprit im Tank, leuchtet eine spezielle Warnlampe auf.

Über die aktuelle Uhrzeit informiert eine Digitalanzeige. Fortschittliches auch bei den Bedienschaltern: Sie sind in die

beiden Griffeinheiten integriert und so gestaltet, daß sie selbst mit gefütterten Winterhandschuhen verwechslungssicher bedient werden können. Die Serienausstattung umfaßt unter anderem Haupt- und Seitenständer sowie einen Motorschutz aus Aluminium.

Die Startauflage der F 650 GS kam in drei Farbvarianten für die Verkleidungsteile und zwei Sitzbankfarben auf den

Markt. Technisch-modern mutet die Lakkierung titanblau-metallic in Kombination mit gelber Sitzbank an, frisch-unbekümmert dagegen die Kombination rot mit gelber Sitzbank In der Lackierung mandaringelb mit gelber Sitzbank sieht die F 650 GS fast aus wie ein Funbike.

Wie das alte Modell ist auch die neue F ab Werk mit einem Tieferlegungssatz erhältlich, der die Sitzhöhe von 780 um

30 auf 750 mm absenkt. Eine nachträgliche Umrüstung kommt allerdings - anders als bei der einfacher konzipierten Basis-F 650 von 1993 - teuer. Denn die Tieferlegung wird mit einem anderen Federbein, einer modifizierten Gabel sowie verkürztem Haupt- und Seitenständer erzielt. Enstprechend aufwendig ist auch eine Nachrüstung in umgekehrter Richtung (s.a. Kasten im Kapitel Gebrauchtkauf-Beratung).

Neu im Zubehörprogramm ist eine aufgepolsterte schwarze Sitzbank für große Fahrer, mit der sich die Sitzhöhe auf 820 mm steigern läßt. Das extra dicke Polster verbessert nebenbei auch den Langstreckenkomfort. Wie gewohnt bietet BMW wieder heizbare Lenkergriffe und die einsteigerfreundliche Leistungsreduzierung auf 25 kW (34 PS) an.

Volumenverstellbares Koffersystem

Innovativ ist das neuartige Koffersystem: Die beiden (gleich großen) Tourenkoffer lassen sich durch einen Verstellmechanismus in der Tiefe verändern, sodaß je nach Bedarf 20 oder 30 Liter Stauraum pro Koffer zur Verfügung stehen. Bei geringerem Transportbedarf verringert sich so auch die Gesamtbreite des Motorrades. Dazu passend gibt es ebenfalls verstellbare, wasserdichte Innentaschen.

Außerdem lieferbar: Topcase mit 31 Litern Volumen, Gleichschließung für Motorrad und Gepäcksystem, Handprotektoren, Lenkeraufprallschutz, hohes Windschild, Motorschutzbügel, Bordcomputer und 12-Volt-Bordsteckdose.

Für echten Geländesport: F 650 GS Dakar

Was lag nach dem zweimaligen BMW-Sieg bei der Rallye Granada-Dakar 1999 bzw. Dakar-Kairo 2000 näher, als ein Sondermodell F 650 GS Dakar herauszubringen, daß sich optisch an die Wettbewerbsversion F 650 RR anlehnt?

Auf kurvigen Landstraßen ist die kleine GS ebenso in ihrem Element wie auf staubigen Pisten. Sympathisch: der niedrige Verbrauch.

Schon in den 80er Jahren vermarktete BMW erfolgreich die Paris-Dakar-Siege mit einem Spezial-Boxer-Modell.

Die Dakar-Version ist gewiß keine Hard-Enduro, aber durchaus ein Motorrad, das beste Voraussetzungen für leichtes bis mittleres Gelände, aber auch für Fernfahrten auf schlechten Straßen mit sich bringt. Das Vorderrad hat statt 19 einen Durchmesser von 21 Zoll, der Federweg wuchs von 170 um 40 auf 210 mm. Auch die Telegabel wurde den härteren Anforderungen angepaßt.

Der Federweg des nach wie vor 17 Zoll großen Hinterrades erhöhte sich um 45 auf ebenalls 210 mm. Der Seitenständer wurde dem höhergelegten und circa 50 mm mehr Bodenfreiheit bietenden Fahrwerk entsprechend verlängert. Dem größeren Vorderrad angepaßt wurde auch die Vorderradabdeckung.

Lange Federwege, hohe Sitzbank

Serienmäßig ist die hohe Sitzbank, was die Sitzhöhe bei der Dakar-Version auf beachtliche 870 mm anhebt. Handprotektoren und das spezielle Windschild der F 650 RR gehören ebenfalls zur Grundausstattung dieses 1000 Mark teureren, weiß lackierten Sondermodells. Für einen verlängerten Hauptständer muß Aufpreis bezahlt werden. Wegen der veränderten Fahrwerks-Geometrie nicht für die Dakar erhältlich: das Antiblockiersystem.

1993: BMW erstmals mit Kette statt Kardan; die Einzylindermodelle F 650 und F 650 ST

Als BMW im November 1993 die F 650 und damit nach 27jähriger Pause erstmals wieder ein Einzylinder-Motorrad präsentierte, hielt die Fachwelt den Atem an: Würde das Experiment nach so langer Enthaltsamkeit glücken? Würde die Boxer-verwöhnte Fangemeinde den Single akzeptieren, zumal dieser technisch radikal mit bewährten BMW-Traditionen brach?

Heute wissen wir, daß BMW mit der F 650 zwar eine Menge gewagt, aber auch viel gewonnen hat: Bis Ende 1999 wurden vom Basismodell und von der mehr straßenorientierten Schwesterversion fast 54.000 Einheiten produziert - ein Erfolg, mit dem BMW locker den Anschluß an alte Einzylinder-Verkaufsrekorde wiederherstellte. Was niemand gewagt hatte, zu prognostizieren, trat ein: Die F 650 avancierte nicht nur zum Bestseller im BMW-Programm, sondern sogar zu einem der meistverkauften Motorräder

Bereits 1991 entstanden diese beiden unterschiedlichen Design-Studien der F 650.

überhaupt in vielen Ländern. Vor allem Führerscheinneulinge, Wiedereinsteiger und Umsteiger von anderen Marken freundeten sich mit der robusten, handlichen und vielseitigen Einzylinder-"Funduro" an. Und unter motorradfahrenden Frauen war die kleine BMW von Anfang an erste Wahl.

F 650: erstes Motorrad aus europäischer Hersteller-Kooperation

Auch weil sie als erstes Motorrad in europäischer Kooperation gebaut wurde, war die F 650 ein Meilenstein: Sie wurde von Aprilia nach den Konzept-, Qualitäts- und Designvorgaben von BMW entwickelt und auf den modernen Fertigungsanlagen des italienischen Produzenten in Noale montiert. Den von BMW modifizierten Motor steuerte der österreichische Spezialist Bombardier-Rotax bei.

Daß die F 650 als erste BMW mit Ketten- statt Kardanantrieb ausgerüstet war, erhitzte nur anfangs die Gemüter. Heute hat alle Welt das anderswo schon immer zum Standard gehörende, leichtgewichtige Antriebskonzept akzeptiert. Auch ansonsten hatte die F 650 nichts mehr mit den bollernden Einzylindern der BMW-Frühzeit gemein, die es von 1925 bis 1966 auf eine Gesamt-Stückzahl von 230.000 gebracht hatten. Statt eines luftgekühlten ohv-Triebwerks besaß sie - wie auch die Vierzylinder K-Modelle von BMW - einen zeitgemäßen, flüssigkeitsgekühlten Motor mit zwei obenliegenden, kettengetriebenen Nockenwellen und vier Ventilen.

Geeignet für Alltag und große Fahrt

Rahmen und Fahrwerk des neuen Einzylinder-Motorrads waren weitgehend identisch mit dem Chassis der Aprilia Pegaso. Unabhängig davon erfüllte die F 650 die hohen Ansprüche der Bayernmarke an Qualität, Leistung, Komfort, Alltags- und Tourentauglichkeit. Zwar vermittelte sie konzeptbedingt nicht das typische BMW-Feeling, doch sie fand das Vertrauen der Kunden, weil sie einfach ein gutes und solides Motorrad war und außerdem eine Einzylinder-Enduro, der auf der Straße

kaum ein anderes Fabrikat das Wasser reichen konnte. 1993 mußte der Käufer 11.400 für das Grundmodell auf den Tisch legen, 1999 mit 12.200 Mark nur wenig mehr (inkl. Nebenkosten). 250 Mark billiger war zuletzt das konsequent auf reinen Straßenbetrieb getrimmte „Fun-Bike" F 650 ST, das man 1996 zusätzlich ins Programm genommen hatte. Die wichtigsten Unterschiede zur Standard-F: 18- statt 19-Zoll-Vorderrad, Federwege vorn auf 760, hinten auf 120 mm reduziert, Sitzhöhe auf 785 mm abgesenkt.

Daß die "Funduro" aus Noale sich im großen und ganzen anfühlte und fuhr wie bestimmte Konkurrenzprodukte aus Japan oder Italien, wirkte sich nicht negativ auf die Nachfrage aus. Was die Alltags- und Fahrqualitäten betraf, war auch die F 650 eine vollwertige BMW.

Zwar war das Design etwas pausbäckig, doch wirkte die Maschine durch-

Als besonders handliches und in jeder Hinsicht unproblematisches Motorrad wurde zeitweise jede zweite F 650 von Frauen gekauft. Im Bild die Urversionen von 1993 sowie die klassische R 27 von 1966 (247 cm³, 18 PS).

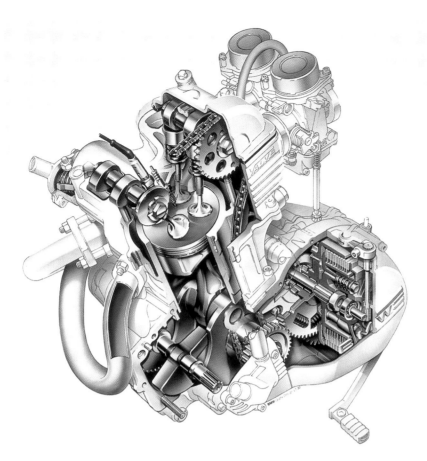

Verschleißfeste Triebwerkstechnik

Schon die ersten F-Modelle waren relativ umweltverträglich: Das Euro-Bike war anfangs gegen Aufpreis (250 Mark), seit 1995 in Deutschland, Österreich, der Schweiz und den USA serienmäßig mit einem ungeregelten Katalysator ausgerüstet. Die superdämpfende und recht voluminöse Auspuffanlage bestand aus rostfreiem Edelstahl, die Kunststoffteile ließen sich problemlos recyceln.

Die Verarbeitungsqualität war im allgemeinen gut, konnte im Zuge der Modellpflege stetig verbessert werden. Auf jeden Fall hatte die F 650 eine hohe Lebenserwartung: Dauertests einiger Fachmagazine attestierten ihr nach 30.000 und mehr Testkilometern nur Gutes. Nahezu alle Bauteile des Rotax-Motors zeigten nach der Zerlegung keierlei Verschleiß. Es gab sogar Dinge, die besser waren als bei den Boxern: Blin-

Der bei Rotax gebaute Vierventilmotor besaß eine Ausgleichswelle. Rechts die F 650 Basis von 1995/96 in schwarz/orange.

aus eigenständig, solide und stattlich. Wie die Boxer-Modelle erfreute sie mit ausgezeichnetem Langstreckenkomfort. Fahrer und Sozius saßen bequem auf der breiten und satt gepolsteren Bank, Knie- und Armwinkel ließen ermüdungsfreies Fahren über viele Stunden zu; Dauertempo 140 auf der Autobahn war keine Tortur. Der aerodynamisch günstig geformte Windabweiser hielt den Fahrtwind recht ordentlich ab.

Zu den Stärken der F-Modelle ab 1993 gehörte die überdurchschnittliche Reichweite. Während Standard-Enduros zu jener Zeit oft schon nach 150 km die Zapfsäule ansteuern mußten, schaffte die F 650 mit ihrem 17,5 Liter großen, unter einer Attrappe verborgenen Kunststofftank bis zu 360 Kilometer - das war Rekord in dieser Klasse und unterstrich die Tourentauglichkeit der F 650. Auf Landstraßen bei limitorientierter, aber durchaus zügiger Fahrweise kam man mit 4,8 L/ 100 km aus - sicher auch ein

Verdienst der Doppelzündung und der beiden mager abgestimmten Gleichdruckvergaser. Im Test habe ich den Verbrauch selbst bei Dauervollgas auf der Autobahn nicht über 6,3 Liter treiben können. Im normalen Mischbetrieb konsumierte meine Test-F 650 zwischen 5,0 und 5,5 Liter Super bleifrei auf 100 km.

kerschaltung, Chokebetätigung, Fernlicht- und Hupenbedienung zum Beispiel. Dies alles entsprach gutem japanischem Standard mit optimaler Plazierung und narrensicherer Rückstellung. Der von der (inzwischen nicht mehr produzierten) K 75 ausgeborgte H4-Scheinwerfer lieferte hervorragendes Abblend-

und Fernlicht. Tachometer und Drehzahlmesser waren tagsüber wie nachts bestens ablesbar, was zweifellos mit der kontrastreichen Gestaltung der Zifferblätter zusammenhing: schwarzer Kern, weißer Rand mit klaren Zahlen und Symbolen. Serienmäßig war auch ein Kühlmittelthermometer, das allerdings nicht sehr genau anzeigte.

Zu den Vorzügen der F 650 gehörte, daß der Motor auch nach kalter Nacht sofort ansprang. Ein fliehkraftgesteuerter Dekompressionsmechanismus in der Auslaßnockenwelle erleichterte den Startvorgang. Serienmäßig war ein 0,9 kW starker Elektrostarter montiert, auf einen Kickstarter wie bei den klassischen BMW-Motorrädern hatte man allerdings verzichtet. Auf freier Strecke zeigte sich allerdings, daß der von Rotax nach BMW-Vorgaben entwickelten Vierventil-Single ein gewisses Maß an Drehzahl brauchte, um sich richtig wohlzufühlen. Überragend viel Dampf aus dem Keller produzierte er nicht, lief erst richtig rund ab 2.800 Touren. Sank die Drehzahl unter 2.500, z.B. im Stadtverkehr, mußte runtergeschaltet werden.

Ungeregelter Katalysator, Ausgleichswelle

Wer die Drehzahl des 652 cm^3 großen Eintopfs dagegen zwischen 4.000 und 6.000 hielt, wurde durch guten Durchzug, spontanes Reagieren auf Gasbefehle sowie kräftiges Zulegen beim Beschleunigen erfreut - und das weitgehend frei von störenden Vibrationen. Denn eine über Zahnräder angetriebene Ausgleichswelle und Gleitlager an Kurbelwelle und Pleuel sorgten für hohe Laufkultur. Außerdem war das Antriebsrad auf der Ausgleichswelle als Verspannzahnrad ausgeführt; dies wirkte als Ausgleich des Zahnflankenspiels und reduzierte zusätzlich die mechanischen Geräusche.

Im großen und ganzen verrichtete der BMW-Single seine Arbeit etwas gemächlicher als der Fünfventiler der Aprilia Pegaso, von dem er abstammte. Während die Pegaso den Sprint von 0 auf 100 km/h solo in 5,2 Sekunden schaffte, brauchte die F 650 selbst in der offenen Version 6,3 Sekunden - das war Mittelmaß. Als Höchstgeschwindigkeit ermittelten wir (bei angestrengt flach liegendem Fahrer) 161 km/h; der Tacho zeigte dabei 170 "Sachen" an. Echte Spitze der Pegaso: 163 km/h.

Materialschonend wirkte sich aus, daß der Motor auch auf Vollgasetappen im fünften Gang nicht in den roten Bereich drehte. Die Höchstleistung von 48 PS (35 kW) wurde bei 6.500/min^{-1} erreicht, das war gleichzeitig auch die Maximaldrehzahl bei Volldampf auf der Autobahn. Wahlweise waren beide F 650-Versionen auch mit einsteigerfreundlichen 34 PS (25 kW) zu haben (Einzelheiten zu Umrüstungsfragen finden sich im Kapitel "Gebrauchtkauf").

Ein typisches Großserienprodukt war der Rahmen. Er bestand aus einem Verbund von Blechformteilen, Vierkantrohren und angeschraubtem Rundrohr-Unterzug. Der Motor war mittragend. Ins Rahmenoberteil hatten die Ingenieure das 1,5 Liter fassende Ölreservoir der Trockensumpfschmierung integriert. Eine Saug- und eine Hochdruckpumpe hielten die Ölversorgung aufrecht.

Flüssigkühlung, elektronische Doppelzündung

Herz des Kühlsystems war eine Kreiselpumpe, die von der Ausgleichswelle über Zahnräder angetrieben wurde. Ein Dehnstoff-Thermostat-Ventil gab bei 75° C den vollen Kühlmitteldurchfluß frei. Bei Temperaturen über 95° C schaltete sich der hinter dem Lamellenkühler plazierte elektrische Zusatzlüfter ein.

Der Kraftstoff wurde von zwei Mikuni-Gleichdruckvergasern vom Typ BST 33 mit einer Lufttrichterweite von je 33

Links: die F 650 ab Ende 1996. Unten: die F 650 ST mit kleinerem Vorderrad und auf Straßenbetrieb abgestimmten Details.

Hinterrades waren - wie in dieser Klasse üblich - robuste Gummielemente als Ruckmomentdämpfer zur Kompensation der Lastwechsel integriert.

Mit ihren mittellangen Federwegen (170/165 mm) und den großen Rädern (19/17 Zoll mit Bereifung 100/90-19 S und 130/80-17 S) ermöglichte die hochbeinige Basis-F auch Ausflüge ins Gelände. Auf schnellen Schotterpisten stand die vollgetankt 189 kg schwere F 650 anderen Enduros ihrer Zeit nicht nach. Die überragende Handlichkeit ließ Streß erst gar nicht aufkommen. Erst auf schwierigem, tiefgründigem oder glitschigem Terrain zeigten sich die konzeptbedingten Grenzen.

Insgesamt machte das einfache, aber solide Fahrwerk der F-Modelle einen sehr guten Eindruck. Es war verwindungsfest, unempfindlich gegenüber Fahrbahnunebenheiten aller Art, belastbar und dabei auch noch komfortabel. Unangenehmes Pendeln auf der Autobahn war bei der F 650 unbekannt. Die Scheibenbremsanlage (2 Scheiben aus Edelstahl gelocht, vorn 300 mm Durchmesser und Zweikolben-Schimmsattel, hinten 240 mm und Einkolben-Schwimmsattel) gab auch bei Nässe keinen Anlaß zur Klage. Die Bremsen ließen sich gut dosieren und erforderten keinen hohen Kraftaufwand. Alle Modelle ab Herbst 1995 hatten zwei Dinge serienmäßig: den ungeregelten Katalysator und den praktischen Mittelständer.

Modelljahr 1997: höhere Scheibe, stilistische Überarbeitung

Drei Jahre blieb die F 650 unverändert, doch im Herbst 1996 präsentierte BMW dann das erste große Facelift. So war ab Modelljahrgang 1996/97 die Verkleidung im Bereich des Cockpits bis auf die Ebene der Instrumente hochgezogen. Der Kühlerausschnitt und das Verkleidungsvorderteil waren schmaler, die Blinker

wege, bewirkten dadurch eine geringere Vorzündung, eine bessere Verbrennung im Teillastbereich und eine höhere Schadstoffreduzierung.

In dem zweiteiligen und vertikal getrennten Leichtmetall-Motorgehäuse war das Zweiwellen-Fünfgang-Getriebe integriert. Die Kupplung bestand aus Korb, Nabe, jeweils sieben Stahl- und Reiblamelln, Druckplatte, Druckfedern, Ausrücklager mit Ausrückpilz, Ausrückwelle und Ausrückhebel.Wie bei den Vierventil-Boxern und den K-Modellen betrugen die Service-Intervalle auch beim Einzylinder 10.000 km.

Fünfgang-Getriebe, Ölbadkupplung, bedingt geländetaugliches Allround-Fahrwerk

Das Fahrwerk entsprach internationalem Standard und war weitgehend mit dem der Pegaso identisch: konventionelle Telegabel mit 41 mm dicken Standrohren, leichte Deltabox-Schwinge. Gabel und zentrales Federbein kamen - wie generell seit den frühen 90ern bei BMW üblich - vom japanischen Zulieferer Showa. Die Federvorspannung ließ sich hydraulisch über ein gut zugängliches Handrad stufenlos verstellen, sogar während der Fahrt. Die Zugstufe des Dämpfers war mit einer Schlitzschraube an der unteren Federbeinaufnahme justierbar.

Die erstmals bei einem BMW-Motorrad eingesetzte O-Ring-Kette erreichte bei vorschriftsmäßiger Pflege aufgrund der Dauerfettfüllung eine zufriedenstellende Laufleistung. Im Kettenradträger des

mm aufbereitet. Die baugleichen Vergaser besaßen ein Leerlauf- und Bypass-, sowie ein Haupt- und ein Kaltstart-System.

Ein Drehstromgenerator mit Permanentmagnetrotor und 280 Watt erzeugte den Strom. Die kontaktlose Hochspannungs-Kondensatorzündung war kennliniengesteuert und verfügte über eine elektronische Zündrückschlagregelung; d.h. der Motor konnte beim Anlassen nicht zurückschlagen. Ein Induktivgeber erzeugte seinen Impuls auf dem Umfang des Generator-Rotors, der Mikrocomputer verarbeitete die Impulse und regelte den Zündzeitpunkt drehzahlabhängig. Zwei Zündkerzen verkürzten die Flamm-

saßen nicht mehr in der Verkleidung, sondern an kurzen Auslegern. Kühler- und Zylinderverkleidung hatte man zu einem neu gestalteten Teil zusammengefaßt, das im Bereich der Kühleröffnung als Spoiler ausgeformt war. Das neue, deutlich höher gezogene und transparente Windschild bot noch besseren Wind- und Wetterschutz.

Im Cockpit fand sich anstelle der ohnehin ungenauen Kühlmittel-Tempe-

raturanzeige eine Analog-Zeituhr. Auf überhöhte Wassertemperatur machte nur noch eine Warnleuchte aufmerksam. Der zuvor abnehmbare Tankdeckel war seit Herbst 1996 hochklappbar im Einfüllstutzen gelagert.

Die für diese Fahrzeugkategorie ohnehin niedrige Sitzhöhe von 810 mm konnte durch eine neu gestaltete Sitzbank im Bereich des Fahrers um weitere 10 mm gesenkt werden. Durch einen als

Sonderzubehör erhältlichen, nachrüstbaren Tieferlegungssatz ließ sich die Sitzhöhe der F 650 um 50 mm auf 750 mm reduzieren (Details dazu im Kap. "Gebrauchtkauf"). Der unvermeidliche Seitenständer klappte endlich nicht mehr automatisch ein, sondern ließ sich bequem vom sitzenden Fahrer mit dem Fuß nach hinten schwenken. Ein Zündunterbrecherschalter verhinderte ein Losfahren mit ausgeklapptem Seitenständer.

Ab Herbst 1996: auf Straßenbetrieb zugeschnittenes Parallelmodell F 650 ST

Mit der ab Ende 1996 lieferbaren und bis ins Jahr 2000 erhältlichen Zusatzvariante F 650 ST richteten sich die Bayern an Motorradfahrerinnen und Motorradfahrer, die von ihrer Einzylinder-BMW einen etwas sportlicheren Charakter und noch mehr Fahrspaß auf der Straße erwarteten. Die Differenzierung zwischen den beiden F 650-Modellen erfolgte vor allem durch unterschiedliche Fahrwerksauslegungen, aber auch durch

Änderungen bei Ausstattung und Aussehen (Werte F 650 Basis in Klammern).

Mit seinem kleineren 18-Zoll-Vorderrad (19 Zoll) war das Fahrwerk der F 650 ST im Vergleich zur F 650 Basis noch handlicher und sportlicher. Straßenspezifisch waren zudem die Bereifung, die leicht veränderte Fahrwerksgeometrie mit verkürztem Radstand von 1465 (1480) mm und kleinerem Nachlauf von 110 (116) mm sowie das in der Dämpferabstimmung modifizierte Federbein am Hinterrad mit einem Federweg von 120 (165) mm. Der Federweg der ST-Vorderradgabel betrug hingegen wie beim Basismodell 170 mm.

Das tiefergelegte Fahrwerk führte automatisch zu einer niedrigeren Sitz-

höhe von 785 (800) mm. Durch den auch für die ST lieferbaren Tieferlegungssatz war hier sogar eine Reduzierung der Sitzhöhe auf 735 mm möglich. Das fahrfertige Gewicht der F 650 ST betrug unverändert 191 kg.

BMW-Tradition: von Enduros abgeleitete Straßenmodelle

Speziell gestaltet war der schmaler gehaltene ST-Lenker. Er hatte statt 800 eine Giffbreite von nur 760 mm, war stärker nach vorne gekröpft und verzichtete auf die endurotypische Querstrebe. Ergebnis waren eine klar straßenorientierte Sitzhaltung, mehr Agilität sowie ein begeisterndes Handling.

Der sportliche Auftritt der ST setzte sich in der Optik fort. So zeigte sie anstelle des höheren, transparenten Windschilds der F 650 eine kleine Cockpit-Verkleidung wie die Basis-Urversion. Die Instrumente besaßen graphisch neugestaltete Zifferblätter, deren Ziffern von hinten durchleuchtet wurden.

Während Kühler- und Zylinderverkleidung bei der F 650 mattschwarz schimmerten, waren diese Teile bei der ST silbern lackiert. Der mattschwarze Steinschlagschutz am Motor war bei der ST einem aerodynamisch geformten, silbern lackierten Motorspoiler gewichen. Der vordere Kotflügel war schlanker, die Abdeckung der Gleitrohre fehlte. Spezielle Lackierungen unterschieden die ST zusätzlich vom Grundmodell.

Nach dem bekannten BMW-Baukastensystem konnte der Kunde auch die F 650 ST mit dem höheren, transparenten Windschild und Handprotektoren ordern. Dazu gab's einen angepaßten Lenker. Alle Elemente zusammen wurden als "Touringsatz" angeboten.

Sondermodelle und Produktionsstopp 1999

Im Frühjahr 1999 brachte BMW noch einmal ein Sondermodell der Basis-F auf den Markt, das ab Werk mit Heizgriffen, Tourenlenker, hohem Windschild, Top-Case, Kofferhaltern und U-Kat ausgerüstet war. Mit der gleichen Ausstattung warteten ab Herbst 1999 drei unterschiedlich lackierte Sondermodelle der F 650 ST auf; sie waren in tiefschwarz mit schwarzer Sitzbank, oceangreen mit hellgrauer Sitzbank und blau-metallic mit schwarzer Sitzbank erhältlich.

Mit dem Erscheinen der ziemlich anders gearteten Nachfolgemodelle F 650 GS und F 650 GS Paris-Dakar im März 2000 stellte BMW die Produktion der Basis-F ein. Auch die ST wurde nicht mehr weitergebaut, doch blieb sie noch eine Weile im Programm, weil die bei Aprilia bis Ende 1999 montierten Einheiten schließlich auch verkauft werden mußten. Insgesamt produzierten die Italiener im BMW-Auftrag vom Basis-Modell 43.535, von der F 650 ST 10.083 Exemplare.

So sahen die letzten Versionen vor dem Produktionsstopp im Herbst 1999 aus; oben die ST, unten die F 650 mit großem Windschild.

Singles aus München: die historischen Einzylinder-Vorläufer der F 650 und F 650 GS

1948: Nach all dem Weltkriegselend und dem Jammer der Nachkriegszeit war dies das erste Jahr, das wieder Anlaß gab zu neuer Hoffnung - trotz etwa der Berlin-Blockade durch die Sowjets ab 24. Juni und der von der SED im November erzwungenen Spaltung der alten Hauptstadt. Die Währungsreform, maßgeblich geplant und vorbereitet von einem gewissen Professor Ludwig Erhard, legte den Grundstein zur Wiederbelebung der bundesdeutschen Wirtschaft. In Bonn nahm der Parlamentarische Rat die politische Arbeit auf. Am 8. August wurde der 1. FC Nürnberg erster deutscher Fußballmeister nach dem Krieg - mit einem 2 : 1 gegen den 1. FC Kaiserslautern.

1945: Kochtöpfe aus Flugzeugaluminium

Auch bei BMW, während der Kriegsjahre überwiegend mit der Produktion von Rüstungsgütern beschäftigt, schöpfte man nach dem Desaster von 1945 wieder Mut. Die Werksanlagen waren in den letzten Kriegsmonaten weitgehend zerstört worden, den Rest hatten die Besatzungstruppen beschlagnahmt und demontiert. Besonders schmerzlich war der Verlust des Werks Eisenach. Umso wichtiger war es, die Betriebe in Berlin und München wieder flott zu machen. "Ärmel aufkrempeln, anpacken" hieß die Devise - wie überall im zerstörten Deutschland.

Im ersten Nachkriegsjahr versuchten die Bayern auf dem Werksgelände im Münchner Norden und in der Fabrik Berlin-Spandau, die bis zuletzt unter anderem Flugmotoren gefertigt hatte, die Produktion mit einfachen Mitteln wieder in Gang zu setzen. Aus dem, was an Rohmaterial übriggeblieben war, vor allem Aluminium aus der Flugzeugteilefertigung, formten die verbliebenen BMW-Mitarbeiter so nützliche Dinge wie Kochtöpfe, Bäckereimaschinen und Geräte für die Landwirtschaft.

Auf Dauer war dies natürlich keine ausreichende Geschäftsbasis. Die Arbeiter und Ingenieure wollten wieder Motorräder bauen wie vor dem Krieg, wollten sparen für eine BMW mit Werksrabatt. Auch in der Bevölkerung

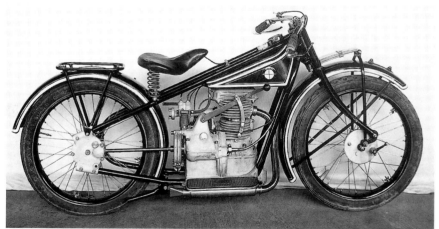

regte sich wieder die Nachfrage nach Motorrädern - aus vielen Gründen. So etwas wie ein öffentlicher Nahverkehr funktionierte noch nicht in den ausgebombten Städten, die schrottreifen Straßenbahnen waren hoffnungslos überfüllt, Privatautos waren rar und unerschwing-

247 cm³, 6,5 PS bei 4000/min⁻¹, ohv-Zylinderkopf, Spitze 100 km/h: Die R 39 von 1925 war ein Motorrad, mit dem BMW auf Anhieb die Deutsche Meisterschaft gewann.

War steuer- und führerscheinfrei: die R 2 von 1931 (oben Serie 1, Mitte Serie 2). Den Preßstahl-Rahmen und die vordere Blattfeder besaß auch die 398 cm³ große R 4, unten Serie 1 von 1932.

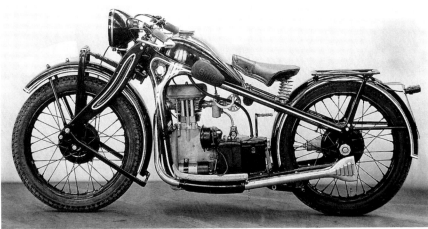

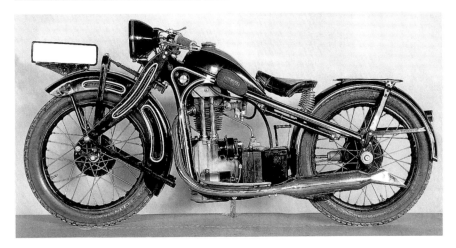

stig in großen Stückzahlen herstellen ließ und von der Philosophie her so etwas war wie das zweirädrige Pendant zum Käfer, der damals noch nicht Käfer hieß, sondern schlicht "VauWeh".

1948: zaghafter Neubeginn mit der R 24

Technisch war die erste 250er BMW der Nachkriegsära alles andere als eine Sensation. Sie kam als bieder-nützlicher Gebrauchsgegenstand ohne jeden überflüssigen Zierrat daher und war wie seinerzeit Henry Fords Tin Lizzy nur in noblem Schwarz zu haben. Die weißen, fein geschwungenen und geradezu liebevoll von Hand aufgemalten Zierlinien auf Tank und "Kotflügeln" waren der einzige Luxus bei dieser Fahrmaschine. Der Fahrer saß auf einem spiralgefederten Schwingsattel mit Gummidecke, eine Hinterradfederung fehlte völlig. Doch immerhin funktionierte wenigstens die schmalbrüstige Vorderradführung bereits nach dem Teleskopgabelprinzip, hatte lange Schraubenfedern und eine simple Ölhydraulik für die Dämpfung der gröbsten Fahrbahngemeinheiten.

Gegen Aufpreis gab es einen Soziussattel mit separater Federung, Zusatzfußrasten und eine Luftpumpe für unterwegs. Die beiden 19-Zoll-Speichenräder mit den schmalen Trommelbremsen ließen sich untereinander austauschen; so konnte das Profil der Reifen, das sich naturgemäß hinten stärker abnutzte als vorn, wechselseitig bis auf den letzten Millimeter abgewetzt werden. Sparen, sparen und nochmals sparen war angesagt, als ein Arbeiter 42 Pfennige die Stunde verdiente, bei 48 Stunden pro Woche letztlich nur gut 80 Mark im Monat nach Hause brachte und so ein Motorrad wie die R 24 noch 1.750 Mark kostete und damit rund 22 Monatslöhne. Der "einfache Mann" mußte siebenmal so lange für ein Motorrad schuften wie heute ein Automobilwerker für einen nagelneuen Golf.

Das nur aus den nötigsten Rohren und Streben bestehende Chassis der R 24 stammte unverändert von den Vorkriegsmodellen R 20 und R 23. Was aber die R 24 von anderen Motorrädern ihrer Klasse unterschied, war die bei BMW schon

lich, selbst als Gebrauchte mit Schußlöchern in den Kotflügeln. Wer hingegen ein Motorrad besaß, war König der Landstraße, kam pünktlich ins Büro oder zur Fabrik, konnte am Wochenende einen Ausflug wagen.

Die Entscheidung von BMW, die Zweiradproduktion mit einer Einzylinder-BMW wiederaufzunehmen, war goldrichtig: Kaum einer konnte sich be-

reits die großen Boxer leisten; Tempo war kein Thema auf den schlaglochübersäten Kopfsteinpflasterstraßen. Ein Motorrad fürs Volk mußte her, sparsam, wartungsfreundlich, robust, dazu seitenwagentauglich und billig im Unterhalt. So rollte denn Ende 1948 als erstes BMW-Nachkriegsfahrzeug die auf Vorkriegsmodellen basierende R 24 vom Band, ein zierliches Motorrad, das sich kostengün-

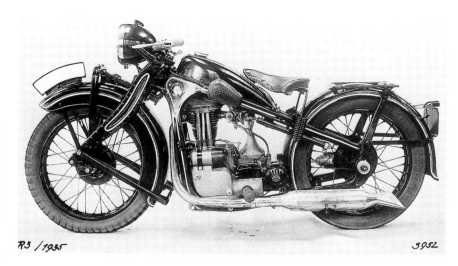

R3 / 1935

1923 eingeführte Kardanwelle, die über eine knarrende Hardyscheibe und ein nur notdürftig gekapseltes Kreuzgelenk zum Hinterradantrieb führte. Eine Kette, an der man sich beim Spannen, Ölen und Wechseln die Finger schmutzig machen mußte, gab es nicht. In diesem Punkt war der klassische BMW Einzylinder der modernen F 650 klar überlegen.

Den ohv-Einzylindermotor, diesen halbierten Boxer, hatten die Ingenieure für die R 24 gründlich überarbeitet. Er hatte nun zwölf und damit zwei PS mehr Leistung, geteilte Ventildeckel und eine verbesserte Elektrik. Kontrolle und Einstellen von Ventilspiel, Zündung und Vergaser waren für Leute, die nicht gerade zwei linke Hände hatten, wirklich kein Problem. Tank, Motor und angeflanschtes Getriebe ließen sich mit etwas Übung in einer halben Stunde ausbauen, die kräftige Trockenkupplung hielt ewig und war im Handumdrehen zu ersetzen.

Komplett neu an der R 24 war das Vierganggetriebe mit kurz übersetztem erstem Gang und zusätzlichem Handschalthebel; beides war auf den seinerzeit überaus beliebten Betrieb mit Seitenwagen zugeschnitten. Schon 1949 verließ die 1000ste R 24 die Montagehalle in München. Zur gleichen Zeit erschien mit der 24 PS starken R 51/2 der erste Nachkriegs-Boxer.

20er Jahre: Luxusprodukt Boxer-BMW

Angefangen hat es mit den erfolgreichen BMW-Singles bereits 1925, zwei Jahre nach der Präsentation der ersten BMW überhaupt, der legendären, zweizylindrigen R 32. Die Ausgangssituation war keineswegs rosig: Anfang des 20. Jahrhunderts buhlten Dutzende von kleinen und mittleren Herstellern aus ganz Europa um die Gunst der dünn gesäten Kunden. Das Geld war, zwei Jahre nach Ruhrkampf und Höhepunkt der Inflation, noch äußerst knapp. Millionen Arbeitslose warteten auf einen Job, der Rest lebte größtenteiles mehr schlecht als recht auf Pump. Gesellschaftlich und politisch befand sich Deutschland im Umbruch. Wer sich ein Motorrad leisten konnte, gehörte fast schon zu den "oberen Zehntausend".

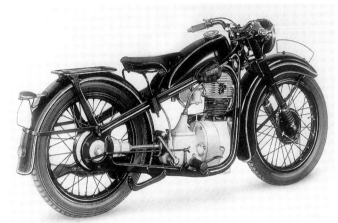

Mit reduzierter Bohrung kam die nur 1936 produzierte R 3 (oben) auf 305 cm³ Hubraum. Als erste Single-BMW hatte die R 35 von 1937 (Mitte und unten) eine Teleskopgabel.

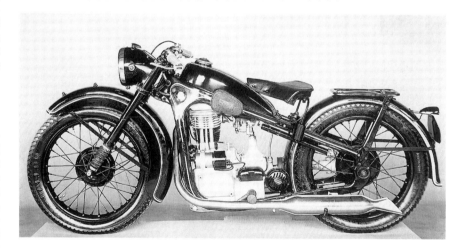

Eine Boxer-BMW war für den Durchschnittsverdiener absolut unbezahlbar. Die Idee mit dem Single hatte daher eine zwingende Logik: Man wollte einfach eine preiswerte "Volksausgabe" des Boxerkonzepts auf den Markt bringen, ohne auf richtungweisende Elemente wie den Kardanantrieb verzichten zu müssen. In gewisser Weise waren die Singles den Zweizylindern sogar von Anfang an ein Stück voraus: Während BMW bis zum Krieg parallel zu den ohv-Sportmodellen stets seitengesteuerte Boxer-Versionen anbot, gab es die Einzylinder stets nur mit hängenden Ventilen. Die fortschrittlichere ohv-Steuerung, erstmals eingeführt 1925 mit der zweizylindrigen R 37, erlaubte höhere Drehzahlen und einen effizienteren Gaswechsel.

1925 erste Einzylinder-BMW: die R 39

Die erste Einzylinder-BMW, die R 39, erschien ebenfalls 1925, hatte 250 cm³ und leistete bei ansehnlichen 4.000 Touren 6,5 PS. Die Ventile im Leichtmetall-Zylinderkopf wurden über eine seitlich hochgelegte Nockenwelle, relativ kurze Stößelstangen und Kipphebel mit gut zugänglichen Einstellschrauben betätigt. An diesem Prinzip sollte sich bis 1966 nichts ändern, dem Jahr, als die letzte R 27 ausgeliefert wurde. Die Zweiventil-Boxer von BMW arbeiteten noch bis 1996 nach diesem Verfahren (R 80 GS Basic).

Motorgehäuse-Oberteil und Zylinder der R 39 bestanden aus einem einzigen Stück Leichtmetall, die Laufbüchse war eingepreßt. Den ohv-Zylinderkopf hatte die R 37 beigesteuert. Dreigang-Getriebe und starre Kardanwelle übertrugen die Kraft aufs allwetterbereifte Hinterrad. Gewechselt wurden die Gänge mit einer Art Pumpenschwengel, der drohend aus

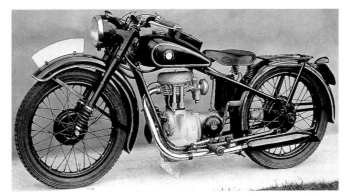

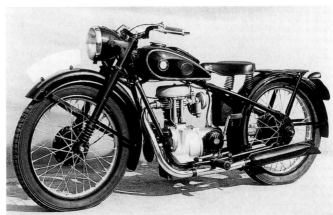

130 kg leicht und mit 8 PS rund 95 km/h schnell war die 192 cm³ große R 20 von 1937 (oben). Die mit Rohrrahmen und Telegabel technisch identische R 23 von 1938 (Mitte) war mit ihrem Hubraum von 247 cm³ Vorläufer aller Single-BMWs bis 1966. Unten: R 24-Montage 1949.

dem Getriebe ragte. Der Tachometer saß oben auf dem Tank, das von einer Rohrschwinge geführte Vorderrad wurde einfach von einer längsliegenden Blattfeder abgefangen.

Einen richtigen Schalldämpfer gab es nicht, selbst Bremsen in unserem Sinne fehlten: Vorn verrichtete ein Alibi-Trömmelchen eher unwillig seinen Dienst, hinten milderte - wenig effizient - eine Kardan-Backenbremse den Schwung. Gebremst wurde am effektvollsten mit dem Motor und durch Herunterschalten unter Zwischengas. Fahren mußte man können und etwas von der Technik verstehen, wenn man nicht abgeworfen werden wollte von den Knochenschüttlern jener Tage.

Die schmalen Wulstreifen mit der Mountainbikedimension 27 x 5 waren alles andere als pannenfest, allein schon wegen der Hufnägel auf den Schotterstraßen der Weimarer Republik. Immerhin war der erste BMW-Single mit 1.870 Mark über 1.000 Mark billiger als der ohv-Boxer. Gegen Aufpreis lieferte BMW auch ein "Sportmodell" mit aufregend schmalen Schutzblechen. 855 Käufer fand die R 39 bis 1927, heute würde man bei so was von einer exklusiven Sonderserie sprechen.

Durchbruch 1931 mit der preiswerten R 2

Auf ganz andere Stückzahlen brachte es die R 2, die 1931 Premiere hatte und in mehreren Serien bis 1936 produziert wurde: 15.207mal konnte BMW das neue Einstiegsmodell an den Mann bringen; das war (nicht nur) für damalige Verhältnisse ein riesiger Erfolg. Die Gründe dafür waren vielfältig. Zunächst war die R 2 genau das richtige Motorrad zur rechten Zeit. Deutschland ächzte seit 1929 unter der Weltwirtschaftskrise, das Geld wurde knapp, zehntausende von Autobesitzern mußten ihre Wagen abmelden, weil sie Steuern und Sprit nicht mehr bezahlen konnten.

Die R 2 dagegen war als Motorrad unter 200 cm³ Hubraum nach einem Gesetz von 1928 steuerfrei, nicht einmal einen Führerschein mußte vorweisen können, wer ein solches Motorrad fuhr. Zur schlechten Wirtschaftslage paßte gut,

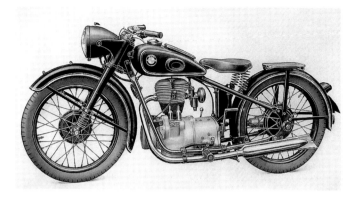

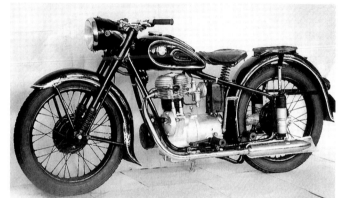

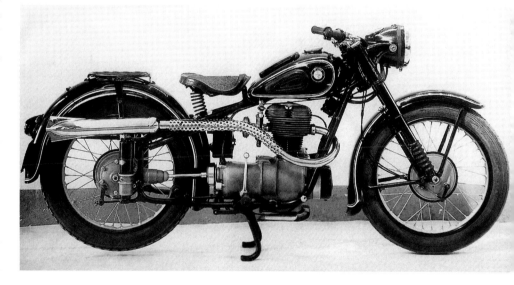

Mit der R 24 (oben) nahm BMW 1948 die Motorradproduktion wieder auf. Die R 25 von 1950 (Mitte) hatte erstmals eine Hinterradfederung. Unten: Die R 25/2 in einer seltenen Geländesportausführung von 1953 mit hochgezogener, rechts verlegter Auspuffanlage.

daß die R 2 nur 975 Mark kostete und damit bloß halb so teuer war wie die R 39. Letztlich verkaufte sie sich auch deshalb gut, weil die Marke BMW inzwischen ungeheuer an Popularität gewonnen hatte. 1929 war dem Rennfahrer Ernst Henne mit dem Boxer auf der Ingolstädter Landstraße bei München ein neuer Weltrekord gelungen: 216,75 km/h. Verständlich, daß auch das motor-

radfahrende Volk etwas abbekommen wollte vom Ruhm und daher vorzugsweise zur blau-weißen Marke griff.

Technisch war die R 2 in vielen Details die Sparausgabe des sportlichen R 16-Boxers. Bemerkenswert war vor allem der neu entwickelte Preßstahlrahmen. Die Einzelteile ließen sich wie im Autobau rationell in beliebig großen Serien fertigen, außerdem senkte die Blechkonstruktion das Gewicht: Nur 110 kg brachte die erste R 2 auf die Waage. Zur Billigbauweise paßte auch der Umstand, daß der Zylinderkopf ohne Deckel war: Ventilfedern und Kipphebel liefen an der frischen Luft.

1932 jedoch verkapselte man den Zylinderkopf wieder anständig und setzte eine Drucköl-Steigleitung zwischen die Hülsen für die Stößelstangen. Anfangs brachte es der 198 cm^3 große ohv-

Single auf 6 PS bei 3.500/min^{-1}, zu guter Letzt waren es 8 PS bei 4.500 Touren. Im Laufe der Zeit kam ein Stoßdämpfer für die Blattfeder an der Gabel hinzu. Trockenkupplung, Dreiganggetriebe mit Kugelschaltung und Kardanantrieb blieben unangetastet. Immerhin gab es erstmals Trommelbremsen vorn und hinten.

Zur Legende wurde auch die R 4, die 1932 erschien und bis 1937 in unterschiedlichen Versionen 15.295mal von

Wem das diente und wozu das führte, ist hinlänglich bekannt.

Wie knüppelhart eine R 4 war (und ist) konnte ich einmal ausgiebig im Rahmen einer Veteranenveranstaltung testen. Ich war beeindruckt von der urigen Kraft, die der 398 cm^3 große und 12 bis 14 PS (je nach Serie) starke Motor entwickelt. Geschwindigkeiten um die 100 km/h sind problemlos möglich. Doch bei Volldampf heißt es, sich gut festzuhalten: Das vorsintflutliche Vehikel teilt mit der ungefederten Hinterhand gewaltige Schläge aus, die Vibrationen sind brutal, die Geräuschkulisse ist beeindruckend, die beiden Minitrommelbremsen vermitteln nur die Illusion einer Verzögerung. Und die Straßenlage ist nur so gut wie die Straße.

R 4 ab 1932: Erfolgsmodell mit 400 Kubik

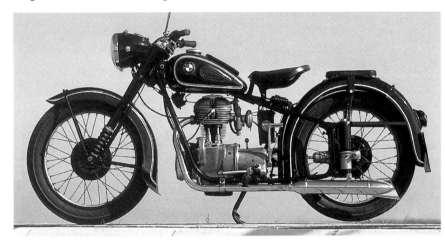

Zurück zur Historie: 1932 mußte der BMW-Freund 1.150 Mark für dieses Fitneßgerät auf den Tisch legen. Die etwas skurrile Dreigang-Schaltung mit dem gewaltigen Autoschalthebel wich 1933 einem modernen Viergang-Getriebe. Die Serie III erfreute mit einem auf 12,5 Liter Inhalt vergrößerten Benzintank, einer nun vom Motorgehäuse umschlossenen Lichtmaschine und einem überarbeiteten Zylinderkopf, der die Leistung auf 14 Pferdestärken klettern ließ. Später wanderte der Generator wieder nach außen, wurde jetzt von einem Keilriemen angetrieben - früher Vorgriff auf eine Lösung, die sich auch beim Vierventilboxer findet. Es ist eben (fast) alles schon mal dagewesen.

Eine kurze Episode blieb der Auftritt der R 3 im Jahre 1936. Es handelte sich praktisch um eine R 4 mit reduzierter Bohrung und damit auf 305 cm^3 verringertem Hubraum. Bis auf den geänderten Zylinderkopf war die Maschine mit der R 4 identisch. Nur ein Jahr lang blieb sie im Programm; nur 740 Exemplare konnten abgesetzt werden. Unterdessen wäre Ernst Henne bei einem neuen Rekordversuch beinahe von der Bahn geflogen: Seine stromlinienförmig verkleidete Kompressor-BMW geriet bei 270 km/h ins Schlingern, weil die Aerodynamik nicht stimmte. 1937 klappte es dann: die Meßgeräte zeigten 279,5 km/h an.

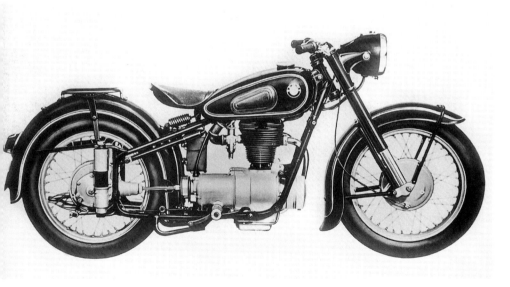

Oben: R 25/2 von 1952 (nicht ganz original); unten die R 25/3, mit fast 48.000 Einheiten bis heute meistverkaufte BMW.

den Bändern lief. Einen großen Beitrag zum Verkaufserfolg leisteten Wehrmacht und Polizei, die das robuste Motorrad eifrig in Geländeausführung mit Tarnanstrich und Leinenpacktaschen orderten.

1937: R 35 erster Single mit Telegabel

Eine Geschwindigkeit, von der Single-Fahrer nicht mal träumen durften. Die R 35, die 1937 herauskam und die R 4 ablöste, schaffte mal eben 100 Sachen. Dafür war sie mit 995 Reichsmark relativ preiswert und bot eine technische Neuerung, die bei den Boxern schon 1935 in die Serie Einzug gehalten hatte: eine hydraulische Teleskop-Federgabel, die allerdings noch ohne Dämpfung arbeitete.

Während die Boxer bereits einen modernen Rohrrahmen besaßen, zeigten die Einzylinder noch das inzwischen veraltete Preßstahlchassis. Abgesehen von Telegabel und Zylinder war die R 35 mit der R 4 identisch. Den Hubraum hatte man auf 342 cm³ heruntergebüchst, gleichwohl produzierte das Triebwerk 14 PS bei 4.500/min⁻¹. Nicht zuletzt dank des regen Zuspruchs durch das Militär brachte es die R 35 auf ähnliche Stückzahlen wie ihre Vorläuferin: 15.386 Exemplare verließen die Fertigungsstraße in München.

Leichtbau: R 20 mit zierlichem Rohrrahmen

Moderne Zeiten in Sachen Chassisgestaltung brachen Ende der 30er bei den kleinen Einzylindern aus: Die 8 PS starke R 20, die 1937 die R 2 ablöste, hatte nicht nur die fortschrittliche Telegabel, sondern auch einen zierlichen Rohrrahmen à la Boxer. Auch den Motor hatte man komplett umkonstruiert und verbessert. Mit ihrem zeitlos-klaren Design wies die R 20 bereits alle Merkmale auf, die typisch waren auch für die Einzylindermodelle der 50er und 60er Jahre: Tropfentank, kompakter Motorblock mit integrierter, direkt auf der Kurbelwelle sitzender Lichtmaschine, fußgeschaltetes (Dreigang-)Getriebe, spiralgefederter Schwingsattel. Während das 19-Zoll-Vorderrad von der ungedämpften Telegabel der R 35 geführt wurde, war das Hinterrad nach wie vor ungefedert. Jene 5.000 Käufer, die sich 1937 und 1938 eine R 20 zulegten, wurden um 725 Mark leichter, aber keineswegs ärmer: Denn sie hatten ja nun eine echte BMW, wenn auch zum Sozialtarif.

Zwei Jahre später dann Modellpflege: Aus der R 20 wurde die R 23. Sie ver-

Über 30.000 Exemplare der R 26 mit Vollschwingen-Fahrwerk wurden 1956 - 60 verkauft. Rechts: Sebastian Nachtmann wurde 1956 auf einer vom Werk speziell präparierten R 26 Deutscher Geländemeister.

fügte über ein Werkzeugfach oben im Tank, was dessen Inhalt von 12 auf 9,5 Liter reduzierte. Die wichtigste Änderung sah man nicht, man spürte sie dafür um so mehr: Der Hubraum war durch Aufbohren auf 247 cm³ gewachsen, die Leistung um 25 Prozent auf 10 PS bei munteren 5.400/min⁻¹ gestiegen. Anlaß gewesen war die Anhebung der Steuerbefreiungsgrenze für Motorräder von 200 auf 250 cm³ durch die NS-Regierung. So und nicht anders sind die berühmten Single-BMWs der Folgezeit zu ihrem Hubvolumen gekommen.

Fast 30 Jahre lang sollte sich an den kärglichen 247 cm³ nichts ändern. Immerhin 9.021 R 23-Kaufverträge wurden bis 1940 unterschrieben, dann mußte BMW sich wie die übrige deutsche Industrie auf Rüstungsproduktion umstellen.

Nach dem Krieg mit 250ern auf Erfolgskurs

Wie es nach Kriegsende weiterging, haben wir eingangs bereits beschrieben. Die R 24 mit dem verbesserten und auf 12 PS erstarkten Motor wurde trotz ihres vergleichsweise hohen Preises von 1.750

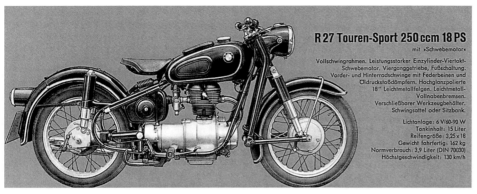

R 27 Touren-Sport 250 ccm 18 PS
mit »Schwebemotor«

Vollschwingrahmen. Leistungsstarker Einzylinder-Viertakt-
Schwebemotor. Vierganggetriebe, Fußschaltung.
Vorder- und Hinterradschwinge mit Federbeinen und
Öldruckstoßdämpfern. Hochglanzpolierte
18" Leichtmetallfelgen. Leichtmetall-
Vollnabenbremsen.
Verschließbarer Werkzeugbehälter.
Schwingsattel oder Sitzbank.

Lichtanlage: 6 V/60-90 W
Tankinhalt: 15 Liter
Reifengröße: 3,25 x 18
Gewicht fahrfertig: 162 kg
Normverbrauch: 3,9 Liter (DIN 70030)
Höchstgeschwindigkeit: 130 km/h

Mit der 18 PS starken R 27 lief 1966 die Einzylinder-Produktion zunächst einmal aus. Rechts: Wirtschaftswunder-Idylle mit dem Gewinner des 200.000sten Nachkriegs-Motorrades und Direktor Kalkert.

Mark ein voller Erfolg. Von 1948 bis 1950 konnten 12.020 Fahrzeuge dieses Typs verkauft werden.

Mit wichtigen Änderungen und im Detail optimiertem Motor präsentierte sich 1950 das Nachfolgemodell R 25. Augenfälligste Neuerung war die Geradweg-Hinterradfederung, die zwar ohne Dämpfung auskommen mußte, in Verbindung mit dem neuen Schwingsattel und den etwas breiteren 19-Zoll-Reifen den Komfort aber erheblich verbesserte. Der Doppelschleifen-Rohrrahmen war nicht mehr verschraubt, sondern verschweißt, der vordere Kotflügel zeigte voluminösere Konturen. Bei unverändertem Preis verdoppelte BMW den Single-Absatz in zwei Jahren auf 23.400 Einheiten.

1951 erschien die R 25/2. Sie unterschied sich von der R 25 durch einen modifizierten Vorderkotflügel und einen überarbeiteten Zylinderkopf. Bis 1953 fanden zum Stückpreis von 1.990 Mark 38.651 Exemplare ihre Käufer. Zu jener Zeit wagte sich BMW auch an die Entwicklung eines Motorrollers, der unter dem Blechkleid die Antriebstechnik der R 25/2 samt Kardanwelle ver-

steckte. Weitere Roller-Prototypen wurden zwar auf die Räder gestellt, gingen aber nie in Serie.

Fast schon das Flair der großen Boxer vermittelte das Schlußmodell der Baureihe, die R 25/3 von 1953. Eine neue Vorderradgabel mit verchromten Tauchrohren und hydraulischer Dämpfung sowie vergrößerte Federwege an der Hinterhand verbesserten den Komfort.

Meistverkaufte BMW: R 25/3 ab 1953

Die 19-Zoll-Stahlräder der Vorläufertypen waren durch 18-Zoll-Räder mit Aluminiumfelgen und breiten Alu-Vollnabenbremsen mit eingesetzten Bremsringen ersetzt worden. Der deutlich vergrößerte Tank erhöhte die Reichweite, der 250er Motor leistete jetzt unter anderem dank verbesserter Ansaugluftführung mit Naßluftfilter 13 PS bei 5.800 Umdrehungen. Mit 47.700 Einheiten, die bis 1956 zum Stückpreis von 2.060 Mark verkauft werden konnten, avancierte die bildschöne und standfeste R 25/3 zur (bis heute) meistverkauften BMW überhaupt. Ihr Motor fand zudem großzügig Ver-

wendung im Volksmobil von BMW, das 1954 auf den Markt kam, und als Isetta berühmt wurde.

Eine komplett neue Generation von BMW-Motorrädern sorgte 1955 für reichlich Gesprächsstoff: die berühmten Modelle mit Vollschwingen-Fahrwerk. Sie bestimmten bis 1969 das Bild und boten einen sagenhaften Fahrkomfort. Sportlich eingestellte Fahrer kamen indes weniger gut auf ihre Kosten und rächten sich dafür, indem sie für die neue Komfort-BMW den wenig schmeichelhaften Beinamen "Gummikuh" erfanden.

1956: Vollschwingen-Modell R 26

Dem BMW-Single kam die neue Technik 1956, ein Jahr nach Vorstellung der Schwingen-Boxer zugute. Wie bei den großen Typen war die Radaufhängung technisch höchst anspruchsvoll, um nicht zu sagen kompliziert. Auch der Rahmen war von Grund auf neu konstruiert worden. Das 18-Zoll-Vorderrad wurde jetzt von einer geschobenen, kegelrollengelagerten Langschwinge mit separaten, hinter der Achse angeschlagenen und hydraulisch gedämpften Federbeinen geführt.

Das Hinterrad war erstmalig an einer kegelrollengelagerten Stahlrohrschwinge festgemacht. Die hoch aufragenden, separat angeschlagenen Federbeine reagierten auf kleinste Fahrbahnunebenheiten. Neu war auch, daß die Kardanwelle nicht mehr im Freien rotierte, sondern staubdicht in den rechten Schwingenholm integriert war. Der große 15-Liter-Tank paßte gut zum repräsentativen Erscheinungsbild. Wahlweise zum Schwingsattel war erstmals eine satt gepolsterte Doppelsitzbank lieferbar.

Ein alter Bekannter war im Prinzip der 250-Kubik-Motor, doch hatte man ihm im Detail zahlreiche Verbesserungen angedeihen lassen. Dazu gehörten ein Vergaser mit auf 26 mm vergrößertem Durchlaß und eine verlängerte Ansaugleitung mit einem Naßluftfilter, der in einem großen Kasten unter dem Sattel saß. Die Höchstleistung stieg auf damals durchaus zeitgemäße 15 PS bei 6.400/min[-1]. Das genügte, um das 158 kg leichte Motorrad auf eine Spitze von 128 km/h zu beschleunigen. Für 2.150 Mark war die R 26 zu haben. Viel Geld zu jener Zeit: ein VW Käfer war mit rund 5.000 Mark nur zweieinhalb mal so teuer. Trotzdem griffen insgesamt 30.236 Käufer lieber zur kleinen BMW.

1960 bis 1966: die R 27 als letzte 250er

1960 ging mit der R 27 ein stark optimiertes Nachfolgemodell an den Start. Mit 18 PS bei 7.400/min⁻¹ war der Stoßstangen-Single an seiner Leistungsgrenze angelangt. Um die vor allem bei hohen Drehzahlen auftretenden Vibrationen abzufangen, hatten die Ingenieure den Motor des neuen Modells an allen Ecken und Enden in Gummi gelagert. Trotzdem war das in die Jahre gekommene Motorkonzept veraltet und überfordert; gelegentlich am Fuß abreißende Zylinder sorgten für viel Ärger und knabberten am Image der Nobelschmiede.

Auf den ersten Blick unterschied sich die R 27 von der Vorläuferin durch die Blinker an den Lenkerenden und die große, runde Schlußleuchteneinheit, die von der BMW-V8-Luxuslimousine stammte. Lichthupe und "Micronic"-Trockenluftfilter gehörten ebenfalls zu den Neuerungen.

Trotz der Verbesserungen konnte die 2.430 Mark teure R 27 nicht an die Erfolge früherer Modelle anknüpfen. Die Motorradindustrie erlebte in den frühen 60ern ihre schwerste Krise, BMW stand wegen einer verfehlten Automodellpolitik 1961 vor dem Ruin. Als 1966 nach nur 15.364 produzierten Einheiten die letzte R 27 das Werk verließ, ging es dem Unternehmen zwar wieder gut. Doch Motorräder waren in Deutschland out, das Schicksal der BMW-Motorradproduktion schien besiegelt.

Daß kurz darauf ein neuer Boom ausbrach, war vor allem der Hippie- und Protestwelle zu verdanken. Motorradfahren war auf einmal auch Protest gegen Spießertum und gesellschaftliche Mißstände. BMW reagierte rechtzeitig und brachte die /5-Boxerserie auf den Markt. Die Talsohle war durchschritten.

250 Motorräder des Typs R 27 wurden im Oktober 1964 an die Bereitschaftspolizei übergeben. Serienmäßig: Kelle und Koffer.

Nase vorn im Rallyesport: die GS als Paris-Dakar-Seriensieger

Als Ende der 70er, Anfang der 80er Jahre im internationalen Geländesport die Motorräder immer leichter wurden, konnten die für den Off Road-Einsatz präparierten BMW-Zweizylinder trotz aller Tuning-Tricks irgendwann nicht mehr mithalten. Doch zum Glück tat sich für die bulligen Boxer mit den großen Rallyes sehr bald ein neues Betätigungsfeld auf: Im Wüstensand durften sie ihre Standfestigkeit wieder unter Beweis stellen.

Bereits bei der ersten Rallye Paris-Dakar war eine BMW mit von der Partie. Sie wurde von einem Franzosen namens Jean Claude Morellet pilotiert. Der Journalist und Schriftsteller war unter den Wüstenfüchsen besser unter seinem Pseudonym Fenouil bekannt: Als einer der ersten hatte er einige Jahre vorher mit dem Motorrad Afrika durchquert.

Die Maschine Fenouils stammte zwar von BMW France, war aber von Herbert Schek präpariert worden. Der französische Importeur hatte zunächst beim Werk angefragt, wurde dort aber mangels Erfahrung im Rallye-Metier an den Spezialisten aus dem Allgäu verwiesen. Fenouil konnte sich mit Scheks Wüstenrenner sogar auf Rang drei vorkämpfen.

Dann aber stürzte er und ignorierte einen aufgeschlagenen Ventildeckel; der dem Ölverlust folgende Motorschaden zerstörte jäh alle Siegeshoffnungen.

In den ersten Jahren des Wüstenspektakels unterschätzte BMW noch den Wert solcher Veranstaltung für Produkterprobung und werbewirksame Vermarktung. So kam es, daß man in München auch bei der zweiten Anfrage der französischen Geschäftspartner zögerlich reagierte und erst zwei Monate vor

Große Hektik vor der Premiere

dem Start zur 80er Paris-Dakar grünes Licht gab. Dietmar Beinhauer, im Hause BMW damals schon einige Jahre lang für den gesamten Motorradsportbereich verantwortlich, schildert jene hektischen Wochen: »Nach einigem Hin und Her bekamen wir die Zusage für zwei Maschinen; sie sollten von Fenouil und Auriol gefahren werden. Motorräder und Material stellte das Werk. Bei der Vorbereitung mußten wir uns ganz auf die Erfahrungen verlassen, die wir bei den Europameisterschaften und den Six-Days gewonnen hatten.«

BMW France maß der Rallye von

Anfang an große Bedeutung bei und drängte auf eine professionelle Vorbereitung. Neben der PR für den heimischen Markt versprach man sich eine Belebung des nicht unbeträchtlichen Geschäftes mit den Behörden.

Beinhauer, bis 1986 für das BMW-Rallyeteam verantwortlich, sorgte ab 1980 vor Ort für die Koordination und Betreuung der Mannschaft, die allerdings vom französischen Importeur und seinen Händlern gesponsert wurde. 1980 nominierte BMW France neben Fenouil den damals 27jährigen Hubert Auriol. Die Maschinen waren wiederum von Schek präpariert worden. Zirka 55 PS und ein sattes Drehmoment zauberte der Tuner aus dem 800er Motor, der in einem modifizierten Serienfahrwerk mit extrem langen Federwegen hing.

Pech für Auriol in Obervolta

Auriols Start in Frankreich ließ hoffen. Auf der ersten Etappe lag er zunächst auf Rang acht hinter dem Vorjahressieger Cyril Neveu, der eine der 44 (!) Yamaha XT 500 pilotierte. Doch dann handelte er sich ebenso wie Fenouil Strafpunkte ein, als er auf einer gerade aufklappenden Zugbrücke Zeit einbüßte. Aber bereits in Algerien hatten

die beiden Franzosen ihren Rückstand wieder wettgemacht: Auriol lag hinter Neveu auf dem zweiten Platz — weit vor allen Autos.

Je tiefer es in die Wüste ging, desto mehr gewannen die Vierrad-Fahrzeuge die Oberhand. Doch dann konnte Auriol zwei Etappen gewinnen. Alles sah nun nach einem Sieg für ihn und BMW aus. Aber es sollte nicht sein. In Obervolta stoppte ein Getriebedefekt die Fahrt des Franzosen jäh. Nun beging Auriol einen entscheidenden Fehler: Anstatt auf Beinhauers Service-Trupp zu warten, lud er seinen Renner arglos auf ein Lastwagen-Taxi und legte sich, müde von der äußerst anstrengenden Etappe, ein wenig zur Ruhe. Doch Kontrolleure entdeckten Auriol und nahmen ihn prompt aus der Wertung. Für den entgangenen Sieg entschädigte BMW-Pilot Fenouil

das Team immerhin mit einem fünften Platz hinter vier XT 500.

1981 gelang den beiden befreundeten Sandspezialisten, die mit wachsendem Erfolgsdruck jedoch immer mehr zu Rivalen wurden, dann der große Coup. Der in Äthiopien geborene und in Afrika aufgewachsene Auriol machte seinem Spitznamen »L'Africain« alle Ehre und siegte mit einem Vorsprung von drei Stunden vor dem Yamaha-Piloten Serge Bacou. Fenouil verbesserte sich in seiner dritten Paris-Dakar auf Platz vier, und Bernard Neimer, ein französischer Polizist, wurde Siebter. Die Motorräder waren von HPN vorbereitet worden.

Neben dem Werksteam ging Herbert Schek mit einer BMW an den Start; er hatte sich mit dem Lkw-Fahrer Karl Friedrich Capito zu einem Privatteam zusammengeschlossen. Doch setzte der

Zweimal gewann Hubert Auriol die Rallye Paris-Dakar. Das Bild auf S. 114 unten zeigt ihn mit der Siegermaschine von 1981. Mitte oben: Auriol mit der Rallye-GS auf dem Weg zum Sieg 1983. Kleines Bild oben: der Champion beim Reifenwechsel. Links eine Rallye-R 100 für die Baja California 1984. Mit anderem Cockpit kam dieses Modell auch bei der PD zum Einsatz.

rallyebegeisterte Allgäuer das 100.000-Mark-Budget nach einem hoffnungsvollen Start auf tragische Weise in den Sand: Der damals bereits 47jährige stürzte schwer und zog sich einen Beckenbruch zu.

1982 sah zunächst alles danach aus, als könne BMW diese härteste Rallye der Welt erneut gewinnen. Bis zum sechsten Tag lag Auriol, diesmal unterstützt von Fenouil und dem Polizisten Raymond Loizeaux, in Führung. Doch dann der Einbruch: Nach zwei Getriebeschäden traf Auriol lediglich als 40ster am siebten Etappenziel ein. Als der Titelverteidiger zwei Tage später abermals mit Getriebe- und Orientierungsproblemen zurückfiel, lag das vorzeitige Ende des BMW-Einsatzes bereits in der Luft. Nach weiteren Pannen konnte Expeditions-Chef Beinhauer nicht umhin, das 600.000 Mark teure Unternehmen mitten im Wüstensand abzublasen.

Entschädigt wurde das BMW-Rallyeteam in der Folge nicht nur durch einen Hattrick bei der Pharaonenrallye, die Auriol einmal und Rahier gleich zweimal gewann. Auch auf dem Weg nach Dakar fuhren die GS-Boxer wieder steil nach oben: Bereits 1983 konnte Auriol abermals einen Sieg für BMW erringen.

Sieg zum Jubiläum »60 Jahre Boxer«

Neben dem offiziellen 83er BMW-Team — Auriol, Fenouil, Loizeaux und Schek — ging auch der Belgier Gaston Rahier mit einem GS-Boxer in die Wüste. Während Auriol sich nach anfänglicher Zurückhaltung kontinuierlich an die Spitze vorarbeitete und seine Landsleute mitzog, mußte Rahier, in Führung liegend, mit aufgeschlagener Ölwanne aufgeben. Auch Schek, der die Motoren der Mannschaft getunt hatte, blieb nach einem Sturz mit Schulterprellung irgendwo in der Sahara zurück. Auf dem steinigen Grund jenseits der Ténéré fing sich Auriol gleich zweimal hintereinander einen Reifendefekt ein. Nur weil Teamkollege Loizeaux ihm mit seinem Hinterrad aushalf, kam Auriol am Ende als Sieger in Dakar an. Fenouil wurde Neunter, Loizeaux Vierzehnter.

Einen größeren Erfolg konnte sich

So gewinnt man Rallyes: Gaston Rahier während der Paris-Dakar im Jahr 1985 (oben, rechts).

BMW zum 60. Geburtstag des Boxer-Konzeptes überhaupt nicht wünschen, doch sollte es noch besser kommen. Zunächst bescherte Auriol seinem Arbeitgeber den Sieg bei der Baja California — auf einer Tausender mit 75 PS Leistung und 145 kg Trockengewicht.

Rahier als neuer Hoffnungsträger

Inzwischen hatte BMW auch Rahier für das Rallyeteam gewinnen können. Zusammen mit Auriol und Loizeaux sollte der dreifache 125-cm³-Motocross-Weltmeister (1975-77) den Titel abermals nach München holen. Wiederum präparierte Schek die Maschinen, die mit Feinheiten wie dem 45-Liter-Kevlartank oder Moosgummikernen in den Reifen immer ausgeklügeltere Rallyetechnik bargen. Rahiers BMW besaß

als einzige zudem einen Elektrostarter, denn der Cross-Champion tat sich mit seinen 1,64 Metern Größe schwer, den Tausender per Kickstarter anzuwerfen. Auch das Auf- und Absteigen bereitete ihm bei Federwegen von vorne 310 mm und hinten 280 mm Probleme. In bester Cowboymanier sprang er daher erst auf, wenn die Maschine bereits rollte.

Trotzdem hatte BMW zweifellos gut daran getan, den kleinen Belgier als zweiten Hoffnungsträger für die Paris-Dakar zu verpflichten. Daß mangelnde Größe kein Hinderungsgrund ist, die härteste Rallye der Welt mit einem derartigen Monstrum von Motorrad zu gewinnen, bewies Rahier dann auf geradezu verblüffende Weise: Mit zwanzig Minuten Vorsprung vor Auriol lief der routinierte Motocrosser 1984 als Sieger in Dakar ein. Vor diesem grandiosen Dop-

pelsieg lagen allerdings einige hektische Tage, in denen die beiden Stallgefährten immer mehr zu Gegnern wurden. Daß Auriol, der »weiße Afrikaner«, dem Belgier den Vortritt lassen mußte, hatte zahlreiche Ursachen: Ölverlust, Spritmangel, Begegnungen der unsanften Art mit afrikanischem Hausvieh. Doch dann gewann er sieben Sonderprüfungen und fand wieder Anschluß an Rahier.

Mittlerweile waren zwei Servicewagen ausgefallen. Rahier ignorierte, daß der seine dabei war, monierte mangelhafte Betreuung durch die restlichen BMW-Techniker und soll sogar mit dem Ausstieg aus der Rallye gedroht haben. Doch trotz aller Querelen konnte er auch auf den extremen Etappen in Guinea seine Führung verteidigen.

BMW nutzte den sensationellen Doppelsieg, der ein Budget von gut 700.000 Mark verschlungen hatte, um noch im Frühjahr die für jedermann käufliche »Paris-Dakar«, eine hauptsächlich op-

tisch getunte Version der Basis-G/S, auf dem Enduro-Markt zu plazieren.

Den Bau der Rallyegeräte überließ man in München jedoch weiterhin den Edelschmieden, für die 85er Generation der PD-Renner zeichnete HPN verantwortlich. Das Spezialistentrio setzte wie schon 1981 auf den vollen Liter Hubraum, aus dem der Boxer bei reduzierter Verdichtung satte 70 PS produzierte.

1985: Erfolg trotz böser Pannen

Ausgeklügelte Fahrwerktechnik half den Fahrern, ein Spitzentempo von 170 km/h zu realisieren. So führte das Hinterrad eine Zweiarmschwinge mit White Power-Stoßdämpfern, das Vorderrad hing dagegen in einer speziellen Marzocchi-Telegabel. Daß HPN ganze Arbeit geleistet hatte, erwies sich schon bei der Generalprobe in Ägypten: Die 3. Pharaonen-Rallye gewann Rahier vor seinem neuen Teamkollegen Eddy Hau.

Die Rallye Paris-Dakar 1985 sollte Rahiers schwerstes Rennen werden. Bereits vor der Überfahrt nach Afrika hatte der Belgier seine Maschine bei einer Kollision mit einem französischen Privatwagen fast bis zur Unfahrbarkeit verbogen. Nach einer Notreparatur durch das Beinhauer-Serviceteam, in dem diesmal auch HPN-Ingenieur Alfred Halbfeld mitreiste, startete Rahier in die Wüste, doch auch dort schien er zunächst vom Pech verfolgt: Reifenpannen und ein gebrochenes Vorderrad warfen ihn auf Rang 30 zurück. Seine Mitstreiter Loizeaux und Hau hatten nach Stürzen das Handtuch werfen müssen.

Am Ende der Ténéré hatte Rahier plötzlich nur noch den Yamaha-Piloten Franco Picco vor sich, folgte dem Italiener drei Tage vor Dakar sogar auf einen Irrweg und büßte dabei wertvolle zwei Stunden ein. Dadurch rückte Auriol, mittlerweile auf Cagiva umgesattelt, bedrohlich nahe. Doch ein Motorschaden

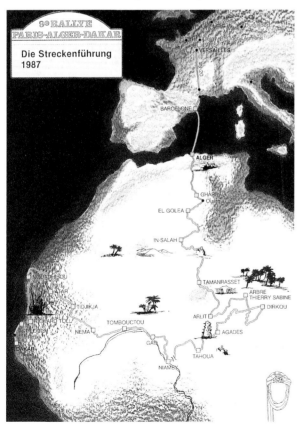

an seiner Maschine beendete das Duell zugunsten des kleinen Belgiers, bevor es begonnen hatte.

Mit einem schlitzohrigen Trick bekam der dann Picco in den Griff: Nach seinem unfreiwilligen Ausflug mit dem bis dahin Führenden überzeugte er diesen von der Notwendigkeit, nachzutanken. Picco mußte für zehn Liter Sprit vom BMW-Service eine Viertelstunde warten — Rahier hatte wichtige Zeit gewonnen. Im Bewußtsein des zum Greifen nahen Sieges schaffte er dann die nächste, extrem harte Sonderprüfung mit einer Stunde Vorsprung vor dem völlig ausgelaugten Picco und bescherte BMW gegen die übermächtige japanische Konkurrenz den vierten PD-Sieg in fünf Jahren.

Die Rallye Pharao im Herbst danach gewann Rahier gleichfalls, dann verließ ihn das Glück. Die achte Rallye Paris-Dakar — es war die, bei der Organisator Thierry Sabine tödlich verunglückte —

Die Rallye Paris-Dakar 1987 führte über 10.000 Kilometer weit kreuz und quer durch die Sahara (links außen). Daneben: Gaston Rahier im edlen Wettstreit mit einer Kamel-Karawane 1987. Oben rechts: Eddy Hau bei der PD 1986. Darunter: Marathon-Sieger 1988 Eddy Hau und Teamgefährte Richard Schalber mit der 1000er 80-PS-BMW.

begann für den Belgier wiederum mit Tücken. Nach einem Sturz und Reifenpannen rangierte er lediglich auf Rang elf, holte dann aber kräftig auf, bis er mit hohem Tempo in ein quer zur Fahrtrichtung verlaufendes Flußbett geriet. Den ersten Graben konnte er noch überspringen, im zweiten schlug seine schwere Maschine mit dem Vorderrad auf. Der wenig später an der Unfallstelle eingetroffene Loizeaux brachte den reichlich benommenen Teamgefährten wieder auf die Beine und reparierte das verbogene Motorrad notdürftig.

Rahier bewies Nehmerqualitäten und arbeitete sich auf den achten Platz vor. Dann blieb er im Assekrem-Gebirge ebenso wie Hau ohne Sprit liegen. Als den zweifachen Rallyesieger dann noch Getriebeprobleme auf den 14. Platz zurückwarfen, fand Rahier für seinen Arbeitgeber keine guten Worte mehr, kündigte noch mitten in Afrika seine Trennung von BMW an und beschuldigte Hau, ihn bei einer Reifenpanne im Stich gelassen zu haben. Er beschloß dieses Unglücksrennen als Achter.

Nach den turbulenten Ereignissen dieser Rallye Paris-Dakar, deren Sinn nicht nur durch den Tod ihres Urhebers immer mehr in Frage gestellt wurde, beschloß BMW die Auflösung seines Werksteams. Doch wollte man sich nicht völlig vom Geländesport zurückziehen.

Die BMW-Ingenieurin Jutta Kleinschmidt nahm 1990 mit einer sorgfältig präparierten HPN-BMW an der Rallye Pharao teil. Der Service fand meist nachts im Scheinwerferlicht statt.

Interessierte Privatfahrer konnten bei HPN eine PD-Replica auf Basis der R 80 G/S (ab 29.000 Mark) ordern, für die Rallye-Teilnahme lobte BMW ein Startgeld und diverse Erfolgsprämien aus.

Für Eddy Hau bedeutete BMWs Rückzug aus dem Rallyesport ein Jahr Ruhepause, konnte er doch kein anderes konkurrenzfähiges Motorrad zu guten Bedingungen auftreiben. Rahier dagegen wollte von seinem Groll auf BMW nichts mehr wissen, übernahm die Werksmotorräder seines bisherigen Brötchengebers und gründete mit Unterstützung von Marlboro, Michelin und elf sein eigenes Team. Mit den bei HPN überar-

Rallye Paris-Kapstadt 1992:
Jutta Kleinschmidt ist
geschafft. Dennoch reicht
es für einen klaren Sieg in
der Damenwertung.

beiteten Maschinen, deren Vorderräder nun von Upside-Down-Gabeln geführt wurden, mischte die Rahier-Crew bereits bei der Generalprobe in Ägypten kräftig mit: Die Pharaonenrallye '86 beendete Rahier trotz eines kapitalen Sturzes und einer Fußverletzung als Dritter. 1987 erreichte der Teamchef Dakar als Fünfter. Dann wurde es ruhig um die ruhmreichen Rallye-BMWs.

1992: schnelle Dame mit Serien-GS

Der französische Organisator Pierre-Marie Poli schickte dann zur Paris-Dakar '88 vier technisch höchst interessante Motorräder ins Rennen. Für das Projekt erhielt er von BMW die 1987 im Rahier-Team eingesetzten Werksmotoren. Diese hingen in leichten Mono-cocque-Chassis aus Kohlefaser-Kevlar. Komplett wogen die Maschinen nur 172 kg trocken und waren damit die leichtesten Twins der Paris-Dakar. Gleichwohl konnten die Ecureuil-Renner keinen der Spitzenplätze belegen.

In der Folgezeit geriet das ohnehin umstrittene Wüstenspektakel durch Tote und Schwerverletzte immer stärker in die Negativ-Schlagzeilen, selbst versierte Rallye-Cracks kritisierten die extremen Anforderungen. Den ersten Etappen in Algerien fielen 1988 der inzwischen 55jährige Herbert Schek, seine Tochter Patricia sowie Jutta Kleinschmidt, vormals Mitglied der Nationalmannschaften für Ski, Skibob und Rodeln, zum Opfer. Eddy Hau und Richard Schalber, mit Unterstützung von BMW auf käuflichen HPN-Maschinen unterwegs, setzten sich dagegen hervorragend in Szene. Ohne Hilfe aufwendiger Servicetrupps wurde Hau Zwölfter des Gesamtklassements und Sieger in der Marathonklasse für seriennahe Maschinen.

1989 traten die deutschen BMW-Fahrer nur außerhalb der Rallye Paris-Dakar auf. So beendete Richard Schalber die Raid Transpaña mit einer R 100 GS als guter Zehnter und konnte dann bei der Pharaonenrallye sogar in die Phalanx der Werksmaschinen einbrechen. Auf Initiative der Münchener BMW-Niederlassung baute HPN zum Sommer 1990 für den 1043 cm³ großen Boxer ein neues Fahrwerk mit verstärktem Serienrahmen und Cantileverschwinge. Richard Schalber fiel bei der Raid Transpaña mit der Maschine jedoch aufgrund technischer Probleme weit zurück. Jutta Kleinschmidt gewann mit ihrer seriennahen GS die Klasse über 600 Kubik.

Erst anderthalb Jahre später sollte der in BMW-Diensten stehenden und vom Werk unterstützten Ingenieurin der große Durchbruch gelingen. Die mittlerweile über 12.700 km nach Kapstadt führende Rallye 1992 beendete sie trotz eines gebrochenen Fußes als 23. im Gesamtklassement, fünfte in der Marathonwertung und schnellste Frau mit einer R 100 GS, die sich lediglich durch ein White Power-Federbein und zusätzliche Tanks vom Serienstandard unterschied.

Zweifellos haben die Erfolge der ersten Paris-Dakar-Jahre mit dazu beigetragen, daß die BMW-Enduros sich den Ruf eines auch unter extremen Bedingungen zuverlässigen Motorrades verdiente. Doch war man in München klug genug, mit dem sinkenden Image der Rallye auf den bombastischen Aufwand, den ein werksseitiger Einsatz fordert, zu verzichten.

Rallye-Sport ab 1998:
Comeback mit der F 650 RR

Daß BMW sich nach vier Paris-Dakar-Siegen mit Zweizylinder-Boxer-Maschinen (1981 und 1983 durch den Franzosen Hubert Auriol, 1984 und 1985 durch den Belgier Gaston Rahier) werksseitig aus dem Rallysport zurückgezogen hatte, war vor allem in Frankreich, Spanien und den afrikanischen Ländern stets bedauert worden. Umso größer war die Freude, als die Bayern sich am Neujahrstag 1998 nach 13jähriger Enthaltung wieder zurückmeldeten und damit standesgemäß die Feiern zum Jubiläum "75 Jahre BMW Motorräder"einleiteten.

Am Start auf der Place d'Armes in Versailles waren diesmal allerdings nicht die bulligen Boxer, sondern grazile Geländesport-Motorräder auf Basis der einzylindrigen F 650. Alle vier Maschinen sollten das Ziel in Dakar erreichen, mit mindestens einer F 650 RR wollte BMW unter die ersten Fünf im Gesamtklassement kommen. Insgesamt waren 10.245 Kilometer zurückzulegen, darunter 6.388 km Sonderprüfungen. Organisator des gigantischen, zum 20sten Mal ausgetragenen Wüstenspektakels: Ex-Champion Hubert Auriol. Devise: "Zurück zu den Anfängen. Die Dakar muß wieder ein sportliches Abenteuer werden."

Auftakt 1998: viel Pech, dumme Pannen

Aufgebaut worden waren die Motorräder - mit technischer Unterstützung von BMW - bei der Richard Schalber GmbH in München. Schalber, deutscher Geländemeister von 1979 und auch in den 80er Jahren erfolgreicher Rallyefahrer auf Boxer-BMW, hatte sich mit einer eigenen Technik- und Tuningfirma selbständig gemacht und war ab 1998 auch Leiter des neu aufgestellten BMW-Rallyeteams.

Die F 650 RR hatte nur noch wenige Komponenten mit dem Serienmodell gemein. Sie wog trocken 168 kg und erreichte mit dem von 48 auf 80 PS getunten, flüssigkeitsgekühlten Einzylinder-Vierventilmotor eine Höchstgeschwindigkeit von 180 km/h. Zwei 17-Liter-Tanks beidseitig vorne und ein 20-Liter-Tank hinten sorgten für ein Gesamtvolumen von 54 Litern Benzin und somit für die in der Wüste erforderliche

Reichweite. Wie seit Beginn der 90er Jahre üblich waren auch die BMW-Maschinen mit dem Satelliten-Navigationssystem GPS ausgerüstet, was Irrfahrten zuverlässig vermeiden half.

Spitzenpilot im Schalber Team 1998 war der 35jährige italienische Kaufmann Edi Orioli, vierfacher Paris-Dakar-Sieger 1988, 1990, 1994 und 1996 auf Honda, Yamaha und Cagiva. Auch die anderen Team-Mitglieder hatten PD-Erfahrung, so der 32jährige Spanier Oscar Gallardo, diplomierter Soziologe und 1997 Zweiter im Endklassement. Der 35jährige Motorradmechaniker Jean Brucy aus Amily

Geplatzte Träume beim Paris-Dakar-Start 1998: Andrea Mayer (Bild) kam ebensowenig ins Ziel wie die übrigen drei BMW-Fahrer

100 km südlich Paris hatte die Rallye 1995 als Fünfter beenden können.

Der vierte Mann war eine Frau: Andrea Mayer aus Hiemenhofen bei Kaufbeuren, freie Journalistin, Reiseleiterin und als Instruktorin im BMW Enduropark Hechlingen auch Mitarbeiterin des Werks. Am 2. Januar 1998 feierte sie, im Motorradsattel unterwegs Richtung Dakar, ihren

30sten Geburtstag. Ihre PD-Feuertaufe hatte sie 1996 bestanden, als sie trotz eines Sturzes und einer ausgerenkten Schulter den Ladies Cup gewann und als 45ste im Ziel einlief. Von 140 Konkurrenten sahen damals letztlich nur 50 den Strand von Dakar.

Die Hoffnung, auch 1998 die Damenwertung zu gewinnen, zerschlug sich drei Tage vor dem Ziel: Andrea Mayer mußte ihre Hoffnungen begraben, nachdem sie im Tiefsand die Kupplung verbrannt hatte. Auch ansonsten geriet das mit so viel Optimismus gestartete Werks-Comeback zum Fiasko. Denn zuvor waren auch

Das BMW-Team 1998 (von links): Jean Brucy, Oscar Gallardo, Andrea Mayer, Edi Orioli, Teamchef Richard Schalber. Rechts: Gallardo auf der 98er F 650 Rallye. Unten: Richard Sainct, Sieger 1999 auf der F 650 RR.

schon die anderen drei Werks-BMW mit Technikdefekten ausgefallen. Ein Stein zerschlug das Motorgehäuse von Oriolis BMW; Gallardo mußte nach Stoßdämpferbruch und Kettenriß aufgeben; Jean Brucy sah die Ziellinie wegen eines gebrochenen Rahmenhecks nur als 35ster. Triumphaler Sieger wurde, zum sechsten Mal insgesamt, der Franzose Stéphane Peterhansel auf seiner 850er-Zweizylinder-Yamaha.

Granada-Dakar 1999: penible Vorbereitung

1999 wollten die Bayern es wirklich wissen. Nach dem Motto "Neues Spiel, neues Glück" wagten sie einen zweiten Versuch bei der Wüstenrallye, die diesmal im spanischen Granada begann, unverändert aber Dakar, die Hauptstadt des Senegal, zum Ziel hatte. Abermals wurden vier F 650 Rallye an den Start gebracht, und zwar unter strenger Werksregie im Rahmen des neu gegründeten "BMW Motorrad Team Enduro" mit Projektleiter Willi Rampf und Richard Schalber an der Spitze.

Diesmal waren die Münchner sich ihrer Sache ziemlich sicher. "Wir wollen beim Kampf um die vorderen Plätze mitreden", versicherte Schalber. Ein Testlauf bei der Dubai-Rallye im November 1998 hatte bewiesen, daß die Motorräder jetzt standfest waren: Oscar Gallardo hatte die F 650 auf den fünften Platz pilotiert, Andrea Mayer gewann die Damenwertung und belegte im Gesamtklassement von 102 gestarteten Motorrad-Teilnehmern einen beachtlichen 27. Platz.

Der Südfranzose Richard Sainct setzte sich 1999 mit nur vier Minuten und neun Sekunden Vorsprung gegen die KTM-Armada durch.

Glücklicher Sieger: Sainct mit seiner F 650 RR im Ziel am Strand von Dakar im Januar 1999. Von einem Reifendefekt abgesehen lief die BMW Nr. 12 über 9000 Kilometer hinweg problemlos.

Vollgasetappen auf Sand und Geröll, die von den Piloten überwiegend im Stehen gefahren werden mußten, was die beachtliche Sitzhöhe von 980 mm zu einer theoretischen Größe werden ließ.

Zwei jeweils 13,5 Liter fassende Tanks rechts und links sowie ein Hecktank mit 17,5 Litern Volumen garantierten diesmal die nötige Reichweite. Zwei Einzelbremsscheiben (300 mm Durchmesser vorn, 200 mm hinten) verzögerten das Motorrad. Die Telegabel war ein Mix aus Showa- und White Power-Teilen, das rückwärtige Federbein kam komplett von White Power.

Harter Kampf gegen die KTM-Übermacht

Trotz der guten Vorbereitung stellte sich beim Start die Frage, ob das BMW-Team dem Druck der KTM-Übermacht würde standhalten können. Denn die Österreicher traten mit neun Werksfahrern (darunter Stars wie Heinz Kinigadner, Kari Tiainen, Thierry Magnaldi und Fabrizio Meoni), sechs Support-Team-Piloten und über 60 Privatfahrern auf 640er LC4 an. Für den Service standen zwölf Lkw und zwölf Tonnen Material bereit, darunter 30 Tauschmotoren, 450 Reifen und 12000 Liter Spezialbenzin. BMW begnügte sich mit zwei Service-Brummis, einer Reserve-F 650 und den nötigen Ersatz- und Verschleißteilen.

Nach ersten KTM-Etappensiegen holte BMW mächtig auf. Nachdem Kinigadner nach einem Überschlag mit einer Wirbelsäulenverletzung im Krankenhaus gelandet war und die KTM des sechsfachen Enduro-Weltmeisters Tiainen Feuer gefangen hatte, konnte sich Oscar Gallardo mit der F 650 R an die Spitze setzen. Die vierte Etappe konnte er unter anderem deshalb gewinnen, weil ihm nach einem Reifendefekt Teamkollege Jean Brucy selbstlos das Hinterrad seiner F 650 überlassen hatte. Richard Sainct sorgte als Zweitplazierter dafür, daß es

Während Gallardo, Brucy und Mayer bei der Granada-Dakar von neuem für BMW starten konnten, war Edi Orioli nicht mehr dabei; er hatte sich kurzfristig für KTM entschieden. Für ihn hatten die Bayern Richard Sainct neu unter Vertrag genommen, den 28jährigen Franzosen aus St. Affrique (gelegen zwischen den Cevennen und dem Languedoc), der 1989 französischer Enduromeister war, bereits sechsmal die Paris-Dakar bestritten hatte (fünfter Platz 1996) und 1998 die Atlas-Rallye hatte gewinnen können.

Die F 650 Rallye hatte sich eine Überarbeitung in vielen Details gefallen lassen müssen. So leistete der auf 700 cm³

Hubraum gebrachte Einzylindermotor jetzt 75 PS bei 8500/min^{-1}, was mit dem entsprechend übersetzten Fünfgang-Getriebe abermals für eine Endgeschwindigkeit von 180 km/h ausreichte. Die Bedüsung der beiden Mikuni Flachschieber-Vergaser war so modifiziert worden, daß der Motor bei großer Hitze seine größte Leistung am besten entfalten konnte.

Bei 300 mm Federweg vorne wie hinten, einer Bodenfreiheit von 295 mm, einem Radstand von 1550 mm und einer Bereifung von 90/90-21 bzw. 140/80-18 war die trocken 168 kg schwere F 650 bestens gerüstet für die endlosen

Oben: Jean Brucy hielt Richard Sainct den Rücken frei und kam als 20ster ins Ziel. Links: ein durstiger Sainct im Etappenziel.

Südafrikaner. Trotz der hohen nervlichen und körperlichen Belastung gelang es Sainct, über mehrere Etappen hinweg einen hauchdünnen Vorsprung von wenigen Minuten zu halten und sturzfrei über die Runden zu kommen.

Sieg für Sainct mit vier Minuten Vorsprung

Für die Verfolger lief es weniger glücklich: Magnaldi überschlug sich, Meoni brach sich den Knöchel, Cox beschädigte seinen Ellenbogen. Bewundernswert war sicher, wie die verbliebenen KTM-Piloten trotz der sturzbedingten Schmerzen durchhielten und Sainct nicht aus den Augen verloren. Aber mindestens genauso bewundernswert war, daß der Franzose es schaffte, sein bißchen Vorsprung von zuletzt nur vier Minuten und neun

sogar eine BMW-Doppelführung gab, die bis zur siebten Etappe Bestand hatte. Dann jedoch hatte der Madrilene Pech: Mit defekter Battcric stand er stundenlang in der Wüste und verlor damit entscheidend viel Zeit.

Damit war die Stunde von Richard Sainct gekommen: Ruhig und konzentriert pilotierte er seine BMW an die Spitze. Dicht auf den Fersen blieben dem Franzosen jedoch die KTM-Fahrer Magnaldi, Meoni und Alfie Cox, der

Feuertaufe für die R 1100 GS/RR bei der Tunesien-Rallye 1999; unten: Oscar Gallardo (34.), Sieger Sainct , Jean Brucy (6.)

Mit dicken Blutergüssen unter den Augen, zwei gestauchten Halswirbeln und unter starken Schmerzen kämpfte sie sich bis ins Ziel.

Tunesien 1999: erstmals offiziell wieder Boxer am Start

Erinnerungen an die legendären vier Dakar-Siege der Boxer-Zweizylindermaschinen von BMW zwischen 1981 und 1985 wurden bei der Rallye Optic 2000 lebendig, die vom 10. bis 18. April 1999 in Tunesien lief: BMW-Werksfahrer Oscar Gallardo testete bei dieser Veranstaltung zum ersten Mal den Prototyp eines Wettbewerbs-Boxers auf Basis der R 1100 GS. Trotz eines verpatzten Starts bei der ersten Etappe auf Sardinien, bei dem die Elektrik nach mehreren knietiefen Wasserdurchfahrten den Dienst quittierte, arbeitete sich der Spanier in den folgenden Tagen vom 197sten auf den 34sten Platz vor. Dabei verblüffte der neue Rallye-Boxer gleichermaßen durch Leistung wie durch Standfestigkeit und Fahrverhalten.

Den Sieg holte sich, drei Monate nach dem Dakar-Triumph, Richard Sainct auf der BMW 650 RR. Damit verwies er die KTM-Stars Meoni, Kinigadner und Magnaldi abermals auf die Plätze und bewies gleichzeitig, daß sein Dakar-Sieg mehr war als nur ein glücklicher Zufall.

HPN-Spezialrahmen für den Rallye-Boxer

Der aufsehenerregende Boxer-Prototyp war mit BMW-Unterstützung von der bayerischen Edel-Schmiede HPN (benannt nach den drei Firmengründern Alfred Halbfeld, Klaus Pepperl und Michael Neher) aufgebaut worden. Mit der Basis-GS hatte die Maschine am Ende nur noch das Motorkonzept gemeinsam; das 1085 cm³ große Triebwerk selbst und das zugehörige Sechsgang-Getriebe kamen von der R 1100 S. Eine

Sekunden bis ins Ziel zu halten und damit für BMW die härteste Rallye der Welt zu gewinnen.

"Oh, when the Sainct goes marching in..." textete siegestrunken die BMW-Presseabteilung. Als zweiter lief KTM-Fahrer Thierry Magnaldi ein, gefolgt von seinem Teamkollegen Alfie Cox. F 650-Pilot Oscar Gallardo wurde immerhin noch neunter, Jean Brucy brachte seine BMW auf den 20.Platz, und Andrea

Mayer kam 21 Stunden, 13 Minuten und 43 Sekunden nach dem Sieger als 32ste ins Ziel - was den Umständen entsprechend eine Bravourleistung war.

Beim Prolog war die BMW der couragierten Journalistin in einem Wasserloch abgesoffen - letzter Platz. Eine beispiellose Aufholjagd brachte die Dame dann weit nach vorn. Ein schwerer Sturz nach einem Drittel der über 9000 km langen Strecke bremste Andrea Mayer abermals.

Leichtmetallplatte ersetzte die Ölwanne, der separate Öltank wanderte hinter den Anlasser. Die komplizierte Einspritzanlage wurde durch zwei robuste Bing-Gleichdruckvergaser mit 40 mm Einlaß ersetzt. Mit CDI-Zündung und maßgefertigter Zwei-in-eins-Auspuffanlage brachte es der Vierventil-Boxer schließlich auf 85 PS bei 7000/min^{-1}.

Das war Leistung reichlich, denn die R 1100 GS/RR wog fahrfertig nur 200 kg und damit einen Zentner weniger als das Grundmodell. Eine vollständige Neukonstruktion war der robuste Doppelschleifenrohrrahmen. Das schmale 21-Zoll-Vorderrad wurde nicht vom hauseigenen Telelever, sondern einer White-Power-Upside-down-Gabel mit 43 mm dicken Gleitrohren und crossmäßigen 300 mm Federweg geführt.

Ein besonders bemerkenswertes HPN-Spezialteil war die handgefertigte Leichtmetall-Einarmschwinge mit direkt angelenktem, vielfach verstellbarem White-Power-Federbein, ebenfalls gut für 300 mm Federweg. Wie bei der F 650 RR brachte ein 18-Zoll-Hinterrad die Kraft auf den Boden. Ebenfalls in Handarbeit entstanden der 28-Liter-Fronttank mit integriertem Wasserbehälter sowie der 8-Liter-Zusatztank im Heck. Vom Feinsten auch der Öhlins-Lenkungsdämpfer und die Kohlefaserverkleidung mit Doppelscheinwerfer, hohem Windschild und Rallye-Cockpit inklusive Tripmaster und dem inzwischen obligaten GPS.

Dakar-Kairo 2000: starker Auftritt mit zwei Boxern und vier Einzylindern

Hatte der Rallye-Boxer in Tunesien nur üben dürfen, machte BMW bei der nächsten Dakar Ernst und schickte 15 Jahre nach Gaston Rahiers letztem Boxer-Sieg erstmals wieder den Zweizylinder an den Start - und das gleich in zweifacher Ausfertigung und unter der Typenbezeichnung R 900 RR. Denn der Motor wies diesmal, anders als in Tuesien, nur 900 cm^3 Hubraum auf, brachte es aber mit Vergasertechnik auf eine wesentlich höhere Literleistung und war damit spritziger: Bei 8200/min^{-1} standen satte 90 PS zur Verfügung.

Fünf Gänge genügten diesmal für die Kraftübertragung. Die Benzintanks waren auf 30 und 10 Liter Inhalt vergrößert worden, die Sitzhöhe erreichte mit 995 mm einen Rekordwert. Trocken brachte es der Bolide auf bloß 190 Kilogramm Gewicht. Ansonsten entsprach der ebenfalls von HPN auf die Räder gestellte Dakar-Boxer dem Tunis-Prototyp.

Pilotiert wurden die Boxer von dem 37jährigen Ingenieur und Motorradhändler John Deacon aus Cornwall in England und dem 31jährigen Motorradjournalisten und mehrfachen Sixdays-Gewinner Jimmy Lewis aus Costa Mesa/Kalifornien. Beide Neulinge im "BMW Motororad Team Gauloises" hatten bereits Dakar-Erfahrung und konnten auf zahlreiche Erfolge als Privatfahrer

BMW-Team Dakar-Kairo 2000 (v. links): Sainct, Mayer, Gallardo, Brucy, Schalber, Hauser, Deacon, Lewis. Mitte: die F 650 RR mit 75 PS, unten die R 900 RR mit 90 PS.

verweisen. Es war ein Wagnis, gewiß, doch der Einsatz würde sich lohnen, wie sich bald herausstellen sollte.

Speerspitze der BMW-Armada waren auch diesmal wieder vier F 650 RR Einzylinder-Renner, die im Prinzip den 99er Modellen entsprachen, es wiederum auf 75 PS brachten, im Detail aber weiterentwickelt worden waren. Sie besaßen jetzt zwei 12-Liter-Tanks an den Seiten und drei 7-Liter-Hecktanks seitlich und in der Mitte, was das Gesamt-Spritvolumen auf 45 Liter erhöhte, gleichzeitig für eine bessere Gewichtsverteilung sorgte. Trocken wog die 2000er RR wieder 168 kg. Anvertraut wurden die starken Singles dem gleichen Team, das 1999 so

Voller Einsatz und ein bißchen Glück: Sainct auf dem Weg zum Sieg 2000 (rechts). unten: Jimmy Lewis auf dem 900erBoxer.

erfolgreich gewesen war: Richard Sainct, Oscar Gallardo, Jean Brucy und Andrea Mayer. Um Technik und Organisation kümmerte sich wie gewohnt Richard Schalber, unterstützt diesmal von Berthold Hauser, dem neuen BMW-Motorradsport-Chef.

Zunächst per Schiff nach Afrika

Von Anfang an war klar, daß die Mitglieder der BMW-Truppe als Vorjahressieger diesmal die Gejagten sein würden. Denn Erzrivale KTM hatte aufgerüstet wie nie zuvor. Und auch die Strecke hatte es in sich: Sie war auf hohe Geschwindigkeiten ausgelegt und hielt manche Überraschung bereit. Auch ansonsten hatte sich Rallye-Chef Hubert Auriol, aus welchen Gründen auch immer, etwas Besonderes einfallen lassen: Nach der technischen Abnahme am 28. Dezember in Paris reisten alle 200 Motorräder (inklusive einiger Gespanne und Quads), 135 Geländewagen und Buggies sowie 63 Lastwagen per Schiff nach Afrika, wo am 6. Januar im bisherigen Zielort Dakar erstmals der Startschuß fiel. Dann ging es quer durch Afrika nach Osten, wo über 10.000 km weiter und 17 Tage später am 23. Januar

in Kairo der Zieleinlauf sein sollte. Doch vorher waren schwere Prüfungen und ungeahnte Abenteuer zu bestehen.

Wie im vorausgegangenen Jahr wurde auch diesmal der Kampf im wesentlichen zwischen BMW und KTM ausgetragen. Die Österreicher schickten gleich zwei Werks-Teams ins Rennen: Das A-Team mit Heinz Kinigadner, Joan Roma, Jordi Arcarons, Fabrizio meoni und Giovanni Sala, ausgerüstet mit brandneuen Einzylinder-Werksmotoprädern; das B-Team auf 1999er Maschinen mit Kari Tiainen, Alfie Cox und Jürgen Mayer. Doch trotz der gewaltigen Anstrengungen stand die Rallye für KTM auch diesmal nicht unter einem guten Stern. "KTM ereilte schon bald nach dem Start die Vergaser-, dann die Kolbenpest", berichtete Robert Kauder in der Zeitschrift "Motorrad". "Neue Keihin-Vergaser sorgten für Ärger beim A-Team, die Kolben eines neuen Lieferanten machten Probleme mit unterschiedlichem Schrumpfungs- und Ausdehnungsverhalten." Als Erster mußte der spanische KTM-Treiber Arcarons mit Motorschaden aufgeben. Kurz darauf fielen Meoni und Sala nach Stürzen aus.

Alle Fahrer hatten mit den gewaltigen Staubfontänen zu kämpfen, die von den schnellen Geländewagen aufgewirbelt wurden. Oft glich die Fahrt, mitunter bei Geschwindigkeiten über 160 km/h, einem Blindflug. Heinz Kinigadner mußte seinen Traum, im siebten Anlauf wenigstens das Ziel zu sehen, nach einem bösen Sturz, bei dem er sich einen Oberschenkelhalsbruch zuzog, begraben. Von den BMW-Fahrern erwischte es als einzigen John Deacon. Er stürzte mit seinem Boxer R 900 RR schon auf der fünften Etappe bei Ouagadougou so schwer, daß er nach Kairo in ein Krankenhaus geflogen werden mußte. Diagnose: Becken gerissen, Schulter ausgekugelt. Andrea Mayer, die ihrem Teamkollegen Deacon spontan Erste Hilfe geleistet hatte, wurde drei Tage vor Schluß selbst Opfer einer unsanften Bodenberührung. Zwar blieb sie selbst unverletzt, doch der Motor ihrer F 650 RR lief anschließend nicht mehr, wie er sollte. Das warf sie so zurück, daß sie am Ende nur als 53ste in Kairo eintraf, damit aber immerhin ankam.

Nach Attentatsdrohung statt Ténéré-Durchquerung per Luftbrücke nach Libyen

Für die restlichen vier BMW-Bikes lief es deutlich besser, auch wenn es anfangs gar nicht nach einem Sieg aussah. Zwar gewann Vorjahressieger Richard Sainct die erste Etappe, doch schon am zweiten Tag übernahm der spanische KTM-Pilot Joan Roma die Führung und baute diese bis zur sechsten Etappe auf über 22 Minuten Vorsprung vor Sainct aus.

Im BMW-Lager sah man diese Entwicklung zunächst gelassen. Doch dann, am 11. Januar, gab es diesen fatalen Hinweis diplomatischer Kreise in Frankreich auf einen angeblichen Attentatsplan der "Groupe Islamique Armée" (GIA). Hubert Auriol stoppte die Karawane in Niamey und traf zusammen mit der Rennleitung eine spektakuläre Entscheidung: Eliminierung der Etappen sieben bis zehn quer durch die Ténéré und

Einrichtung einer Luftbrücke nach Libyen. Drei eilig gecharterte Antonov 124 flogen vier Tage lang den gesamten Rallytross ins Land Ghaddhafis. Selbst Hubschrauber und Lastwagen fanden Platz in den Bäuchen der fliegenden Giganten. Klar, daß die Kosten in die Millionen gingen. Freuen konnte sich über die unfreiwillige Flugeinlage niemand. Nicht die Teilnehmer, die sich um den schönsten und anspruchsvollsten Teil der Strecke betrogen sagen, und nicht die Kaufleute und Rallye-Anrainer im kurzerhand ausgesparten Staat Niger. Sie hatten kräftig eingekauft und wurden nun ihre Waren nicht los.

Schrieb ein neues Kapitel Sportboxer-Geschichte: Jimmy Lewis, der mit seiner R 900 RR als Dritter in Kairo landete.

Dem BMW-Team blieben nach der Landung nur noch sieben Tage, den KTM-Vorsprung aufzuholen. Sportchef Berti Hauser gab die Devise "Vollgas" aus, und so rasten sie dann in Vierer-Formation mit über 160 km/h auf der 14., 879 km langen Etappe von Khofra nach Dakhla Richtung Ägypten, dicht gefolgt von Joan Roma auf seiner KTM. Während die Boxer und Singles von BMW die Hitzeschlacht klaglos verkrafteten, war die KTM offenbar überfordert: Romas Motor quittierte den Dienst, der Traum vom Sieg war ausgeträumt. Der verzweifelte Roma erregte sogar das Mitleid der Konkurrenz. BMW-Mann Berti Hauser: "Ein trauriger Ausgang für den bravourös fahrenden Spanier." Für die Teams von vier Geländewagen endete die Etappe in der Unfallklinik: Sie waren mit Vollgas über einen Dünenkamm geprescht und dahinter nach kurzem Flug 15 Meter tief abgestürzt...

Vierfach-Sieg für BMW nach KTM-Debakel

Für Sainct & Co war der Weg nach dem Ausfall Romas frei. Am 23. Januar um 12 Uhr mittags fuhren Sainct, Gallardo, Lewis und Brucy - so die Reihenfolge der Endplazierung - mit wehenden BMW-Fahnen bei den Pyramiden durchs Ziel und feierten damit einen bislang beispiellosen Triumph in der 22jährigen Geschichte der Rallye. Freute sich der neue BMW-Motorrad-Chef Marco v. Maltzan: "Der erste, zweite und vierte Platz für unsere F 650 Einzylinder hat bewiesen, daß der Sieg der F 650 im Vorjahr kein Zufall war. Auch der Boxer hat ein eindrucksvolles Comeback gegeben."

Begeistert äußerte sich der drittplazierte Jimmy Lewis über die R 900 RR: "Der Boxer hat wirklich das Potential zum Siegermotorrad. Es ist ein tolles Gefühl, auf einer Motorradlegende wie dem Boxer zu sitzen und in einem Team zu fahren, das so professionell arbeitet und in dem jeder jedem hilft."

GS-Modelle für Individualisten:
Tuning-Bikes und Gespanne

Musterbeispiel für Leichtbau und Power: Schek-BMWaus den frühen 90ern mit 1010 cm3 großem, 67 PS starkem Zweiventilmotor.

Die ohnehin von den BMW-Enduros ausgehende Faszination läßt sich durch eine Fülle von Tuningmaßnahmen zusätzlich steigern. Äußerst beliebt sind sämtliche GS-Modelle auch in Gespannfahrerkreisen. Weil der Trend zum individuellen Motorrad in den vergangenen Jahren noch weiter zugenommen hat, läßt sich die Tunerbranche - wie bereits von den Zweiventilern - auch von den Vierventil-Versionen zu den unterschiedlichsten Umbauten animieren. Vom moderat optimierten Standardbike à la Wunderlich oder WÜDO über Rallyegeräte, wie sie Touratech und HPN anbieten bis hin zum Funbike der BMW-Niederlassung Kassel ist alles zu haben.

Die Fülle der aktuellen Angebote würde den Rahmen dieses Kapitels sprengen. Wir beschränken uns daher auf einige ausgewählte Beispiele, würdigen aber auch die Pioniere der Zunft von Fallert bis Schek. Daß getunte GS-Exemplare je nach Aufwand bis doppelt so viel kosten wie die Basismaschinen, leuchtet ein.

Dies gilt auch für die Zwei- und Vierventiler-Gespanne, bei denen vom schlichten Umbau mit Standardgabel und Serienrädern bis zum pistentauglichen Spezial-Dreirad alles möglich ist.

Schek: Enduros für Abenteurer

Schon sehr früh war Herbert Schek einer der maßgeblichen Männer im Offroad-Sport. 1967 trat er zur Sechstagefahrt in Garmisch an und gewann eine Goldmedaille. Von 1970 bis 1973 wurde der Wangener in Serie Deutscher Gelände-Meister. 1981 baute er für BMW France das Motorrad, mit dem der Franzose Hubert Auriol 1983 die Rallye Paris-Dakar gewann. Später baute er für das Werksteam um Gaston Rahier vier Maschinen auf, ging selbst mit an den Start und siegte prompt in der Marathon-Wertung.

Als BMW-Händler und Tuner genießt Herbert Schek nach wie vor einen hervorragenden Ruf. Unterstützt wird er seit

langem von seinem Geschäftsführer Kurt Fischer. Das Team hat sich darauf verlegt, die GS für interessierte Kunden fernreisetauglich zu machen. Zuverlässigkeit und TÜV-Konformität stehen im Vordergrund.

Als die Zweiventiler noch von den Bändern liefen, entwickelte Schek auf Basis des 800er Motors eine hubraum- und leistungsgesteigerte Version mit 67 PS und 1010 cm3. Auch der R 100 GS verlieh Schek zusätzliche Kraft, behielt hier jedoch den Hubraum der Basismaschine bei (980 cm3). Mit den Vierventilköpfen von Krauser waren für beide Varianten 70 PS bei 7.300/min-1 möglich. Für die Vorderradführung konnte man zwischen der Originalgabel mit nachträglich eingebauter Luftunterstützung und verschiedenen Spezial-Gabeln bis 280 mm Federweg wählen. Sogar eine um fünf Zentimeter verlängerte Monoleverschwinge war lieferbar. Der Einbau erforderte allerdings Änderungen an Kardanantrieb und Rahmenheck.

HPN: High Tech für die Wüste

Seinen ersten Paris-Dakar-Sieg errang Hubert Auriol 1981 auf einer GS, die mit der Serie kaum noch etwas gemein hatte. Aufgebaut worden war das Motorrad im Werksauftrag von der 1979 gegründeten Tuningfirma HPN im niederbayerischen Seibersdorf. HPN steht für Halbfeld, Pepperl und Neher. Michael Neher, der dritte Gründer, ist vor längerer Zeit ausgestiegen.

Von HPN aufgebaute Maschinen siegten bei der Paris-Dakar 1981 und 1985, holten unter anderem 1984 den Gesamtsieg bei der Rallye Pharao und 1985 den ersten Platz beim 1000-Kilometer-Langstreckenrennen auf der Baja California, gewannen später zahlreiche Marathonwertungen. Stars wie Hubert Auriol, Gaston Rahier, Eddy Hau und Richard Schalber siegten auf von HPN präparierten BMWs. 1999 kam HPN abermals ins Gespräch: BMW beauftragte das Team mit dem Aufbau des neuen Wüsten-Boxers auf Vierventil-Basis (s.a. Kap. Paris-Dakar ab 1998).

Wer sind die Privatkunden von HPN? "Es sind Wettbewerbsfahrer und Fernreisende, die unser Know-how in allen möglichen Variationen kaufen", erläutert Klaus Pepperl. "Je nach Einsatzzweck können unsere Kunden unter verschiedenen Tuningkits und diversem Spezialzubehör wählen. Angefangen vom Basisumbau mit verstärktem Rahmen, Spezialkardanwelle und White-Power-Upside-Down-Gabel bis hin zur Zweiarm-Paralever-Schwinge und den verschiedenen Möglichkeiten des Motortunings ist alles machbar."

Im Mittelpunkt des HPN-Tunings steht die Optimierung des Fahrwerks. Doch auch beim Frisieren des Motors schlagen sich die Rallye-Erfahrungen der Spezia-

Künstler und Handwerker: Alfred Halbfeld und Klaus Pepperl. Links der HPN-Zweiventil-Boxer von 1984 für die Rallye Paris-Dakar.

listen nieder. Der damalige Zweiventil-Boxer war an die Paris-Dakar-Maschine von 1986 angelehnt und leistete circa 65 PS bei 1043 cm³ Hubraum.

Dabei beließen es Halbfeld und Pepperl nicht beim Kürzen der Zylinder und dem Einbau solider Mahle-Kolben. Viel Arbeit investierten sie in kleine Details: Ölwannendistanzring mit Dural-Bodenplatte, Ölpumpen und Ölleitbleche zur sicheren Schmierung des hochbelasteten Getriebes, Zahnräder aus hochfesten Werkstoffen, verstärkte Getriebewellen und Übersetzungen nach Wunsch, Schwimmerkammersicherungen und wasserdichte Vergaserbelüftungen. Ein 43-Liter-Kunststofftank ermöglichte große Reichweiten. Auch Zusatztanks für den Einbau unter der Sitzbank waren lieferbar.

WÜDO: Fun-Bikes auf GS-Basis

Seit 1975 beschäftigt sich der bislang in Dortmund, seit Juli 2000 in Holzwickede aktive BMW-Händler Helmut Wüstenhöfer mit dem Verkauf und der Reparatur der "blauweißen" Motorräder. Um seine Kunden angesichts der starken Konkurrenz im Ballungsraum Rhein-Ruhr bei der Stange zu halten, entwickelte er schon früh Tuningkits und Spezial-Zubehör unter anderem für die Enduros aus München. In den frühen 70ern tunte Wüstenhöfer als aktiver Sportfahrer seine Motoren noch selbst.

Erst in den 80er Jahren übernahm er aus Rentabilitätsgründen zum Teil die

Gleiche Basis R 1100 GS, unterschiedliche Einsatzzwecke: Oben eine Fernreise-Version von WÜDO, unten ein Funbike von Fallert.

Entwicklungen seines Händlerkollegen Werner Fallert. Weil die frisierten Boxermotoren die Serienfahrwerke überforderten, implantierte der Dortmunder die Produkte des holländischen Stoßdämpfer-Spezialisten White Power in die BMW-Fahrgestelle. Bemerkenswert war ein homogen abgestuftes Sechsganggetriebe für die PS-stärksten Boxertypen.

Vier besondere GS-Umbauten demonstrierten in den 80er und 90er Jahren die

Vielseitigkeit Wüstenhöfers: Die R 100 "Elfenbein" war mit ihrer Halbschalen-verkleidung und der verlängerten Sitzbank als Reise-Enduro ausgelegt. Seine 50 PS holte der Boxer aus einem Liter Hubraum. Ebenso wie die "Elfenbein" war auch das Modell "Hot Chocolate" durch eine White Power-Federung aufgewertet. Mit feinprofilierten Reifen von Bridgestone und lang übersetztem Sechsganggetriebe fühlte sich dieser über 75 PS starke Renner allerdings auf Asphalt am wohlsten. Auf der 1000er Paralever-GS basierte die total abgespeckte "Speedster". Viel Ähnlichkeit mit der Ur-GS zeigte ein Anfang 1995 präsentierter Leichtbau-Scrambler mit geländetauglichem Spezial-Fahrwerk und runden Zylinderkopfdeckeln (Bild siehe Kapitel Gebrauchtkauf).

Fallert: Boxer mit viel Drehmoment

Bereits 1926 machte sich der Vater des heute weitbekannten Boxer-Spezialisten Werner Fallert in Sasbachwalden bei Achern mit einer BMW-Vertretung selbständig. Früh übernahm Fallert junior, Jahrgang 1932, die Firmenleitung. 1970 siedelte das Unternehmen nach Achern um, widmet sich heute ausschließlich dem Vertrieb von Zubehör und dem Tuning. Seine Beziehung zum Rennsport entwickelte Werner Fallert als Teilnehmer zahlreicher Zuverlässig-keitsfahrten und Geländewettbewerbe.

Besonders intensiv betätigte er sich als Konstrukteur. Als er in den späten 70ern argwöhnte, daß BMW die Weiterent-wicklung des Boxers kaum mehr voran-treiben würde, machte er sich an den Bau eines eigenen Motors. Sein "FM-Boxer" mit 1000 cm^3 Hubraum war mit einem Zylinderwinkel von 170 Grad strengge-nommen ein weit offener V-Twin. Über Königswellen und eine Einnockensteue-rung wurden die jeweils zwei Ventile in den Zylinderköpfen betätigt; die Kurbel-welle besaß ein Mittellager.

105 PS leistete Fallerts Meisterstück in der Vergaserversion; Versuche mit einer Einspritzung brachten noch einige Pfer-destärken zusätzlich. Fallert mußte jedoch erkennen, daß eine Serienproduktion zu marktorientierten Preisen uto-

pisch war; daher verwarf er schließlich sein Projekt. Immerhin gewann der Sportfahrer Konrad Stückler einige Rennen mit der starken FM. Der PR-Effekt bewirkte, daß nun viele Kunden getunte Boxer haben wollten. Fallerts Antwort: die Entwicklung ausgeklügelter Kits zur Hubraum- und Leistungssteigerung für die R-Modelle von BMW.

Den 800er Zweiventiler brachte er auf 971 cm³, hielt die Leistung jedoch durch Reduzierstücke in den Ansaugstutzen bei 50 PS; dafür verbesserte sich der Drehmomentverlauf im unteren Drehzahlbereich. Das maximale Drehmoment stieg um über zehn Prozent auf 67,5 Nm bei 4.000 Touren.

Mit kürzeren Zylindern, Spezialkolben und einiger Feinarbeit zauberte Fallert aus demselben Hubraum 65 PS; bei Verwendung einer schärferen Nockenwelle und 40er Bing-Vergaser wuchs die Leistung auf 80 PS. Mit Mikuni-Vergasern und Rollenstößeln, die Fallert nach einer Idee des Boxer-Spezialisten Apfelbeck entwickelte, waren gar 90 PS realisierbar - allerdings nicht in Verbindung mit der serienmäßigen R 80 GS, deren Original-Fahrwerk von einer derart hohen Leistung hoffnungslos überfordert

gewesen wäre. Für die 1000er Zweiventil-GS stand ein Umrüstsatz auf immerhin 75 PS zur Verfügung.

Mit ihrer momentneutralen Doppelgelenkschwinge lieferten die GS-Modelle die Basis für Fallerts reinrassige Straßenmaschinen; bestes Beispiel: die fürs Kurvenräubern gemachte "Dolomiti", die vorne auf einem 18-Zoll-Rad lief. Spezielle Gabelbrücken, PVM-Dreispeichen-Gußräder, eine besondere Halbschale und eine halbhohe Zwei-in-Zwei-Schalldämpferanlage gehörten zu den Merkmalen der Dolomti.

Spezialschmieden: breites Spektrum

Neben den bisher genannten Spezialisten widmet sich beispielsweise Günther Michel der Veredelung von BMW-Enduros. Michel hat zahlreiche Wettbewerbsmaschinen auf die Räder gestellt, darunter starke BoT-Renner. Für die Zweiventiler bot der Pfälzer Tuning-Stufen bis 1042 cm³ und 75 PS sowie Spezialitäten wie eine Doppelzündung an. Das Fahrwerk optimierte Michel durch eine überarbeitete Federung (Gabelfedern und Mono-Federbein von White Power) sowie Drahtspeichenräder.

Mehr Straßensport-Maschine als Enduro: die "Dolomti" von Werner Fallert aus dem Jahr 1989. Der Einliter-Motor leistete bis zu 75 PS.

Als Topadresse gilt unter Insidern auch die Tuningschmiede von Fritz Lottmann. Der Münchener arbeitet eng mit HPN zusammen und zeichnet unter anderem maßgeblich für die Motoren der Siegermaschinen von Eddy Hau und Richard Schalber verantwortlich. Kniffe wie die Öleinfüll-Bohrung im linken Zylinderdeckel oder der Zwischenring für die Ölwanne stammen ebenso von Lottmann wie die Axiallagerung für die Kipphebel der älteren Boxer mittels Drucklagern.

Stellvertretend für die zahlreichen Möglichkeiten, die GS zu einem unverwechselbaren Motorrad umzurüsten, mag die R 100 GS des ambitionierten BMW-Piloten Andreas Brünagel stehen. Die HPN-Lenkerverkleidung und das mit einem 100/90er Pneu bereifte 19-Zoll-Vorderrad lassen die Maschine auffallend gedrungen erscheinen. Die LM-Speichenräder und die Vierkolben-Scheibenbremse stammen von WiWo, die Auspuffanlage kommt von BK moto. Der

Mit Liebe zum Detail modifiziert: Brünagel-GS von 1994. Unten RC 1100 Rallye von Witec mit Spezial-Gabel und verstärktem Rahmen.

gen Zweizylinder aus München bei den meisten Offroad-Wettbewerben den Ton an. Als 1980 die R 80 G/S erschien, kam mit Reise- und Rallyegespannen auf Endurobasis ein neuer Trend auf.

Mit als erster Spezialist nahm sich die britische Traditionsmarke Wasp, die früher neben EML auf dem Off Road-Sektor führend war, der G/S an. Wasp-Chef Robin Rhind-Tutt baute um den Boxermotor herum ein neues Chassis und schweißte an dieses einen Seitenwagen, der nach Crossermanier lediglich über eine Plattform und eine Haltestange verfügte. Die Führung des von einer Lockheed-Einscheibenbremse verzögerten Vorderrades besorgte eine spezielle Schwingengabel. Im Heck mußte die Einarmschwinge einer zweiarmigen Ausführung mit zwei speziellen Bilstein-Federbeinen weichen.

Aufwendige Fahrwerkskonstruktionen

Rhind-Tutts deutscher Importeur und Co-Konstrukteur Otto Hermeling machte sich für eine Straßenzulassung des stollenbereiften BMW-Dreirades stark und offerierte den Wasp-Umbau in verschiedenen Ausstattungsvarianten. Obligat war die Sitzkiste für den Beifahrer, die gleichzeitig als Stauraum diente. Zum Lieferumfang gehörte auch der 40 Liter fassende Tank unter der Kiste. Er erhöhte nicht nur die Reichweite des im Gespanneinsatz recht durstigen Boxers, sondern brachte auch zusätzliches Gewicht auf das Seitenrad.

Mit Wasp-Fahrgestellen rüstete auch die Firma HU die G/S-und GS-Modelle auf. Allerdings verlängerte und verstärkte Horst Ullrich bei seinen Konstruktio-nen die Hinterradschwinge; außerdem änderte er die Geometrie des Fahrwerks. Accessoires wie außenliegender Ölfilter, Ölkühler mit Thermostat, Enduroverkleidung und Zusatzscheinwerfer machten die HU-BMW zum Super-Dreirad für die Tour in unwegsame Regionen.

Motor leistet nicht zuletzt dank des Rundluftfilters 64 PS.

Eine besonders leicht bauende, wettbewerbstaugliche Spezial-BMW hat der ehemalige Leiter des G/S-Projekts, Rüdiger Gutsche, 1990 präsentiert: "Ich wollte eine besonders leichte und spurtstarke Boxer-Enduro." Ausgangsbasis für dieses Motorrad war eine R 65 GS, die mit Motor, Telegabel, Vorderrad und Bremse der R 100 GS versehen wurde. Inklusive Ölkühler, Schutzbügel, Kofferhalter und Bordwerkzeug wog der Zwitter nicht mehr als 210 kg - vollgetankt. Der Alutank brachte mit nur 2,8 kg weniger als die Hälfte von dem auf die Waage, was der Original-GS-Stahltank wog. Unnötige Plastikteile fehlten völlig.

Enduro-Gespanne auf GS-Basis: Spaß und Sport auf drei Rädern

Gespanne auf Boxer- und im besonderen auf GS-Basis erfreuen sich seit jeher großer Beliebtheit. Wurden bis Mitte der 90er Jahre vorwiegend die Zweiventiler als Zugmaschinen eingesetzt, sind es heute fast nur noch die Vierventil-Modelle. Nach wie vor reicht das Angebot der Branche von der dreirädrigen Soft-Enduro bis zum voll rallyetauglichen Spezialgerät.

Generell können die Boxer-Gespanne ja im Geländesport auf eine lange Tradition zurückblicken, wurden teilweise sogar auf Kettenantrieb umgerüstet. Bis zu Beginn der 70er Jahre gaben die bulli-

Für die Aufhängung des Hinterrades entwickelte Ullrich als Alternative zur zweifach gedämpften Doppelarmschwinge eine Cantilever-Version mit progressiver Umlenkung, die in seinem wüstentauglichen, trocken allerdings 282 kg schweren Spezialmodell "Sable" zum Einsatz kam.

Wesentlich moderater erschien das GS-Gespann, das EML-Importeur Günter Berglar auf die Räder stellte. Wie die Wasp-Umbauten basierte es ebenfalls auf einem Spezialchassis. An dieses schraubte Berglar das Behördenboot von EML, in dem der Beifahrer geschützt, aber auch beengt wie in den Geländebeiwagen der 60er Jahre saß. Ein ähnliches Dreirad kreierte zuvor bereits Falk Hartmann, der früher im Geländesport aktiv war und ebenfalls seit langen Jahren die Interessen von EML in Deutschland vertritt. Seine Version einer dreirädrigen Straßen-Enduro läuft ebenfalls mit der aus Polyester gefertigten Behördengondel, hat jedoch 16-Zoll-Verbundräder aus EML-Produktion.

Bei keinem der bislang genannten Gespannumbauten kam das Paralever-System zum Einsatz. Eine Übertragung der Konstruktion in eine doppelarmige Hinterrad-Aufhängung wäre nicht nur ungeheuer aufwendig, sondern auch überflüssig gewesen. Denn ein Seitenwagen dämpft das Aufstellmoment des Hecks zur Genüge.

Die Gespanne von Stern, Sauer und Hedingham jedoch behielten das Paralever-System bei. Nicht zuletzt um der Preisexplosion auf dem Dreiradmarkt zu begegnen, entwickelten die genannten Hersteller preiswerte Umbaukits mit Verstärkungen für das Serien-Chassis und kombinierten die Boxer mit preisgünstigen Seitenwagen aus osteuropäischer Produktion.

Exklusiv: Gespanne mit Vierventilmotoren

Seit dem Erscheinen der ersten Vierventil-GS 1994 entwickelte sich eine ausgesprochen vielseitige Angebotspalette an entsprechenden Gespannumbauten. Heute bietet Stern mit seiner "Light"-Dreirad die wohl preisgünstigste Variante für Einsteiger und Gelegen-

heitsfahrer ohne ernsthafte Offroad-Ambitionen an. Telelever und Standardbereifung werden dabei weiterverwendet. Als vollwertiger Tourer mit dem EML CT 2000/2001 anstelle des nostalgischen Lucky-Beiwagens verfügt die GS dann bereits über eine Schwingengabel vorne sowie langlebige Pkw-Bereifung. Für Reisen mit Expeditionscharakter führt der Bayer zudem eine knackige Enduro-Version im Programm.

Außer Stern vertraut lediglich Schepsky (R.O.S.) dem Telelever, allerdings nicht ohne es für seinen Touren-Dreier mit dem geräumigen Pera-Boot zu verstärken und in der Lenkgeometrie anzupassen. Wasp setzt als einziger Anbieter auf die Achsschenkellenkung, die auch in den Tornado-Straßengespan-

Preiswert war die R 100 GS von Stern mit Dnepr-Beriwagen (oben). Für harten Geländeeinsatz: Ullrich-Gespann mit Wasp-Chassis.

nen zum Einsatz kommt. Ihren Vorteilen, nämlich Trennung von Radführung, Federung und Lenkung, steht das im Gelände gravierende Manko eines viel zu geringen Lenkereinschlagwinkels gegenüber. Damit taugt der auch optisch an die Straßen-Tornados angelehnte Wasp-Vierventiler am ehesten für Pisten.

Professionelles Offroad-Fahren erlauben dagegen die Umbauten von HU und Mobec. Horst Ullrich pflanzt den Vierventil-Boxer in ein komplett neues, voll verschweißtes Fahrgestell mit stabilen

Links: HU-R 1100 GS Voyage mit Vollschwingen-Chassis; unten links: Wasp-R 1100 GS Tornado; daneben: Stern-R 1100 GS light.

wickelte Holger Frank einen zuschaltbaren Seitenradantrieb. Die Kraftübertragung erfolgt per Kardanwelle und Kette. Da ein Differentialgetriebe fehlt, sollte die Traktionshilfe lediglich auf rutschigem Terrain eingesetzt werden.

Im Gegensatz zu den beliebten GS-Modellen fand die F 650 trotz ihrer unbestreitbaren Qualitäten fürs dritte Rad in Seitenwagenkreisen kaum Freunde. Vielleicht wird sie von den Gespannfans der blauweißen Marke nicht als vollwertige BMW akzeptiert, vielleicht hat aber

Zweiarmschwingen. Die mit verschiedenen Reifenvarianten bestückten Stahlräder lassen sich ebenso wie die Federbeine untereinander tauschen, was bei einem Defekt abseits der Zivilisation von entscheidendem Vorteil sein kann.

Bei Mobec wird das Seitenwagenrad über eine Visco-Kupplung aus dem Automobilbau mit angetrieben. Dabei bestimmt die Drehzahldifferenz der beiden Antriebsräder das Maß der Kraftübertragung nach rechts: Je mehr Schlupf das Hinterrad hat, desto forcierter packt das Beiwagenrad zu. Eine Differentialsperre wie bei starren TWD-Antrieben ist daher nicht nötig. Das System garantiert außer-

dem, daß die Fahreigenschaften auch auf Asphalt neutral bleiben.

Während sich die beschriebenen Kombinationen ohne weiteres auch mit der R 850 GS realisieren lassen, erfordert die neue 1150er auf Grund ihrer baulichen Unterschiede zusätzlichen konstruktiven Aufwand. Stern stellte bereits kurz nach dem Erscheinen der R 1150 GS einen Umbau vor.

Ausgeklügelte Seitenwagenantriebe

Als mechanische Alternative zum Visco-System, welches Mobec auch für die Zweiventiler im Programm führt, ent-

auch nur die generell mangelnde Akzeptanz der Mittelklasse ihren Erfolg vereitelt. Und das, obwohl Walter und Stern ausgesprochen attraktive Kombinationen mit ihren einsitzigen Tourenbeiwagen auf die Räder stellten.

Eine waschechte Enduro-Version wurde jedoch nur von Norbert Degenhardt realisiert. Der Gelände-Routinier machte sich vor allem im Sportbereich für die F 650 stark, doch ist sein Gespann auch zulassungsfähig. Degenhardt pflanzte den Einzylinder in ein geändertes EML-Fahrwerk und gewann gemeinsam mit Beifahrer Carsten Bachmann 1998 prompt die Deutsche Enduro-Meister-

schaft. Armin Böhler setzte die Degen-hardt-F 650 ein Jahr später in der Motocross-DM ein, blieb gegen die do-minierenden Zweitakter jedoch ohne Fortune. Für die Zukunft erwägt Gelän-despezialist HEOS, den Einzylinder-Motor in sein wettbewerbstaugliches Verbundfahrwerk zu pflanzen.

Oben: Mobec R 1100 GS Duo Drive mit Seitenwagenantrieb per Visco-Kupplung; rechts: Dou Drive mit Zero-Boot; unten: Walter F 650 mit Tele- und Schwingengabel.

Gebrauchte BMW GS:
Der Teufel steckt oft im Detail

Während die seit 1994 produzierten GS-Vierventil-Modelle als normale Gebraucht-Motorräder gehandelt werden, besitzen die alten Zweiventil-Typen, vor allem die R 80 G/S der ersten Serie, bereits Liebhaberstatus. Das bedeutet: Diese Modelle werden zunehmend rar, und die Preise steigen langsam, aber sicher. Selbst Fahrzeuge in schlechtem Zustand und mit hoher Kilometerleistung lassen sich weiterverkaufen; sie werden oft total zerlegt und fachgerecht wieder aufgebaut - mitunter ohne Rücksicht auf die Kosten.

Als die unproblematischste, vielseitigste und pflegeleichteste BMW überhaupt kann nach wie vor die von 1980 bis 1987 gebaute R 80 G/S gelten. Wer eine hat, gibt sie nur ungern wieder her. Freilich kann die Faszination, die nach wie vor von diesem Motorrad ausgeht, nicht darüber hinwegtäuschen, daß vor allem Maschinen der ersten G/S-Generation ganz spezifische Schwächen haben. So mag die BMW-Enduro alter Art - im Gegensatz zur modernen Vierventil-Version - endlose Autobahnetappen genausowe-

nig wie Schlamm und nasse Wiesen. Nicht optimal eingestellte und gewartete Exemplare werden bei Geschwindigkeiten über 120 km/h im Fahrwerk unruhig. Zudem treibt der zu kurz untersetzte fünfte Gang die Drehzahl bei Vollgas auf ein Niveau, das den Motor laut und angestrengt klingen läßt.

Besetzt mit zwei Personen benimmt sich die G/S hingegen gesittet. Nicht unerheblich hingegen ist die Seitenwindempfindlichkeit - vornehmlich dann, wenn auf dem Tank noch ein Rucksack thront. Alles in allem macht die alte R 80 G/S auf Dauer nur Könner froh. Die neuen Modelle sind universeller, gutmütiger und handlicher. Daß trotz aller Vorzüge auch langlebige BMW-Enduros nicht immun sind gegen Verschleiß, ist klar. Vornehmlich bei Maschinen, die mehr als 20.000 Kilometer auf dem Buckel haben, empfiehlt sich vor dem Kauf eine detaillierte technische Prüfung. Viele allgemeine Tips in den folgenden, vowiegend auf die Zweiventiler abgestimmten Abschnitten gelten sinngemäß auch für die Vierventil-Boxer.

In optimalem Originalzustand nur noch schwer zu finden: R 80 G/S der ersten Serie von 1980/81. Der Preis: in der Regel hoch.

Motor und Getriebe der Zweiventil-Modelle: Vorsicht bei Ölverlust

Typisch für die klassischen ohv-Zweizylinder-Triebwerke ist Ölnebel rund um die Zylinderfüße und gelegentlich auch zwischen Zylinderköpfen und Zylindern. Anlaß zur Beunruhigung ist dies allerdings nur dann, wenn das Öl richtig tropft. Leichtes Schwitzen kann hingenommen werden. Gefahr im Verzug ist allerdings, wenn aus den 8 mm großen Bohrungen oberhalb der Zylinderfüße Öl austritt. Ursache ist stets ein defekter Wellendichtring am hinteren Kurbelwellenlager. Das Öl mogelt sich an der Dichtlippe vorbei, läuft auf die rotierende Schwungscheibe, wird in der Kupplungsglocke gleichmäßig verteilt und sucht sich dann überall seinen Weg nach draußen. Oft bekommt die Kupplungsscheibe dabei ebenfalls ihr Fett weg - sie verölt und rutscht unter Belastung durch.

Gegen schleichenden Ölverlust ist auch das Fünfganggetriebe nicht gefeit. Vor allem bei den Fahrzeugen der ersten Serie gab es viel Ärger mit undichten Schaltgehäusen. Hauptübeltäter sind defekte 0-Gummi-Ringe an Schaltwelle und Schalter für die Leerlaufanzeige. Auch an der Gummimanschette der Kardan-Anlenkung kann Öl austreten.

Ventiltrieb: braucht regelmäßige Kontrolle

Der Boxer-Ventiltrieb ist in Wirklichkeit viel unproblematischer, als ihm oft nachgesagt wird. Natürlich hat das veraltete ohv-Prinzip mit der zentralen Nockenwelle, den langen Stößelstangen und den schweren Kipphebeln seine Nachteile. Doch bei vernünftiger Wartung arbeitet das System absolut problemlos. Das Ventilspiel läßt sich mit einfachem Werkzeug in weniger als einer halben Stunde prüfen und korrigieren. Solange der Motor noch nicht betriebswarm ist, muß der Ventiltrieb leise und geräuscharm arbeiten. Erst bei heißer

Maschine darf es ein wenig rasseln. Klappert der Motor dagegen bereits, wenn er noch keine Temperatur hat, ist Vorsicht angebracht.

Ein rhythmisches Klicken im Zylinderbereich kann auf einen Kolbenkipper hindeuten - Zeichen für extremen Verschleiß. Lagerschäden machen durch metallisches Klopfen auf sich aufmerksam - Finger weg, der Motor hat's hinter sich! Für den Austausch von zwei Pleuel- und zwei Kurbelwellenlagern berechnen BMW-Werkstätten mindestens 1100 Mark. Müssen Pleuel und Kurbelwelle ganz gewechselt werden, summiert sich der Betrag inklusive Dichtmaterial und Lohn leicht auf 3000 Mark.

Noch teurer ist es, den Motor auszutauschen: AT-Motoren gibt es nicht, BMW liefert nur komplette Neu-Triebwerke zum Preis ab circa 4500 Mark. Die Steuerkette für den Antrieb der Nockenwelle hält normalerweise 30- bis 40.000 Kilometer. Experten raten dazu, nach einer Laufleistung von 50.000 km den Ventiltrieb des Boxermotors komplett überholen zu lassen. Erneuert werden dabei die Führungen, die Sitze und die besonders stark beanspruchten Auslaßventile.

Empfehlenswert: längere Übersetzung

Etwa 1000 Mark muß auf den Tisch legen, wer für seine G/S einen länger übersetzten Hinterradantrieb haben möchte. Die Werkstatt tauscht dann den Standard-Antrieb gegen den Antrieb der weitgehend baugleichen R 80 ST aus. Auch der Tachometer muß gewechselt werden. Bei einer Getriebeüberholung ist es empfehlenswert, die Serienübersetzung für den fünften Gang gegen ein Räderpaar mit längerer Übersetzung einzubauen, wie es z.B. WÜDO liefert.

Entsprechende Änderungen müssen natürlich in die Papiere eingetragen werden. Das gilt auch für alle anderen Modifikationen an Fahrwerk und Antrieb. Eingetragen sein müssen auch größere Tanks und andere Sitzbänke.

Bei den Maschinen der ersten Serie bis 1983 war die Standard-Sitzbank schlicht eine Zumutung. Sie präsentierte sich oft schon nach 5000 km in durchgesessenem

Zustand. Abhilfe brachte nur nachträgliches Aufpolstern. Allen Ansprüchen gerecht werden die Sitzmöbel der Paralever-Modelle R 80 GS und R 100 GS.

Die Elektrik bereitet kaum Ärger. Die elektronische Zündanlage ist wartungsfrei und auch über viele Jahre hinweg standfest. Defekte Kerzenstecker allerdings können zum Durchbrennen des Zündsteuergeräts führen; das Ersatzteil kostet circa 150 Mark. Eine Schwäche ist die unzureichende Verlegung des Kabelstrangs, der zum Scheinwerfer führt: Er kann durchscheuern.

Schwachpunkt: Batterie-Zugänglichkeit

Ärgerlich ist die mangelhafte Wartungsfreundlichkeit der Batterie: Sie ist so klobig, daß sie nur mit Mühe aus dem Schacht unter der Sitzbank gehoben werden kann. Auf jeden Fall muß die obere

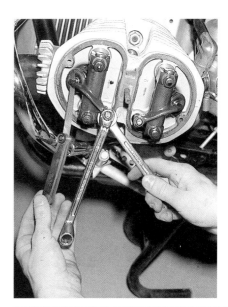

Links oben: die 83er R 80 G/S des Autors, aufgenommen 1988. Links unten: R 100 GS von 1987. Rechts oben: muß regelmäßig kontrolliert werden: das Ventilspiel. Rechts unten: BMW-Tester Kalli Hufstadt mit einer Vorserien-R 80 G/S im Sommer 1980.

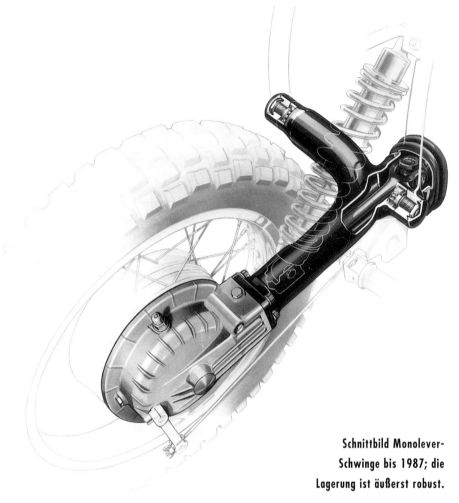

Schnittbild Monolever-
Schwinge bis 1987; die
Lagerung ist äußerst robust.

ken Vergaser knicken die Seilzüge für Choke und Gas gerne ab. Ursache dafür ist der vermaledeite Ölmeßstab: Er ist so miserabel zugänglich, daß beim Raus- und Reindrehen die Züge zur Seite gebo- gen werden müssen.

Fahrwerk: befriedigende Spurhaltung nur bei korrekter Einstellung

Wenn (vornehmlich die älteren) BMW-Enduros etwas nicht vertragen können, dann ist es falscher Luftdruck in den Reifen; Folge: starke Fahrwerks- unruhen bis hin zur Pendelneigung. Die Luftdruck-Kontrolle sollte regelmäßig, spätestens alle vier Wochen erfolgen. Achten Sie beim Kauf einer gebrauchten GS darauf, daß der Hinterreifen nicht kastenförmig abgefahren ist und minde- stens noch vier Millimeter Profil hat. Ein "eckiger" Hinterrad-Pneu wirkt sich negativ auf das Fahrverhalten in Kurven und auf das Handling aus.

Wenn die GS zum Pendeln neigt, kann dies auch an defekten oder zu stramm angezogenen Steuerkopflagern liegen. Prüfen Sie bei aufgebockter Maschine, ob die Lager in Lenker-Mittelstellung nicht einrasten; in einem solchen Fall müssen sie sofort gewechselt werden, da sie eingelaufen sind. Das Spiel im Steuerkopfbereich sollten Sie ebenfalls kontrollieren: Vorderrad entlasten, dann Gabelenden mit beiden Händen anfassen und versuchen, sie vor- und zurückzu- drücken. Dabei darf keinerlei Spiel spür- bar sein. Heben Sie die Staubschutz- manschetten der Gabel etwas an, um nachzusehen, ob die Wellendichtringe in den Tauchrohren sauber abdichten. Starker Ölnebel oder gar Öltropfen machen eine Reparatur zwingend erfor- derlich. Defekte Manschetten können nur nach Teildemontage der Gabel gewech- selt werden.

Das Monolever-Federbein wird bei älteren Maschinen gelegentlich an der Dämpferstange undicht. Es muß dann komplett ausgetauscht werden (ca. 300 Mark). Ölverlust an diesem wichtigen Element führt zu starken Beeinträch- tigungen des Fahrverhaltens.

Die relativ empfindlichen Speichen- räder müssen sauber rund laufen und dür-

Befestigung des Monolever-Federbeins gelöst werden. Prüfen Sie den Zustand der Batterie, indem Sie alle Verbraucher einschalten und gleichzeitig den Anlasser betätigen. Der Motor muß auch dann klaglos anspringen.

Gefährlich für die moderne Elektronik aller G/S- und GS-Modelle ist das altbe- kannte wechselseitige Abziehen der Zünd- kerzenstecker, um den Gleichlauf der Zylinder zu prüfen: Das Zündsteuergerät nimmt sofort Schaden. Verzichten Sie also auf derartige Tests, und prüfen Sie lieber, ob alle Kontrollampen richtig funktionieren.

Vergaser: auf geknickte Züge achten

Die beiden Gleichdruck-Vergaser der Zweiventil-Modelle sind weitgehend wartungsfrei und müssen nur hin und wieder nachgestellt werden. Achten Sie auch darauf, daß aus den Schwimmer- kammern kein Kraftstoff austritt. Ver- antwortlich dafür wären porös geworde- ne Korkdichtungen. Schmutz in den Kammern kann die Düsen verstopfen und zu Startproblemen führen. Am lin-

Pflichtübung beim Gebrauchtkauf: Prüfung des Lagerspiels der Hinterradschwinge, hier bei einer Monolever G/S von 1983. Dabei auch den Zustand des Federbeins kontrollieren.

fen keine lockeren Speichen haben; schlagen Sie mit einem Schraubendreher leicht gegen die Speichen, dabei muß überall der gleiche helle Ton zu hören sein. Klingt's dumpf, ist die betreffende Speiche locker. Leicht kontrollieren läßt sich auch, ob die Räder richtig rundlaufen: Stück Kreide fest an Gabelholm oder Schwinge drücken, dabei möglichst nahe an den Pneu herangehen. Dann Rad in Drehung versetzen; da, wo die Kreide den Reifen berührt, befindet sich die Stelle mit dem Seitenschlag.

Radlager: Spielkontrolle wichtig

Radlagerprobleme treten nur selten auf. Bei Motorrädern, die vor 1986 vom Band liefen, hat das Hinterradlager konstruktionsbedingt rund 0,3 mm Luft. Es besteht also kein Grund zur Skepsis, wenn sich das Hinterrad bei aufgebockter Maschine ein wenig quer zur Längsachse hin- und herbewegen läßt. Das große Kugellager und das Nadellager lassen sich nicht nachstellen.

Neuere Maschinen haben ein Schrägrollenlager, das in der Fachwerkstatt notfalls eingestellt werden kann. Das Vorderrad läuft generell auf nachstellbaren Schrägrollenlagern. Spiel bei aufgebockter Maschine prüfen, indem das Rad oben und unten angefaßt und hin- und hergedrückt wird.

Ölnebel an der Hinterrad-Bremstrommel weist eindeutig auf veröltte und damit unbrauchbare Bremsbeläge hin. Der Schmierstoff tritt da aus, wo die Bremswelle mit Gummiringen gegen das Hinterachsgehäuse abgedichtet ist. Bei Modellen der ersten G/S-Generation kam es vereinzelt zu Haarrissen zwischen den Löchern der vorderen Bremsscheibe.

Rost: Auspuff und Schweißnähte prüfen

Im Rahmen der Bremskontrolle sollte man einen Blick auf die Bremsflüssigkeit im Vorratsbehälter am Lenker werfen: Sie muß hellgelb und klar sein. Schwarze Flüssigkeit ist überaltert, neigt zur Dampfblasenbildung und muß sofort gewechselt werden. Der Handbremshebel muß zügig zurückgehen. Tut er das nicht, ist der Hauptbremszylinder defekt.

Von lästigem Rost wird vor allem die Auspuffanlage befallen. Der besonders exponierte Vorschalldämpfer korrodiert recht schnell. In der Regel hält die ganze Anlage aber rund 50.000 Kilometer. Rost am Rahmen und an den Schweißnähten weist auf Gelände- und Wintereinsatz sowie mangelhafte Pflege hin. Unschön ist es, wenn Motor, Getriebe und Antrieb vom Streusalz angegriffen sind. Eine Auffrischung ist sehr aufwendig.

Paralever-Modelle ab 1987: Alarm bei Ölnebel und zu höhem Ölverbrauch

Auch wenn die Paralever-Modelle R 100 GS und R 80 GS, die 1987 auf den Markt kamen, 1990 erstmals gründlich modifiziert wurden und in der letzten Version R 80 GS Basic bis 1996 im Programm waren, den Monolever-Typen technisch überlegen sind, zeigen sie im Dauereinsatz bestimmte Schwächen. Was bei den meisten Fahrzeugen sofort ins Auge fällt, sind die blau angelaufenen Krümmer der hochglanzverchromten Auspuffanlage. Schuld ist die starke Dämpfung: Wegen des hohen Rückstaus werden die Krümmer vor allem bei Fahrten mit hohem Tempo sehr heiß. Dies führt dann schnell zu einer Verfärbung der Chromschicht. Bei nachträglich montierten Zwei-in-Zwei-Anlagen mit ABE tritt dieser Effekt allerdings nicht auf.

Besonders begehrt: die von 1988 bis Januar 1996 produzierte R 100 GS Paris-Dakar. "Schimanski"-Mime Götz George machte seinerzeit kräftig PR für dieses Motorrad.

Rostbildung gehört seit 1991 der Vergangenheit an: Der Endschalldämpfer besteht seitdem aus V2A-Edelstahl. Der Vorschalldämpfer ist verchromt.

Ein waches Auge sollte der Secondhand-Käufer auf die Zylinderköpfe werfen: Undichtigkeiten sind bei Laufleistungen von mehr als 20.000 Kilometern keine Seltenheit. Zu den Unarten vornehmlich der R 100 GS, weniger der R 80 GS, gehörte ab 1987 ein relativ hoher Ölverbrauch schon nach kurzer Laufzeit. Ursache: Es haperte an der Materialgüte von Zylindern und Ventilführungen. Das Werk gewährte allerdings weit über die Garantiefrist hinaus großzügige Kulanz.

Zweites Leben durch neue Kolbenringe

Ansonsten haben sich auch die Motoren der Paralever-Generation als robust und langlebig erwiesen. Laufleistungen von 100.000 Kilometern sind keine Seltenheit. Wer Fernreisen plant, sollte eine Motor-Grundüberholung in Erwägung ziehen, wenn die Maschine bereits 50-

bis 70.000 Kilometer gelaufen ist. In der Regel ist es erst nach 80- bis 90.000 km nötig, die Zylinder zu demontieren und die Köpfe zu überholen. Meist genügt es, neue Kolbenringe aufzuziehen. Neue Kolben sind nur dann fällig, wenn die Ringnuten ausgeschlagen sind.

Das Nachschleifen der Zylinder ist normalerweise nicht möglich, weil die Nikasil-Beschichtung darunter leiden würde. Gleichwohl ist es Edelschraubern in Einzelfällen gelungen, mit einer Feinst-Honung von 2/100 mm den Zylinderwänden wieder neuen Schliff zu geben. Kolben sind in Größen lieferbar, die sich im Durchmesser um jeweils 1/100 mm unterscheiden.

Die R 100 GS ist serienmäßig mit einem Ölkühler ausgerüstet. Bei extremen Offroad-Touren kann das empfindliche, über dem rechten Zylinder plazierte Teil schon mal beschädigt werden. Pfiffige GS-Fahrer haben daher einen Flexschlauch mit beiderseitiger Rohrverschraubung dabei, um den Ölkühler notfalls stillegen zu können; dazu werden Zu- und Ableitung abgeschraubt und mit dem Zwischenstück verbunden.

Sensibel: Felgen und Speichen

Getriebegeräusche können bei Laufleistungen ab 50.000 km auftreten. Verantwortlich für rauhen Lauf sind verschlissene Kugellager an den Wellenenden. Auch die Hinterachslager halten nicht ewig; denn sie werden durch die Paralever-Konstruktion stärker belastet. Im Gegensatz zu früher dürfen die Hinterräder kein Lagerspiel haben. Wer

Fernreisen zu zweit und mit Gepäck plant, ist mit einem harten Federbein aus dem Zubehörprogramm gut beraten (Preis rund 350 Mark). Die ölgefüllte Dämpferpatrone läßt sich auswechseln.

Die Telegabeln von Marzocchi oder Showa arbeiten in der Regel problemlos. Als robust und zuverlässig hat sich das innovative Kreuzspeichen-System erwiesen, bei dem die Speichen am eingebauten Rad nachgezogen und gewechselt werden können. Die Praxis hat jedoch gezeigt, daß allenfalls ein bis zwei Speichen ausgewechselt werden können, wenn es Schwierigkeiten gibt. Anderenfalls verzieht sich die Felge. Es ist kaum möglich, eine beschädigte oder verzogene Felge durch Zentrieren wieder zu richten. Daher muß meist ein ganz neues Rad her, wenn sich Seiten- oder Höhenschlag zeigen. Kostenpunkt: ab 500 Mark.

Bei den GS-Serien 1987 bis 1990 traten mitunter Vorderradbremsscheiben auf, die Seitenschlag zeigten. Ab Mo-

delljahr 1991 hat die GS schwimmend gelagerte Bremsscheiben. 1989 wurden die Bremsnocken an der Hinterradtrommel geändert und die Beläge verbessert. Ergebnis: bessere Hebel- und Bremswirkung. Die Vorderrad-Bremszylinder aus Aluminium sind innen verchromt, damit sich keine Ablagerungen bilden können. Die Instrumente sind seit Ende 1990 wirklich wasserdicht, die Batterie hat bei den neueren Typen mit 25 Ah die nötige Standfestigkeit.

Vierventil-Modelle ab 1994: Ärger mit hakeligen Getrieben und Ölstandskontrolle

Als die Vierventil-GS im Frühjahr 1994 auf den Markt kam, waren die Traditionalisten skeptisch. Das Design erschien zu gewagt, die Technik zu anspruchsvoll fürs Gelände. Trotzdem kam die R 1100 GS beim Publikum hervorragend an und wurde aufgrund ihrer hervorragenden Allround-Eigenschaften

1990 erschien die GS in abermals überarbeiter Form mit Halbverkleidung (oben). Links: superleichter "Scrambler"-Prototyp von WÜDO mit Spezialgabel von 1995.

144

Nahezu unschlagbar auf der Piste wie auf der Straße: die 1994 vorgestellte R 1100 GS. Schwächen zeigte sie nur in schwerem Gelände.

letztendlich zum erfolgreichsten Boxer, der jemals gebaut wurde: Bis zum Produktionsstopp im Sommer 1999 liefen rund 44.000 Exemplare der entenschnäbeligen Super-Enduro von den Bändern des BMW-Werks Berlin. Zum Vergleich: Von der zu ihrer Zeit äußerst erfolgreichen Monolever-G/S wurden inklusive der Paris-Dakar-Version in sechs Jahren nur rund 22.000 Einheiten abgesetzt.

Auf dem Gebrauchtmarkt ist die R 1100 GS inzwischen in allen Preislagen anzutreffen. Das Angebot ist groß, entsprechend gut läßt sich verhandeln. Empfehlenswert sind vor allem Fahrzeuge, die nach den Werksferien 1996 ausgeliefert wurden. Denn die jüngeren Modelle kamen in den Genuß wichtiger Modellpflegemaßnahmen.

Intensive Modellpflege, viel Kulanz

So verbesserten die BMW-Ingenieure zum Beispiel zum Modelljahr 1997 das anfangs recht schwer schaltbare und rasselig laufende Fünfgang-Getriebe durch das Einsetzen von O-Ringen zwischen Getriebezahnrädern und Getriebewellen. Ursache für die übermäßige Geräuschentwicklung waren mutmaßlich zu große Fertigungstoleranzen. In extremen Einzelfällen kam es sogar zu Getriebelagerschäden. Auch konnten Schaltgabeln aufgrund von Fertigungsmängeln stark einlaufen. Defekte Dichtringe an der Getriebeausgangswelle waren hin und wieder schuld am Verölen der Trockenkupplung - ein Problem, das von den klassischen Zweiventilboxern her bestens bekannt ist.

Bis einschließlich Baujahr 1995 ärgerte einzelne Vierventil-GS ihre Besitzer mit sabbernden Zylinderdeckeldichtungen. BMW setzte verbesserte Gummidichtungen mit Metalleinlage ein und optimierte zum Modelljahr 1996 den Ölkreislauf durch den Einsatz eines integrierten Ölthermostaten und eines Entlüftungsventils. Das Ventil sorgte dafür, daß man nun den Ölstand zuverlässiger ablesen konnte: Der Schmierstoff floß nach Abstellen des Motors schneller zurück in den Sumpf und pegelte sich dann korrekt im Schauglas ein. Zuvor konnte der Ölstand bei mehrmaligem Ablesen unter gleichen Bedingungen erheblich schwanken, was mitunter dazu führte, daß zuviel Öl nachgefüllt wurde. Nicht selten aber war der Ölverbrauch tatsächlich zu hoch - auch nach Verstreichen der Einfahrzeit. BMW spendierte in krassen Fällen auf Kulanz neue Zylinder.

Stahl- statt Kunststofftanks ab 1995

Überwiegend optischer Natur war ein anderes Ärgernis: Bei den bis Sommer 1995 verwendeten Kunststofftanks neigten die Aufkleber dazu, sich unter Bildung häßlicher Blasen abzulösen. BMW reagierte mit einer radikalen Maßnahme und ersetzte zum Modelljahr 1996 die Plastik- durch Stahlblechtanks.

Immer wieder beklagten sich Kunden über die Neigung der GS zum Ruckeln im Teillastbereich. BMW änderte zum Modelljahr 1997 zwar den Seilzugverteiler, doch endgültig beseitigt worden sein soll das Problem erst bei der R 1150 GS. Vereinzelt fielen die Zündgeber auf der Kurbelwelle aus. Zum Modelljahr 1998 verbesserte BMW die Standsicherheit der Seitenstütze und reduzierte die Neigung des Seitenstützenschalters zur Verschmutzung mit anschließendem Versagen. Gleichzeitig wurde die Trittplatte des Fußbremshebels vergrößert. Das Eloxieren der Speichenradfelgen ab Herbst 1997 verbesserte die Korrosionsbeständigkeit.

Fahrwerk: im Gelände leicht überfordert

Die langhubige und fein ansprechende Telelever-Gabel machte von Anfang an keine Schwierigkeiten. Das hintere Federbein jedoch zeigte sich im Geländeeinsatz rasch überfordert und mußte dann ausgetauscht werden. Viele Fahrer ersetzten das Originalteil klugerweise durch hochwertige Spezialelemente aus dem Angebot der Zubehör- und Tuningspezialisten.

Bei hart beanspruchten Maschinen kam es vereinzelt zu Schäden am Kardan-Kreuzgelenk; mitunter brach sogar das Getriebegehäuse. Beim Einbau von Verstärkunsplatten aus dem Zubehörprogramm war jedoch Vorsicht geboten, denn sie machten das Getriebe so steif,

daß nun die Schwinge Schaden nehmen konnte. Bei der R 1150 GS beseitigte BMW das Problem ab Werk und stattete das Gehäuse mit entsprechenden Versteifungen aus. Wichtig als Vorsorgemaßnahme auch hier: Das Hinterrad-Schwingenlager regelmäßig auf Spiel kontrollieren. Alles in allem sind R 1100 GS ebenso wie die hubraumschwächere R 850 GS ausgereifte Fahrzeuge, die relativ bedenkenlos als Gebrauchtmotorräder gekauft werden können.

Ungleiche Schwestern: R 1100 GS mit Kardan-, F 650 mit Kettenantrieb. Rechts: unsere Test-GS im Herbst 1994.

Die Einzylindermodelle F 650 und F 650 ST: Enduro-Einstieg für relativ wenig Geld

Obwohl die seit 1993 bzw. 1996 angebotenen Einzylindermodelle F 650 und F 650 ST auf dem Neufahrzeugmarkt Verkaufsrekorde erzielten, tun sie sich als Secondhand-Objekte ziemlich schwer. Ursachen sind vor allem das veraltete Design und das etwas wässrige Image: Die kleine F wird von Traditionalisten einfach nicht als reinrassige BMW anerkannt. Daher ist der Preisverfall größer als bei einem gebrauchten Boxer. Andererseits war es nie einfacher, für relativ wenig Geld an eine BMW zu kommen.

Auf jeden Fall erhält der Käufer einen ordentlichen Gegenwert, denn in technischer Hinsicht ist die modern konzipierte Vierventil-"Funduro" über jeden Zweifel erhaben. Fahrspaß und Alltagstauglichkeit sind garantiert, die Unterhaltskosten halten sich in Grenzen.

Natürlich ist auch die Einzylinder-BMW nicht ganz frei von Mängeln. Die ersten Modelle zeigten nach einer Laufleistung ab etwa 10.000 km des öfteren poröse Ansaugstutzen. Einige Schweißnähte im Bereich der Auspuffanlage hielten anfangs den Vibrationen des großvolumigen Motors nicht stand und mußten nachgearbeitet werden.

Kettenantrieb: Verschleiß vorprogrammiert

Ein Blick auf den - für BMW-Verhältnisse revolutionären - Kettentrieb darf bei einer F-Besichtigung nicht fehlen. Der Original-Sekundärtriebsatz erreicht nur eine durchschnittliche Lebensdauer: Nach rund 15.000 km sind Ritzel, Kettenrad und Kette oft nicht mehr zu gebrauchen. Deshalb empfiehlt auch BMW nach dieser Laufleistung einen Austausch. Eine Ursache für den schnellen Verschleiß ist unter anderem das

deutliche Ruckeln des Singles bis 3000/min^{-1}. Hier zeigen sich klar die Nachteile des Kettentriebs gegenüber dem ansonsten BMW-typischen Kardanantrieb.

Ob beim Austausch letztlich ein Kettensatz von BMW oder einer vom Zubehörhändler eingepflanzt wird, ist vor allem eine Kostenfrage: Schlägt der Kettenkit aus dem Hause BMW mit rund 260 Mark zu Buche, gibt es bereits für 200 Mark vergleichbar Hochwertiges im freien Handel. Nicht besonders langlebig sind auch die Kupplungsfedern: Sie mußten schon bei so mancher F 650 nach etwa 30.000 km ausgewechselt werden.

Davon abgesehen, ist die Funduro aber ein durchaus zuverlässiger und robuster Weggefährte. Natürlich hängt der Zustand auch dieses Fahrzeugs stark von Einsatzart und Pflege ab. Fahrzeuge, die häufig im Gelände bewegt worden sind (was bei der F eher die Ausnahme sein dürfte), zeigen meist schon nach geringer Laufleistung starken Verschleiß am Fahrwerk (verschlissene Dämpfer und Federbeine, ausgeschlagene Silentgummis und Schwingenlager), an den Bremsen (Riefen in den Scheiben oder Trommeln) und sogar am Motor (nachlassende Kompression, hoher Ölverbrauch). Reifen mit angefetztem Profil, Räder mit lockeren Speichen und Kratzer am Motorschutz sind deutliche Hinweise auf harten Offroad-Einsatz.

Motor, Gabel: auf Ölspuren achten

Ölaustritt am Motor ist kein gutes Zeichen. Undichte Wellendichtringe an der Telegabel kommen oft bei Maschinen mit hoher Laufleistung vor. Der empfindlichste Bereich ist - wie bereits angedeutet - der Sekundärantrieb einer F 650. Ritzel, Kette und Kettenrad sollten genau begutachtet werden. Ist die Kette rostig oder unregelmäßig gelängt? Hat sie großes Seitenspiel? Deuten die Kettenräder schon Sägezahnform an? Selbst wenn nur eines dieser Verschleißmerkmale auffällt, ist der Komplett-Tausch des Kettentriebes fällig.

Das Lenkkopflager wird bei aufgebockter Maschine und frei hängendem Vorderrad kontrolliert, wie bereits im Zusammenhang mit der Zweiventil-GS beschrieben. Die Hinterradschwinge wird ebenfalls bei aufgebocktem Motorrad geprüft: Schwinge in Höhe der Achsaufnahme anfassen und versuchen, sie quer zum Fahrzeug hin- und herzubewegen. Dabei darf kein Spiel auftreten. Schließlich die Radlagerkontrolle nicht vergessen. Zuerst die frei hängenden Räder drehen und auf einwandfreien Rundlauf achten. Felgen und Reifen dürfen weder Seiten-, noch Höhenschlag haben. Dann die Räder mit beiden Händen erfassen und versuchen, sie quer zur Achse hin- und herzubewegen; auch hierbei darf kein Spiel spürbar sein.

Lebenswichtig ist der einwandfreie Zustand der Bremsanlage. Ein Blick auf das Schauglas des Bremsflüssigkeitsbehälters verrät den Zustand der hygroskopischen Lösung: je dunkler - je schlechter. Nie (und auch nicht bei der Probefahrt) sollte der Bremsflüssigkeits-Pegel unter der Minimum-Marke stehen; in Schräglage könnte sonst Luft angesaugt werden - Bremsversagen droht.

Wenn nach mehrmaliger Betätigung des Bremshebels der Druckpunkt zum Fahrer hin wandert, deutet dies auf Luft im hydraulischen System und mangelhafte Bremsenpflege hin.

Die Bremsscheiben dürfen keine Riefen haben und müssen mindestens 4,5 mm stark sein. Leichte, ringförmige Schleifspuren sind hingegen normal. Achten Sie auf die Bremsbeläge: 2 mm Restbelagstärke (ohne Trägerplatte!) gelten als Verschleißgrenze. Poröse, geknickte oder angerissene Bremsschläuche sind auch bei der F 650 ein schweres Sicherheitsrisiko.

Bei der Besichtigung einer gebrauchten F 650 sollten wir auch die Sitzbank abnehmen. In welchem Zustand befinden

sich Batterie und Elektrik? Sind Bordwerkzeug und Fahrerhandbuch vorhanden? Korrodierte Batteriepole und zu geringer Säurepegel deuten darauf hin, das der Vorbesitzer sich wenig um seine BMW kümmerte. Nach der Ölstandskontrolle und mit gezogenem Choke muß der Motor sauber anspringen und sofort rund laufen. Die Kupplung muß ordentlich trennen, die Gänge müssen sich leicht einlegen lassen.

Zündaussetzer durch abvibrierte Kabel

Typisch für die Euro-BMW sind kleinere Verarbeitungsmängel. Oft sind die Lenkerarmaturen locker; sie lassen sich nur schwer korrekt befestigen. Zündaussetzer oder starker Spannungsabfall bis hin zum Absterben des Motors können mit korrodierten oder abvibrierten Kabeln im Bereich des Spannungsreglers zusammenhängen.

Läuft der Doppelvergaser ständig über, und ist daher der Verbrauch zu hoch, ist in der Regel eine abgeklemmte oder verstopfte Überlaufleitung die Ursache. Von den kleinen Ärgernissen aber abgesehen, ist die F 650 eine ehrliche Haut. Der Modellwechsel zur F 650 GS drückt seit 2000 zusätzlich auf den Preis, sodaß der Gebrauchtkauf einer Einzylinder-BMW aus den 90er Jahren meist ein gutes Geschäft ist. Vorteilhaft außerdem: die Möglichkeit zur Tiefer- bzw. Höherlegung und zur Leistungsreduzierung bzw. -steigerung 34/48 PS. Der nebenstehende Kasten gibt genaue Auskunft.

Die F 650 der Serie 1993 bis 1999 ist als Secondhand-Motorrad erste Wahl. Denn sie ist preisgünstig, wirtschaftlich und robust.

Wenn der Weg zum Ziel wird: mit der GS auf Reisen

Wenn der Fotograf und Globetrotter Christoph Altmann erzählt, möchte man sich in den Sattel schwingen, losboxern und seinen Spuren folgen: "Ich fuhr stetig nach Osten. Es war März, und die Kälte Anatoliens lag hinter mir. Die BMW lief wunderbar auf der breiten Straße durch die Wüsten und die Städte dazwischen. Ich war ein winziger Punkt und winzig neben den mächtigen Motorhauben der Trucks amerikanischer Bauart, an denen ich vorbeiglitt. Ich roch den Duft der Orangenbäume in der Hitze und aß die besten Pistazien der Welt..." So wie Altmann haben es seit 1980, dem Jahr, als die erste G/S erschien, Tausende gemacht. Schnell wurde die Boxer-Enduro von BMW zum beliebtesten Reisemotorrad der Welt. Denn sie war zuverlässig, robust und anspruchslos wie kaum eine andere Maschine. Selbst Reparaturen abseits der Zivilisation ließen - und lassen - sich meist problemlos erledigen.

Auch die seit 1994 produzierten, technisch komplizierteren, gleichwohl aber standfesten Vierventil-Modelle sind fernreisetauglich, wie zahllose Reisen mit der R 1100 GS rund um den Globus bewiesen haben. Ausrüster und Tuningspezialisten bieten nahezu jedes erdenkliche

Traumreise mit G/S-Prototypen im Sommer 1980: Die Fahrt führte quer durch Bolivien und Ecuador. Die Prototypen waren wesentlich leichter und geländegängiger als die später vorgestellte Serien-G/S. Besonders bemerkenswert: die langen Marzocchi-Gabeln, die vergitterten Rundscheinwerfer und die zierlichen Crosser-Hecks. Die runden Zylinderdeckel montierte BMW in Serie erst 14 Jahre später auf die Classic-GS.

Zubehör für die klassischen Zweiventil- und die modernen Vierventil-Typen an.

Wie leistungsfähig und unverwüstlich eine GS sein kann, haben Abenteurer wie der Norweger Helge Pedersen vorgeführt, der mit seiner alten G/S unglaubliche 350.000 Kilometer zurücklegte, meist auf unbefestigten Wegen (s.a. S. 5). Christoph Altmann durchquerte den Vorderen Orient und kam sogar bis China. Michael Pahud schaffte es mit einer G/S Paris-Dakar bis nach Australien und legte dabei in 14 Monaten 52.000 Kilometer zurück. Der Münchner Journalist Herbert Worm hat mit der Paralever-GS ganz Afrika befahren. Kollege Helmar Büchel aus Hamburg fuhr in den 80ern 65.000

Kilometer durch Nord- und Südamerika. Die einzylindrige F 650 GS, die im Januar 2000 auf den Markt kam, hat das Zeug, Nachfolgerin so legendärer Fernreise-Einzylinder-Motorräder wie der Yamaha XT 500 zu werden.

Mit G/S-Prototypen durch Ecuador

Die Fotos auf diesen Seiten erinnern an eine 2000-Kilometer-Reise, die 1980 von den Motorjournalisten Kalli Hufstadt und Hans-Peter Leicht im Auftrag von BMW mit G/S-Prototypen im südamerikanischen Andenstaat Ecuador unternommen wurde und hinauf bis zum 4800 Meter hoch gelegenen Chimborazo-Paß führte.

Mit welch bizarren Schwierigkeiten die GS-Pioniere zu kämpfen hatten, erzählten sie später in der "Motorrad-Revue": "Um die Staubentwicklung auf der Straße von Coca nach Lago Agrio ein für allemal zu beenden, griff die Straßenbaubehörde zu einem Bindemittel, das reichlich vorhanden und wesentlich billiger als Asphalt ist: Die Straße wurde einfach mit Erdöl übergossen. Ein recht rutschiger Untergrund für Motorräder. Wir fuhren besonders auf den frisch geölten Streckenabschnitten sehr, sehr piano. Peinlich, daß gerade in diesem Teil Ecuadors die Hunde stattliche Größen und Endgeschwindigkeiten erreichen..."

149

Bilder linke Seite: 65.000 km fuhr Helmar Büchel durch Amerika. Oben: Kollege Herbert Worm bevorzugte mit seiner R 100 GS PD die Wüste.

Alle GS-Boxer-Modelle seit 1980: technische Daten

MODELL	Verkaufsbezeichnung	R 80 G/S	R 80 G/S PD	R 65 GS	R 80 GS	R 100 GS	R 100 GS PD	R 80 GS/2	R 100 GS/2
	gebaut von/bis	1980-87	1984-87	1987-90	1987-90	1987-90	1988-1/96	1990-94	1990-94
	prod. Einheiten bis 1/1996	21334	2975	1334	3938	12063	9007	6660	8736
MOTOR	Bauart	Zweizylinder-Viertakt-Boxermotor, fahrtwindgekühlt, mit Rahmen verschraubt -----							
	Hubraum cm³	798	798	650	798	980	980	798	798
	Bohrung x Hub mm	84x70,6	84x70,6	82x61,5	84,8x70,6	94x70,6	94x70,6	84,8x70,6	94x70,6
	Leistung PS/kW/min-1	50/37/6500	50/37/6500	27/20/5500	50/37/6500	60/44/6500	60/44/6500	50/37/6500	60/44/6500
	max. Drehmoment Nm/min-1	56,7/5000	58/4000	43/3500	61/3750	76/3750	76/3750	61/3750	76/3750
	Verdichtungsverhältnis	8,2:1	8,2:1	8,4:1	8,2:1	8,5:1	8,5:1	8,2:1	8,5:1
	Ventilsteuerung	ohv, 1 Nockenwelle zentral unterhalb der Kurbelwelle -----							
	Ventile pro Zylinder	2/hängend, Stößelstangen, Kipphebel -----							
	Vergaser/Durchlaß mm	2 Bing/32	2 Bing/32	2 Bing/26	2 Bing/32	2 Bing/40	2 Bing/40	2 Bing/32	2 Bing/40
	Zündung	Batterie, kontaktlos, elektronisch -----							
	Drehstrom-Lichtmaschine	12V/280W	12V/280W	12V/280W	12V/280W	12V/280W	12V/280W	12V/280W	12V/280W
	Batterie	12V/16Ah	12V/20Ah	12V/20Ah	12V/25Ah	12V/25Ah	12V/25Ah	12V/25Ah	12V/25Ah
	Starter	elektrisch, 0,7 kW -----							
	Schmierung	Eaton-Trochoid-Ölpumpe, Micronic-Filterpatrone -----							
	Ölmenge L (m/o Filter)	2,25/2,50	2,25/2,50	2,25/2,50	2,25/2,50	2,25/2,50	2,25/2,50	2,25/2,50	2,25/2,50
	Ölkühler	nein	nein	nein	nein	ja	ja	nein	ja
KRAFTÜBERTRAGUNG	Kupplung	Einscheiben-Trockenkupplung mit übersetzten Membranfedern -----							
	Getriebe/Schaltung	5-Gang/Fuß	5-Gang/Fuß	5-Gang/Fuß	5-Gang/Fuß	5-Gang/Fuß	5-Gang/Fuß	5-Gang/Fuß	5-Gang/Fuß
	Hinterradantrieb	Kardanwelle, gekapselt mit Torsionsdämpfer -----							
	Sekundärübersetzung	3,36	3,36	3,34	3,09	3,20	3,20	3,09	3,20
RAHMEN, FAHRWERK, BREMSEN	Rahmenbauart	Doppelschleifen-Stahlrohrrahmen mit abschraubbarem Heckteil -----							
	Vorderradführung	Teleskopgabel -----							
	Federung/Dämpfung vorn	Schraubenfedern, hydraulische Dämpfung -----							
	Hinterradführung	Monolever-Einarmschwinge -----			Paralever-Einarmschwinge -----				
	Federung/Dämpfung hinten	1 seitlich geführtes, hydraulisch gedämpftes Federbein -----							
	Federweg vorn/hinten mm	200/170	200/170	200/170	225/180	225/180	225/180	225/180	225/180
	Lenkkopfwinkel Grad	62,5	62,5	62,5	62,5	62,5	62,5	62,5	62,5
	Nachlauf mm	115	115	114	101	101	101	101	101
	Rad vorn	1,85x21	1,85x21	1,85x21	1,85x21	1,85x21	1,85x21	1,85x21	1,85x21
	Rad hinten	2,50x18	2,50x18	2,50x18	2,50x17	2,50x17	2,50x17	2,50x17	2,50x17
	Reifen vorn	3,00 R21	3,00 R21	3,00 R21	90/90 T21	90/90 T21	90/90 T21	90/90 T21	90/90 T/21
	Reifen hinten	4,00 R18	4,00 R18	4,00 R18	130/80 T17	130/80 T17	130/80 T17	130/80 T17	130/80 T17
	Bremse vorn	1 Scheibe 264	1 Scheibe 260	1 Scheibe 260	1 Scheibe 285 mm -----				
	Bremsbetätigung vorn	Handhebel, hydraulisch, 1 Festsattel -----							
	Bremse hinten	Simplex-Trommel 200 mm Durchmesser -----							
	Bremsbetätigung hinten	Fußhebel, Gestänge -----			Fußhebel, Seilzug -----				
MASSE, GEWICHT	Länge mm	2230	2230	2230	2290	2290	2290	2290	2290
	Breite mit Spiegeln mm	1000	1000	1000	1000	1000	1000	1000	1000
	Lenkerbreite mm	820	820	830	830	830	830	830	830
	Höhe mm	1150	1150	1150	1165	1345	1345	1345	1345
	Radstand mm	1447	1447	1447	1513	1513	1513	1513	1513
	Sitzhöhe mm	860	845	860	850	850	850	850	850
	Bodenfreiheit mm	218	200	218	200	200	200	200	200
	Leergewicht kg	191	205	198	210	210	236	215	220
	zuläss. Gesamtgewicht kg	398	398	398	420	420	420	420	420
TANK, VERBRAUCH, FAHRLEISTUNGEN, PREIS	Tankinhalt Liter	19,5	32	19,5	24	24	35	24	24
	Verbrauch l/100 km								
	bei 90 km/h	4,7	4,7	5,0	4,7	4,9	4,9	4,7	4,9
	bei 120 km/h	5,5	5,5	6,2	6,6	6,9	6,9	6,6	6,9
	durchschn. Reichweite km	350	580	310	360	350	500	360	350
	Beschleun. 0-100 km/h s	5,6	5,6	9,4	6,0	4,8	4,8	6,0	4,8
	Höchstgeschw. km/h	168	168	146	168	180	180	168	180
	Preis DM bei Serienstart	8290.-	10120.-	9200	10950.-	12990.-	15190.-	12800.-	14950.-
WICHTIGE MODIFIKATIONEN	R 80 GS/2: auch mit 27/20 bzw. 34/25 PS/kW								
	R 100 GS Paris-Dakar: ab Oktober 1994 nur noch als Classic-Edition								

MODELL	Verkaufsbezeichnung	R 100 R	R 100 R Mystic	R 80 R	R 80 ST	R 80 GS Basic	R 850 GS	R 1100 GS	R 1150 GS
	gebaut von/bis	1991-1/96	1993-1/96	1992-94	1982-85	1996	1998-99	1994-99	seit 1999
	prod. Einheiten ab 5/2000	16339	3650	3444	5963	3003	1954	43628	13339
MOTOR	Bauart	Zweizylinder-Viertakt-Boxermotor, fahrtwindgekühlt --------					Zweizylinder-Viertakt-Boxermotor, fahrtwind- und ölgekühlt		
	Hubraum cm³	980	980	798	798	798	848	1085	11308
	Bohrung x Hub mm	94x70,6	94x70,6	84,4x70,6	84,4x70,6	84,8x70,6	87,5x70,5	99x70,5	101x70,5
	Leistung PS/kW/min⁻¹	60/44/6500	60/44/6500	50/37/6500	50/37/6500	50/37/6500	70/52/7000	80/60/6750	85/62,5/6750
	max. Drehmoment Nm/min⁻¹	74/3500	76/3750	61/3750	56,7/5000	61/3750	77/5500	97/5250	98/5250
	Verdichtungsverhältnis	8,5 : 1	8,5 : 1	8,2 : 1	8,0 : 1	8,2 : 1	10,3 : 1	10,3 : 1	10,3 : 1
	Ventilsteuerung	ohv, 1 kettengetriebene Nockenwelle zentral unterhalb der Kurbelwelle --------					hc, pro Zylinderk. 1 hochgelegte kettengetr. Nockenwelle		
	Ventile pro Zylinder	2/hängend, gesteuert über Stößelstangen und Kipphebel --------					4/hängend, gesteuert über Kurzstößel und Kipphebel		
	Vergaser/Einspritzung	2 Bing/32 mm	2 Bing/40 mm	2 Bing/32 mm	2 Bing/32 mm	2 Bing/32 mm	elektron. gest. Einspritzanlage Motronic MA 2.2--- MA 2.4		
	Zündung, Abgasentgiftung	Batteriezündung, kontaktlos, elektronisch; Sekundärluftsystem					digital, Schubabsch.; lambdagereg. Dreiwege-Metallkatalysator		
	Lichtmaschine	12V/240W	12V/240W	12V/240W	12V/280W	12V/280W	12V/700W	12V/700W	12V/600W
	Batterie	12V/30Ah	12V/30Ah	12V/25Ah	12V/25Ah	12V/25Ah	12V/19Ah	12V/19Ah	12V/14Ah
	Starter	elektrisch 0,7 kW					elektrisch 1,1 kW --------		
	Schmierung	Eaton-Trochoid-Ölpumpe, Micronic-Filterpatrone --------					Doppel-Ölpumpe, Naßsumpfschmierung --------		
	Ölmenge L (/o/m Filter)	2,25/2,50	2,25/2,50	2,25/2,50	2,25/2,50	2,25/2,50	3,50/3,75	3,50/3,75	3,50/3,75
	Ölkühler	ja	ja	nein	nein	nein	ja	ja	ja
KRAFTÜBERTRAGUNG	Kupplung	Einscheiben-Trockenkupplung mit übersetzten Membranfedern --------					Einscheiben-Trockenkupplung 180 mm Durchmesser --- 165 mm		
	Getriebe/Schaltung	5-Gang/Fuß	5-Gang/Fuß	5-Gang/Fuß	5-Gang/Fuß	5-Gang/Fuß	5-Gang/Fuß	5-Gang/Fuß	6-Gang/Fuß
	Hinterradantrieb	Kardanwelle, gekapselt, mit Torsionsdämpfer, 2 Kreuzgelenke			1 Kreuzgelenk	2 Kreuzgelenke	Kardanwelle (gekapselt) mit Torsionsdämpfer, 2 Kreuzgelenke		
	Sekundärübersetzung : 1	3,09	3,09	3,20	3,36	3,20	3,00	3,20	2,82
RAHMEN, FAHRWERK, BRE.	Rahmenbauart	Doppelschleifen-Stahlrohrrahmen mit abschraubbarem Heckteil --------					Gitterrohrrahmen, Triebwerk mittragend --------		
	Vorderradführung	Teleskop-Federgabel --------					Telelever-Gabel mit Dreiecks-Längslenker --------		
	Federung/Dämpfung vorn	Schraubenfedern, hydraulische Dämpfung --------					hydraulisch gedämpftes, einstellbares Zentralfederbein --------		
	Hinterradführung	Paralever-Einarmschwinge --------			Monolever	Paralever	Paralever-Einarmschwinge --------		
	Federung/Dämpfung hinten	1 seitlich geführtes, hydraulisch gedämpftes Federbein --------					hydraulisch gedämpftes, einstellbares Zentralfederbein --------		
	Federweg vorn/hinten mm	135/140	135/140	135/140	175/153	225/180	190/200	190/200	190/200
	Lenkkopfwinkel Grad	61,5	61,5	61,5	62,5	62,5	64,0	64,0	64,0
	Nachlauf mm	137,5	137,5	137,5	129	101	115	115	115
	Rad vorn	2,50x18	2,50x18	2,50x18	1,85x19	1,85x21	2,50x19	2,50x19	2,50x19
	Rad hinten	2,50x17	2,50x17	2,50x17	2,50x18	2,50x17	4,00x17	4,00x17	4,00x17
	Reifen vorn	110/0 V18	110/80 V18	110/80 V18	100/90 H19	90/90 T21	110/80 H19	110/80 H19	110/80 H19
	Reifen hinten	140/80 V17	140/80 V17	140/80 V17	120/90 H18	130/80 T17	150/70 H17	150/70 H17	150/70 H17
	Bremse vorn	Doppelscheibe, 285 mm Durchmesser --------			1 Scheibe 260 mm	1 Scheibe 285 mm	Doppelscheibe, gelocht, 305 mm Durchmesser --------		
	Bremsbetätigung vorn	Handhebel, hydraulisch, Festsättel --------					Handhebel, hydraulisch, Vierkolben-Festsättel --------		
	Bremse hinten	Simplex-Trommelbremse 200 mm Durchmesser --------					1 Scheibe 276 mm Durchmesser --------		
	Bremsbetätigung hinten	Fußhebel, mechanisch, Seilzug --------					Fußhebel, hydraulisch, Zweikolben-Schwimmsattel --------		
MASSE, GEWICHTE, TANK	Länge mm	2210	2210	2210	2180	2290	2196	2196	2196
	Breite mit Spiegeln mm	1000	1000	1000	1000	1000	917	917	920
	Lenkerbreite mm	830	810	830	715	830	900	900	903
	Höhe mm	1090	1090	1080	1150	1345	1400	1400	1400
	Radstand mm	1513	1513	1513	1465	1513	1509	1509	1509
	Sitzhöhe mm	800	790	800	845	850	840/860	840/860	840/860
	Bodenfreiheit mm	140	140	140	190	200	210	210	210
	Leergewicht kg	218	215	217	198	218	243	243	249
	zuläss. Gesamtgewicht kg	420	420	420	398	420	450	450	450
FAHRLEISTUNGEN, PREIS	Tankinhalt Liter	24	24	24	19,5	19,5	25	25	22,1
	Verbrauch L/100 km								
	bei 90 km/h	4,9	4,9	4,7	4,6	4,6	4,6	4,6	4,5
	bei 120 km/h	6,6	6,6	6,5	5,3	6,4	5,7	5,9	5,7
	max. theor. Reichweite km	360	360	370	360	355	485	475	433
	Beschleun. 0-100 km/h s	4,8	4,8	6,0	6,0	6,1	5,0	4,3	4,0
	Höchstgeschw. km/h	180	180	168	174	171	185	195	195
	Preis DM Serienstart	13450.-	13350.-	13450.-	9490.-	15500.-	18750.-	17450.-	20250.-

WICHTIGE MODIFIKATIONEN   R 100 R. bis 1992 nur 1 Bremsscheibe vorn; alle R 100 Modelle: Oktober 1994 bis Januar 1996 nur noch als Classic-Edition.
R 80 R: auch mit 27(20) bzw. 34(25) PS(kW)

R 1100 GS auch mit 78 PS (57 kW) lieferbar; G-Kat ab 1993 auf Wunsch, ab 1995 serienmäßig; R 850 GS auch mit 34 PS (25 kW)

Einzylinder 1925 - 1966: technische Daten

MODELL	Verkaufsbezeichnung	R 39	R 2 *[1]	R4 *[2]	R 3	R 35	R 20	R 23
	gebaut von/bis	1925-27	1931-36	1932-37	1936	1937-40	1937-38	1938-40
	produzierte Einheiten	855	15207	15295	740	15386	5000	9021
MOTOR	Bauart	Einzylinder-Viertakt, fahrtwindgekühlt -------------------------------						
	Hubraum cm^3	247	198	398	305	342	192	247
	Bohrung x Hub mm	68x68	63x64	78x84	68x84	72x84	60x68	68x68
	Leistung PS/min^{-1}	6,5/4000	6/3500	12/3500	11/4200	14/4500	8/5400	10/5400
	Verdichtungsverhältnis	6,0 : 1	6,7 : 1	5,7 : 1	6,0 : 1	6,0 : 1	6,0 : 1	6,0 : 1
	Ventilsteuerung	ohv, 1 untenliegende, kettengetriebene Nockenwelle, Stößelstangen, Kipphebel ----------						
	Ventile pro Zyl./Lage	2/hängend	2/hängend	2/hängend	2/hängend	2/hängend	2/hängend	2/hängend
	Vergaser/Durchlaß mm	BMW/20	Sum/19	Sum-Register/25	Sum/Register/25	Sum/22	Amal/18,2	Amal/18,2
	Zündung	Magnet	Batterie	Schwungmagnet	Batterie	Batterie	Batterie	Batterie
	Starter	Kick	Kick	Kick	Kick	Kick	Kick	Kick
KRAFTÜBERTRAGUNG	Kupplung	Einscheiben-Trockenkupplung -------------------------------						
	Getriebe/Schaltung	3-Gang/Hand	3-Gang/Hand	3-Gang/Hand	4-Gang/Hand	4-Gang/Hand	3-Gang/Fuß	3-Gang/Fuß
	Hinterradantrieb	Kardanwelle, offen laufend -------------------------------						
RAHMEN, FAHRWERK, BRE.	Rahmenbauart	Doppelschleif.-Rohr	Doppelschleifen-Preßstahlrahmen -------------------------------				Rohrrahmen verschraubt -------------	
	Vorderradführung	Blattfeder-Rohrschw.	Blattfeder-Preßstahlschwinge -------------------------------			Telegabel ungedämpft -----------		
	Hinterradführung	starr	starr	starr	starr	starr	starr	starr
	Räder vorn/hinten	Speichen	Speichen	Speichen	Speichen	Speichen	Speichen	Speichen
	Reifen vorn/hinten	3,5 x 27	3,0 x 25	3,50 x 26	3,50 x 26	3,50 x 19	3,00 x 19	3,00 x 19
	Bremse vorn	Innenbacken 150 mm	Trommel 180 mm	Halbnaben-Trommel -------------------------------			Trommel 160 mm	Trommel 160 mm
	Bremse hinten	Außenback. Kardan	Trommel 180 mm	Halbnaben-Trommel -------------------------------			Trommel 180 mm	Trommel 180 mm
MASSE, TANK, PREIS	Länge mm	2050	1950	1980	1980	2000	2000	2000
	Breite mm	800	850	850	850	800	800	800
	Höhe mm	950	950	950	950	950	920	920
	Leergewicht kg	110	110	137	149	155	130	135
	Tankinhalt Liter	10	11	12	12,5	12	12	9,6
	Höchstgeschw. km/h	100	95	100	100	100	95	95
	Preis Mark	1870.-	975.-	1150.-	995.-	995.-	725.-	750.-
MODIFIKATIONEN		*[1] R 2 Modell 1932: Amal-Vergaser 18,2 mm, Reibungsdämpfer vorn; Modell 1934: 8 PS/4500/min^{-1}, Lichtmaschine abgedeckt; Modell 1935: neu Tank und Scheinwerfer mit Zündschloß; Modell 1936:breitere Kotflügel; *[2] R4 * Modell 1933: 4-Gang-Getriebe mit Tankschaltung; Modell 1934: 14 PS/4200/min^{-1}, größerer Tank; Modell 1936: neues "Einheitsgetriebe" 4-Gang						

MODELL	Verkaufsbezeichnung	R 24	R 25	R 25/2	R 25/3	R 26	R 27
	gebaut von/bis	1948-50	1950-51	1951-53	1953-56	1956-60	1960-66
	produzierte Einheiten	12020	23400	38651	47700	30236	15364
MOTOR	Bauart	Einzylinder-Viertakt, fahrtwindgekühlt -------------------------------					
	Hubraum cm^3	247	247	247	247	247	247
	Bohrung x Hub mm	68x68	68x68	68x68	68x68	68x68	68x68
	Leistung PS/min^{-1}	12/5600	12/5600	12/5600	13/5800	15/6400	18/7400
	Verdichtungsverhältnis	6,75 : 1	6,5 : 1	6,5 : 1	7,0 : 1	7,5 : 1	8,2 : 1
	Ventilsteuerung	ohv, 1 untenliegende, kettengetriebene Nockenwelle, Stößelstangen, Kipphebel ----------					
	Ventile pro Zyl./Lage	2/hängend	2/hängend	2/hängend	2/hängend	2/hängend	2/hängend
	Vergaser/Durchlaß mm	Bing /22	Bing/24	Bing/22	Bing/24	Bing/26	Bing/26
	Zündung	Batterie	Batterie	Batterie	Batterie	Batterie	Batterie
	Starter	Kick	Kick	Kick	Kick	Kick	Kick
KRAFTÜBERTRAGUNG	Kupplung	Einscheiben-Trockenkupplung -------------------------------					
	Getriebe/Schaltung	4-Gang/Fuß/Hand	4-Gang/Fuß/Hand	4-Gang/Fuß/Hand	4-Gang/Fuß	4-Gang/Fuß	4-Gang/Fuß
	Hinterradantrieb	Kardanwelle, offen laufend -------------------------------				Kardanwelle gekapselt -----------	
RAHMEN, FAHRWERK, BRE.	Rahmenbauart	Rohrrahmen verschr.	Rohrrahmen verschweißt, Zentralrohr, zwei Unterzüge ---------------				
	Vorderradführung	Teleskop-Federgabel -------------------------------				Langarmschwinge, 2 Federbeine	
	Hinterradführung	starr	Geradwegfederung -------------------------------			Langarmschwinge, 2 Federbeine	
	Räder vorn/hinten	Speichen	Speichen	Speichen	Speichen	Speichen	Speichen
	Reifen vorn/hinten	3,00 x 19	3,25 x 19	3,25 x 19	3,25 x 18	3,25 x 18	3,25 x 18
	Bremse vorn	Halbnaben-Trommelbremse 160 mm -------------------------------			Vollnaben-Bremsen ---------------		
	Bremse hinten	Halbnaben-Trommelbremse 160 mm -------------------------------			Vollnaben-Bremsen ---------------		
MASSE, TANK, PREIS	Länge mm	2020	2073	2020	2065	2090	2090
	Breite mm	750	750	760	760	760	840
	Höhe mm	920	920	920	910	910	910
	Leergewicht kg	130	140	142	150	158	162
	Tankinhalt Liter	12	12	12	17	15	15
	Höchstgeschw. km/h	95	97	105	119	128	130
	Preis Mark	1750.-	1750.-	1990.-	2060.-	2150.-	2430.-
MODIFIKATIONEN		keine in der laufenden Serie -------------------------------					

Vierventil-Einzylinder ab 1993, C 1: techn. Daten

MODELL	Verkaufsbezeichnung	F 650	F 650 ST	F 650 GS	F 650 GS Dakar	C 1
	gebaut von/bis	1993-99	1996-99	seit 2000	seit 2000	seit 2000
	prod. Einheiten bis 5/2000	43535	10083	5966	2548	3649 (bis Ende Juni 2000)
MOTOR	Bauart	Einzylinder-Viertakt, flüssigkeitsgekühlt, Ausgleichswelle ----------				Einzylinder-Viertakt, flüssigkeitsgekühlt
	Hubraum cm^3	652	652	652	652	125
	Bohrung x Hub mm	100x83	100x83	100x83	100x83	56,4x50,0
	Leistung PS/kW/min^{-1}	48/35/6500	48/35/6500	50/37/6500	50/37/6500	15/11/9250
	max. Drehmoment Nm/min^{-1}	57/5200	57/5200	60/5000	60/5000	12/6500
	Verdichtungsverhältnis	9,7 : 1	9,7 : 1	11,5 : 1	11,5 : 1	13,0 : 1
	Ventilsteuerung	dohc, 2 obenliegende, kettengetriebene Nockenwellen, hydraul. Kettenspanner -------				dohc, 2 obenliegende, kettengetr. Nockenwellen
	Ventile pro Zylinder	4/hängend, betätigt über Tassenstößel ----------				4/hängend,betätigt über Tassenstößel
	Vergaser/Einspritzung	2 Mikuni BST33-B316 33 mm -------------		elektronische Einspritzung BMS ----------		elektronische Einspritzung BMS
	Zündung, Abgasentgiftung	kontaktlos Kondensator; ungereg. Kat.		elektron.; lambdagereg. 3W-Katalysator		elektroni; lambdagereg. 3W-Katalysator
	Lichtmaschine	12V/280W	12V/280W	12V/400W	12V/400W	12V/400W
	Batterie	12V/12Ah	12V/12Ah	12V/12Ah	12V/12Ah	12V/14Ah
	Starter	Permanentmagnet mit Vorgelege, 0,9 kw ----------				Permanentmagnet 0,6 kW
	Schmierung	2 Trochoid-Ölpumpen, Trockensumpf ----------				Eatonpumpe, Naßsumpf
	Ölmenge Liter	2,1	2,1	2,3	2,3	1,0
	Ölkühler	nein	nein	nein	nein	nein
KRAFTÜBERTRAGUNG	Kupplung	über Seilzug betätigte Mehrscheibenkupplung im Ölbad ----------				Fliehkraftkupplung
	Getriebe/Schaltung	5-Gang/Fuß	5-Gang/Fuß	5-Gang/Fuß	5-Gang/Fuß	automatisches Riemengetriebe
	Hinterradantrieb	Ritzel, O-Ring-Kette ----------				Riemen, zweistufiges Stirnradvorgelege
	Sekundärübersetzung : 1	2,94	2,94	2,94	2,94	Hinterradantrieb 9,05; Getriebe stufenlos 3,0 - 0,9
RAHMEN, FAHRWERK, BRE.	Rahmenbauart	Einschleifenrohr/Blechform/Heckteil		Brückenrohrrahmen/Heckausleger		Alu-Space-Frame mit Rundum-Aufprallschutz
	Vorderradführung	Showa-Telegabel mit 41 mm Standrohrdurchmesser ----------				Telelever-Gabel mit Dreiecks-Längslenker
	Federung/Dämpfung vorn	Schraubenfedern, hydraulisch ----------				Zentralfederbein, hydraulischer Dämpfer
	Hinterradführung	Zweiarm-Stahlschwinge aus Stahlprofilen, angelenkt über nadelgelag. Hebelsystem				Triebsatzschwinge mit Motor verblockt
	Federung/Dämpfung hinten	Zentralfederbein mit hydraul. Dämpfer, Federvorspannung + Dämpfung einstellbar				Federbein, hydraulisch gedämpft
	Federweg vorn/hinten mm	170/165	170/120	170/165	210/210	75/85
	Lenkkopfwinkel Grad	62	62	60,8	60,8	63
	Nachlauf mm	116	110	113	123	113
	Rad vorn	2,15x19	2,15x18	2,50x19	1,60x21	3,5x13
	Rad hinten	3,00x17	3,00x17	3,00x17	3,00x17	3,5x12
	Reifen vorn	100/90-19 57S	100/90-18 56	100/90-19 57S	90/90-21 54S	120/70-13
	Reifen hinten	130/80-17 65S	130/80-17 65S	130/80-17 65S	130/80-17 65S	140/70-12
	Bremse vorn	Einscheibenbremse, 300-mm-Scheibe, Doppelkolben-Schwimmsattel ----------				Einscheibenbremse, 220-mm-Scheibe
	Bremsbetätigung vorn	Handhebel, hydraulisch ----------				Handhebel, hydraulisch
	Bremse hinten	Einscheibenbremse, 240-mm-Scheibe, Einkolben-Schwimmsattel ----------				Einscheibenbremse, 220-mm-Scheibe
	Bremsbetätigung hinten	Fußhebel, hydraulisch ----------				Handhebel, hydraulisch
MASSE, GEWICHTE, TANK	Länge mm	2180	2160	2175	2189	2075
	Breite mit Spiegeln mm	880	880	910	910	1026
	Lenkerbreite mm	800	760	785	901	850
	Höhe bis Windschild mm	1220	1200 (ca.)	1250 (ca.)	1310 (ca.)	1766
	Radstand mm	1480	1465	1479	1489	1488
	Sitzhöhe mm	800	785	780	870	701
	Bodenfreiheit mm	210	180 (ca.)	210	250 (ca.)	180
	Leergewicht kg	191	191	193	192	185
	zuläss. Gesamtgewicht kg	371	371	380	380	360
FAHRLEISTUNGEN, PREIS	Tankinhalt Liter/dav. Reserve	17,5/2,0	17,5/2,0	17,3/4,5	17,3/4,5	9,7/3,0
	Verbrauch L/100 km					
	bei 90 km/h	3,8	3,8	3,4	3,4	2,9
	bei 120 km/h	5,3	5,3	5,0	5,0	----
	max. theor. Reichweite km	385	385	410	410	250
	Beschleun. 0-100 km/h s	5,4	5,4	5,9	5,9	0-50 km/ in 5,9 s
	Höchstgeschw. km/h	171	171	166	166	103
	Preis DM Serienstart	11400.-	11950.-	12.950.-	13.950.-	9.990.-

WICHTIGE MODIFIKATIONEN alle Modelle auch mit 34 PS (25 kW) lieferbar; F 650 und F 650 ST dann mit 34 PS/5700/min-1,
max. Drehmoment 48 Nm/4200-1, Vmax 149 km/h; F 650 GS und F 650 GS Dakar dann mit 34 PS/6000/min-1, max. Drehmoment 51 Nm/3750/min-1, Vmax 145 km/h